AS NOVAS REGRAS DO VAREJO

Robin Lewis | Michael Dart

AS NOVAS REGRAS DO VAREJO

COMPETINDO NO MERCADO MAIS DIFÍCIL E DESAFIADOR DO MUNDO

Tradução
Sonia Strong

figurati

Título original: The new Rules of Retail
Copyright © 2010 Robin Lewis and Michael Dart.
Copyright © 2014 by Editora Figurati Ltda.
Todos os direitos reservados

COORDENAÇÃO EDITORIAL: **Equipe Editora Figurati**

COORDENAÇÃO: **Isabel Xavier da Silveira**

PRODUÇÃO EDITORIAL: **Desenho Editorial**

CRIAÇÃO DE CAPA: **Guilherme Xavier**

PREPARAÇÃO DE TEXTO: **LucasTorrisi**

REVISÃO: **Diogo Kaupatez**
Fernanda Umile

Texto de acordo com as normas do Novo Acordo Ortográfico
da Língua Portuguesa (Decreto Legislativo nº 54, de 1995)

DADOS INTERNACIONAIS DE CATALOGAÇÃO NA PUBLICAÇÃO (CIP)
(CÂMARA BRASILEIRA DO LIVRO, SP, BRASIL)

Lewis, Robin
As novas regras do varejo : competindo no
mercado mais difícil e desafiador do mundo /
Robin Lewis, Michael Dart ; tradução Sonia
Strong. -- São Paulo : Figurati, 2014.
Título original: The new rules of retail.

ISBN 978-85-67871-08-0

1. Comércio varejista 2. Comércio varejista - Gestão 3. Comércio
varejista - Inovações tecnológicas 4. Consumidores - Satisfação
I. Dart, Michael. II. Título.

14-03773 CDD-658.87

Índices para catálogo sistemático:

1. Comércio varejista : Administração 658.87

figurati

Direitos cedidos para esta edição à
Editora Figurati Ltda.

Rua James Watt, 84 - Conj. 121 - Jd. Edith
CEP 04576 050 - São Paulo - SP
Tel. (11) 5505-3290
E-mail: atendimento@editorafigurati.com.br
Visite nosso site: www.editorafigurati.com.br

2014
Impresso no Brasil
Printed in Brazil

SUMÁRIO

PRÓLOGO – TSUNAMI.................................13
INTRODUÇÃO – A HISTÓRIA..........................21

PARTE 1 – DEFININDO AS TRÊS ONDAS DO VAREJO

CAPÍTULO 1 – ONDA I................................43
Entendendo o poder do produtor

CAPÍTULO 2 – ONDA II...............................53
Aprendendo sobre a criação da demanda em uma
economia dirigida pelo *marketing*

CAPÍTULO 3 – ONDA III..............................67
A virada final para o poder do consumidor

CAPÍTULO 4 – ONDA III..............................73
A transformação

PARTE 2 – AS NOVAS REGRAS DO VAREJO

CAPÍTULO 5 – ESTABELECENDO A CONEXÃO MENTAL........93
Conectividade neurológica

CAPÍTULO 6 – REDEFININDO AS REGRAS DE PARTICIPAÇÃO .. 103
Distribuição preferencial

CAPÍTULO 7 – A IMPORTÂNCIA DO CONTROLE
DA CADEIA DE VALOR 117
Os vencedores finais

CAPÍTULO 8 – O QUE TUDO ISSO SIGNIFICA 133
Controle, colaboração, colapso e os chineses

PARTE 3 – OS MESTRES

CAPÍTULO 9 – O MODELO MESTRE 163
Redes de varejo especializadas em vestuário

CAPÍTULO 10 – AS IDEIAS DOS MESTRES 173
Atacadistas, varejistas ou gestores de marcas?

CAPÍTULO 11 – OS ARTISTAS DA VIRADA 201
O retorno dos mestres?

CAPÍTULO 12 – AS LIÇÕES DA SEARS 213
Do sucesso às dificuldades

CONCLUSÃO – MODELOS PARA O FUTURO 229

AGRADECIMENTOS

Quando começamos a finalizar nossa tese, passamos muitas horas e muitos dias debruçados sobre o que pareciam toneladas de material de pesquisa, cavando por pequenas pepitas de informações úteis, e até mesmo minas inteiras, que dessem suporte à nossa lógica e reforçassem nossa visão de como seria a transformação da indústria.

No meio dessa busca, percebemos que, entre nós, tínhamos outros recursos inexplorados e imensamente ricos: nossos colegas de profissão atuais e do passado; um grande número de executivos seniores e de nível C, em todo o varejo e em outros segmentos voltados ao consumo, dos quais nos tornamos próximos no decorrer dos anos; muitos acadêmicos; e diversos líderes de associações industriais.

Procuramos muitos deles e recebemos diversas e variadas ideias, e, o mais importante, o seu apoio e sincero interesse em ler o nosso produto final.

Outros que não estavam diretamente envolvidos com os nossos esforços e muitos que foram simplesmente colegas de trabalho ao longo dos anos, no entanto, forneceram conhecimento e *insights* estratégicos que, mais tarde, foram úteis na formulação de nossa tese. Queremos agradecer-lhes também.

No fim do dia, quando colocávamos nossa caneta no papel ou os dedos no teclado, sabíamos não apenas que nossa tese estava no caminho certo para indicar a transformação, mas que estava ainda mais robusta devido às nossas fontes de conhecimento do passado e às nossas conversas com os executivos cujos negócios estavam no centro das transformações em andamento.

E, mais importante, tivemos a honra de que esses grandes amigos e colegas de trabalho, tanto do passado como do presente, tivessem interesse suficiente para ceder seu tempo para nos fornecer seus inestimáveis conhecimentos e perspectivas.

Angela Ahrendts, CEO da Burberry

David Bell, assessor operacional da Pegasus Capital Advisors e conselheiro sênior da AOL Inc.

Phil Black, ex-editor, estrategista de moda e correspondente da CNN

Heather Blonkenfeld, diretora de *marketing* da Kurt Salmon Associates

Paulo Blum, CEO emérito da David Yurman

Pete Born, editor executivo de beleza do *Women's Wear Daily*

Pauline Brown, diretora executiva do Carlyle Group

Kevin Burke, presidente e CEO da American Apparel e Footwear Association

Tom Burns, vice-presidente sênior da Doneger Inc.

Vanessa Castagna, ex-CEO da JCPenney e ex- presidente executiva da Mervyn

Lee Chaden, CEO emérito da Hanes Brands

Paul Charron, presidente e CEO emérito da Liz Claiborne, conselheiro sênior da Warburg Pincus e sócio-gerente da Fidus Investment Partners

David Chu, fundador e CEO emérito da Nautica

Michael Coady, CEO emérito da Fairchild Publications

Arnold Cohen, CEO da Mahoney & Cohen

Bruce Cohen, sócio da Kurt Salmon Associates

Mark Cohen, professor de *marketing*, da Columbia University Graduate Business School e ex-presidente e CEO da Sears Canadá

Kathryn Cordes, diretora de *marketing* global e operações da Deloitte

Bill Crain, vice-presidente da VF Corporation

Bill D'Arienzo, fundador e CEO da Wm. D'Arienzo Associates

Cláudio Del Vecchio, presidente e CEO da Retail Brand Alliance, proprietário da Brooks Brothers John Donahoe e presidente e CEO do eBay

Jane Elfers, CEO do The Children's Place Retail Stores

Joe Ellis, autor de *Ahead of the Curve* e ex-sócio da Goldman Sachs

Pamela Ellsworth, professora de comércio exterior e marketing e presidente da Global Fashion Management Graduate Program FIT

Agradecimentos

Kathy Elsessor, diretora de varejo da Goldman Sachs
Ruth Finley, fundadora e presidente do Fashion Calendar
Ben Fischman, CEO e presidente da Retail Convergence Inc. e Rue La La
Mike Fitzgerald, ex-presidente e vice-presidente de negócios da Delta Galil
Neal Fox, presidente e CEO da marca Cross
Don Franceschini, CEO emérito, vice-presidente e ex-CEO da Personal Products, além de aposentado da Sara Lee Apparel
Sally Garcia, assistente administrativo da Kurt Salmon Associates
Marc Gobé, CEO da Emotional Branding LLC e autor de *Emotional Branding*
Michael Gould, presidente e CEO da Bloomingdales
Nick Graham, fundador e ex-CEO da Joe Boxer
Bob Grayson, fundador da Robert C. Grayson & Associates, The Grayson Company
Rob Gregory, ex-diretor de operações e presidente da VF Corporation
Joe Gromek, diretor, presidente e CEO da Warnaco
Mindy Grossman, CEO e diretor da Home Shopping Network
Gilbert Harrison, fundador, presidente e CEO da Financo
Clark Hinkley, CEO emérito da Talbofs
Brendan Hoffman, CEO da Lord & Taylor
Mary Beth Holland, fundadora e proprietária da Sutton Place Capital Management
Roy Johnson, instrutor do departamento de estudos de comunicação do Baruch College da University of New York City
Ed Jones, presidente da Texas Jones Inc.
Andy Kahn, presidente da Kahn Lucas Lancaster, Inc.
Harvey Kanter, presidente e CEO da Moosejaw
Sonia Kashuk, fundadora e proprietária da Sonia Kashuk, marca de cosmético
Natalie Kennedy, consultora de negócios da Renée Klein, Merchandiser, Gilt Groupe
Bud Konheim, co-fundador e CEO da Nicole Miller
William Lauder, presidente executivo da Estée Lauder Companies
Margot Lewis, fundadora e CEO da Platform of Media, NY
Claire Liu, consultora da Kurt Salmon Associates
Walter Loeb, consultor especializado em varejo

9

Terry Lundgren, presidente e CEO da Macy's
Dan MacFarlan, ex-vice-presidente da VF Corporation
Margaret Mager, ex-diretora e líder da Unidade de Negócios – Setor de Varejo da Goldman Sachs
Arthur Martinez, presidente e CEO emérito, da Sears
Mackey McDonald, ex-presidente e CEO da VF Corporation
Bob Mettler, ex-presidente e CEO da West Macy
Larry Mondry, o ex-CEO da CSK Auto Corporation
Tracy Mullin, ex-presidente e CEO da NRF
Jack Mulqueen, fundador e proprietário da Mulqueen Sportswear
Karen Murray, presidente da Nautica
Tom Murray, presidente e CEO da Calvin Klein
Ed Nardoza, editor-chefe do Fairchild Fashion Group
Chuck Nesbit, vice-presidente executivo e CEO da McMurray Fabrics, Inc
Blake Nordstrom, CEO, diretor e presidente da Nordstrom
D. Scott Olivet, presidente da Oakley e CEO da RED Digital Camera
Kirk Palmer, CEO da Kirk Palmer & Associates
Cindy Palusamy, consultora, e vice-presidente de estratégia da Kurt Salmon Associates
Frank Pickard, vice-presidente da VF Corporation John Pomerantz e CEO emérito da Leslie Fay
Stefan Preston, ex-CEO da Bendon Intimates
Allen Questrom, CEO emérito da Federated Department Stores, JCPenney and Barney
Madison Riley, diretor da Kurt Salmon Associates
Bruce Roberts, ex-presidente da Textile Distributors Association
Rick Roberts, co-fundador e sócio da Cynthia Steffe Designs
Ellen Rohde, ex-presidente da Vanity Fair Intimates
Doug Rossiter, vice-presidente e diretor da The Advantage Group International, Toronto
Judy Russell, *publisher*, estrategista de vestuário e sócia da The Robin Report
Peter Sachse, diretor de *marketing* da Macy's
Mark Sarvary, CEO e presidente da Tempur-Pedic
Chris Schaller, ex-CEO da Forstmann & Co.
Denise Seegal, ex-presidente da Liz Claiborne
Mike Setola, presidente e CEO da MacGregor Golf Co.

Agradecimentos

Pam Grunder Sheiffer, presidente da P. Joyce Associates
Jane Singer, consultora de *marketing* da Tony Mola e presidente da Bloomingdale's
Marty Staff, CEO da Joseph Abboud Brand
Cynthia Steffe, co-fundadora e sócia da Cynthia Steffe Designs
Michael Steinberg, ex-CEO da Macy's West e diretor da Fossil Inc.
Jeff Streader, ex-presidente da Kellwood
Trudy Sullivan, presidente e CEO da Talbofs
Burt Tansky, ex-CEO da Neiman Marcus
Jock Thompson, vice-presidente executivo da Scope Apparel
Olivia Thompson, consultora de *marketing* da Miranda Tisdale e gerente da Kohl's
Marvin Traub, CEO aposentado da Bloomingdale e presidente da Marvin Traub Associates
Mike Ullman, presidente e CEO da JCPenney
Paco Underhill, fundador, CEO e presidente da Envirosell
Hal Upbin, CEO emérito da Kellwood
Jeanette Wagner, consultora e ex-vice-presidente da Estée Lauder
Kenneth Walker, diretor administrativo da Republic of Innovation
Dee Warmath, vice-presidente da Retail Insights, NPD
Manny Weintraub, fundador e CEO da Emanuel Weintraub Associates
Bill Williams, presidente aposentado e CEO da Harry & David
Eric Wiseman, CEO e presidente da VF Corporation
Mai Mai Tsai Wythes, consultor de negócios

Gostaríamos de agradecer especialmente a nossos agentes Edward Necarsulmer IV e Rebecca Strauss, da McIntosh & Otis, pois sem a sua crença na relevância e atualidade da nossa tese e sua obstinada e inflexível determinação de encontrar um editor, este livro ainda seria apenas um sonho.

E, é claro, o último obrigado a Airié Stuart, que decidiu publicar este livro, e aos editores e funcionários da Palgrave Macmillan, que realmente fizeram isso acontecer.

PRÓLOGO

TSUNAMI

Em abril de 2010, Millard "Mickey" Drexler, CEO da J. Crew, comentou que estávamos em uma época em que presenciávamos o "retorno de grandes varejistas"[1]. Isso apesar do fato evidente de que, no despertar da recente recessão, a confiança do consumidor ainda era baixa. Drexler estava observando o retorno dos varejistas cujos modelos de negócio, estratégias e foco no consumidor eram bons o suficiente não somente para fazê-los superar a recessão, mas também para permitir um rápido retorno com crescimento e ganhos de mercado. Do outro lado, estavam os lutadores, aqueles varejistas e empresas de consumo que estavam perdendo participação no mercado e enfrentando a insolvência. O fracasso deles em se recuperar foi por causa de modelos de negócios pobres e da incapacidade para responder às rápidas mudanças das exigências dos consumidores. Então, o que os varejistas aprenderam com a Grande Recessão?

A cúpula

29 de outubro de 2008 foi um dia cinzento e de vento forte, característico de Nova York no outono e adequado para a inédita e urgente reunião dos vinte e um principais CEOs do varejo do país. A

---

1 Christina C. Berk, "J. Crew CEO: Retailers Have Come Back, Not Consumers". CNBC, http://www.cnbc.com/id/36273496/J_Crew_CEO_Retailers_Have_Come_Back_Not_Consumers.

reunião do começo da manhã foi convocada no Instituto de Tecnologia da Moda de Nova York (New York's Fashion Institute of Technology). No grupo, estava o coanfitrião Burt Tansky, CEO da Neiman Marcus, um guru icônico no segmento do luxo e muito conhecido e respeitado pelos varejistas, por *designers* e por marcas luxuosas líderes em todo o mundo. Junto a Burt, estava um grupo de colegas líderes do varejo: Mickey Drexler, da J. Crew e ex-CEO da Gap, que comandou o seu meteórico crescimento até se tornar o maior varejista de vestuário do mundo durante a década de 1990, o que levou Drexler à capa da revista *Fortune*, sofrendo depois um duro golpe com o colapso da Gap; Lew Frankfort, da Coach, Inc., que readquiriu a marca de Sara Lee, que estava estagnada há anos, e a ergueu, até se tornar uma das marcas de acessórios mais poderosas do mundo; Brendan Hoffman, da Lord & Taylor, jovem oportunista no mundo do varejo que, no entanto, estava a caminho de levar a adormecida e obsoleta marca Lord & Taylor de volta ao seu brilho do passado; Claudio Del Vecchio, da Brooks Brothers, também um messias da virada, trazendo de volta a marca para a sua posição de referência de roupas masculinas e esportivas; Mindy Grossman, da Home Shopping Network, Inc., que transformou a marca de venda de miscelâneas na TV ao convidar espectadores para a Cozinha de Wolfgang Puck, onde eram dadas lições de culinária, em uma das muitas experiências viciantes agora fornecidas pela HSN; Michael Weiss Express, chamado de volta de uma semiaposentadoria para resgatar a marca criada por ele, uma das primeiras cadeias de lojas dos Estados Unidos especializadas em vestuário; Tom Murray, da Calvin Klein, o principal responsável pela posição mundialmente poderosa e preeminente do estilista; Joe Gromek, da Warnaco, que assumiu o negócio quando estava prestes a entrar em colapso, conseguindo que voltasse a um crescimento rentável, incluindo a expansão global de seus negócios de varejo da Calvin Klein; Matt Rubel, da Collective Brands, também um pioneiro no mundo do varejo, incluindo suas marcas próprias, mas também promovendo inovação em *marketing* e acelerando sua presença no comércio eletrônico; e Jim Gold, da Bergdorf Goodman, um jovem protegido de Burt Tansky, amplamente respeitado por sua liderança e intuição afiada para produtos de luxo de sucesso.

Prólogo

O propósito deles era nada menos que entender e discutir o *tsunami* econômico que apenas começava a atingir o mundo inteiro, com projeções de efeitos devastadores sobre os gastos dos consumidores e, portanto, sobre todo o setor do varejo. Descrever isso como uma reunião altamente incomum de algumas das figuras mais poderosas e icônicas do varejo – muita delas concorrentes ferozes – seria um eufemismo. No entanto, tempos extraordinários requerem medidas extraordinárias.

E nessa mesma manhã fatídica, em Manhattan, era possível encontrar um sem-número de pessoas cujas vidas tinham sido dramaticamente afetadas pela enormidade do colapso econômico, também refletido nos desafios que seriam enfrentados pelos CEOs. A seguir, estão três conversas com pessoas que pediram anonimato.

Primeiro, uma gerente regional da Linens'n Things que tinha acabado de perder o seu emprego. Depois de ter passado vinte anos no varejo, era uma perda devastadora. Olhando para o anúncio de falência de sua empresa, ela lutava contra o choro. "Eu sabia que não estávamos fazendo as coisas tão bem quanto poderíamos, mas, quando fomos comprados por um grande fundo de capital privado, achei que estávamos salvos. Eles não teriam efetuado a compra se estivéssemos indo realmente mal", ela disse baixo, com a voz embargada pela emoção. "Alguém poderia ter previsto essa situação? Por que nós tivemos que sair? Se eu voltar a trabalhar no varejo, vou querer um lugar estável." Sua história foi sendo reproduzida por todo o país, enquanto milhares de empregados recebiam as mesmas notícias de varejistas falidos. Ela colocou o envelope sobre a mesa, fez uma xícara de café e se perguntou como pagaria as contas.

Outra agressiva gestora de investimentos no varejo havia gerado uma fortuna para a sua empresa ao longo dos cinco anos anteriores. Mas tudo desapareceu em uma série do que eram, em retrospectiva, decisões desastrosas de investimento. A mais relevante envolveu a Circuit City, que, durante os anos que antecederam o *crash*, foi uma empresa de 10 a 12 bilhões de dólares. Suas ações depreciadas pareciam uma oportunidade para alguém comprar uma participação grande o suficiente e forçar a equipe de gestores a realizar as mudanças necessárias. Ela seguiu essa estratégia, aumentando o seu investimento a cada sacudida do mercado e levando a empresa a fazer mais e mais mudanças radicais. Seu único risco potencial teria sido a aquisição por um fundo privado com um bom prêmio pelo valor que ela havia pago. Mas ela apostava contra isso, e acreditava que a empresa se restabeleceria contra a sua concorrente Best Buy. Se isso acontecesse, o preço da ação seria multiplicado substancialmente.

Nenhum desses cenários aconteceu. A Circuit City foi à falência, acabando com tudo o que ela tinha investido. Arrasada, ela sabia que isso provavelmente significaria o fim de sua carreira. "A coisa mais difícil que enfrentei em minha vida foram os sócios da empresa, e ter que explicar para eles porque eu insistira naquele caminho. Eu realmente preciso saber, pelos sócios e por mim mesma, se esse desastre poderia ter sido evitado. O que eu poderia ter procurado que me fizesse desistir de continuar investindo na Circuit City? O motivo de eu perder dinheiro foi acelerado pela crise financeira, mas eu perdi alguma coisa que me levou a investir num dos *jogadores* mais fracos do mercado."

Finalmente, uma típica consumidora e ávida compradora abriu a fatura de cartão de crédito e viu o seu novo limite. Ele havia diminuído de US$ 3.500.00 para US$ 1.500.00. Ela nunca tinha visto isso antes. Na realidade, na maior parte do tempo, nos últimos anos, sua caixa de correio havia ficado cheia de ótimas ofertas de cartões de crédito, muitas delas oferecendo a possibilidade de adiar os pagamentos até que ela se formasse. "Eu pensei ser responsável com meus pagamentos, mas isso foi um grande choque. Eu sabia, naquele momento, que iria cortar despesas e que as coisas estavam mudando." Quando pressionada sobre o que teria que mudar, ela falou sobre cortar compras não essenciais. Olhando à sua volta, para o seu apartamento apertado, ela citou "coisas não essenciais como isso aqui". Então ela parou, inclinou-se para a frente e disse com um sorriso: "Mas, você sabe, uma coisa que eu não vou parar de fazer é passar na Zara toda primeira terça-feira do mês. Eles têm coisas tão legais, e esse é o dia em que chegam novos artigos. Eu não vou desistir disso!".

Enquanto essas três mulheres enfrentavam seus próprios *tsunamis*, que prenunciavam grandes mudanças em suas vidas e também prenunciavam grandes mudanças nas vidas dos consumidores em todo o país, a reunião de emergência dos CEOs estava prestes a começar na baixa Manhattan. Essa reunião também significaria uma grande ruptura e uma transformação de todo o setor do varejo em resposta às transformações de paradigmas entre os consumidores.

O coanfitrião Burt Tansky entrou na sala de reunião para se juntar aos seus pares. Tansky levou uma das empresas mais bem-sucedidas do varejo a níveis extraordinários de desempenho, mas a crise recente havia diminuído as vendas nas lojas em 30%, uma queda sem precedentes. E esse número estava absolutamente dentro das margens de todos os outros participantes do encontro, refletindo as difíceis condições de todo o setor. Dos vários comentários feitos por Tansky sobre a convocação da reunião, um deles refletia sobre o fato de que nunca, em toda a sua carreira, incluindo as quatro recessões anteriores, ele tinha vivido uma crise tão grave e sem que se vislumbrasse um fim. Burt estava acompanhado pelo coanfitrião Gilbert Harrison, fundador e CEO da Financo Securities LLC, um banco líder de investimento independente especializado no varejo. A reunião teve inicio com a apresentação do panorama econômico. Os números eram impressionantes.

O endividamento das famílias era de 140% da renda familiar, o maior já registrado. A inadimplência estava acelerando-se então a 15% nas hipotecas *prime*. O país estava em recessão há mais de 12 meses. O desemprego estava crescendo, com projeções acima dos 10%. E as recentes quedas nas taxas de juros, chegando próximas a zero, não tiveram impacto significativo na elevadíssima percepção negativa do consumidor. Com efeito, o índice de confiança do consumidor atingira o menor valor da sua história.

Enquanto o grupo refletia sobre o impacto dessas métricas, junto com uma projeção sem precedentes de quedas nas vendas do varejo e um massacre antecipado de falências, seria possível escutar um alfinete caindo.

Em um momento de humor negro, Burt Tansky brincou: "Isso me faz lembrar o 'Dia de Orientação' na faculdade, quando todos nós estávamos reunidos no auditório para ouvir as boas-vindas do reitor. Lembro-me quando ele disse: 'Olhe para a sua direita e para a sua esquerda – dois de vocês não se formarão'.".

Mickey Drexler respondeu: "Mas isso excluirá todo mundo nesta sala, certo, Burt?"[1].

Enquanto o grupo ria da piadinha, a ironia era palpável; o medo de que nenhum deles passaria incólume pela desastrosa crise que estavam prestes a enfrentar estava florescendo sob a superfície.

---

1 Reunião com a presença do autor, 29 de outubro de 2008.

Enquanto discutiam as implicações, em curto e longo prazo, em seus negócios, eles concordaram por unanimidade que essa não era apenas outra recessão, na qual poderiam contar com os consumidores voltando às suas maneiras obsessivamente consumistas. Essa recessão seria histórica, possivelmente provocando uma verdadeira mudança de paradigma na "orientação do valor" e comportamento dos consumidores.

Mais crédito a essa ideia foi dado por outro lendário líder que não estava presente na FIT. Apenas um dia antes, Allen Questrom, CEO famoso por recuperar diversas empresas do varejo – Federated Department Stores, Barneys, JCPenney e outras –, falou no encontro de CEOs da *Women's Wear Daily*. Entre outras observações, ele advertiu que "esta provavelmente será a mais duradoura e profunda recessão desde a Grande Depressão... não haverá recuperação rápida... talvez em cinco ou dez anos, quando sairmos dela, todos nós tenhamos que entender o valor de forma diferente"[1].

Essas poucas palavras, "entender o valor de forma diferente", falavam sobre o novo mundo que surgiria no fim do caos econômico, e como a reorientação do valor dos consumidores forçaria uma mudança correspondente em todo o varejo – conduzindo à transformação nos modelos de negócio do varejo, atacado e manufatura.

Embora essas mudanças de valor provavelmente fossem acontecer de uma forma ou de outra, mesmo em um ambiente de normalidade econômica, a transformação foi bastante acelerada pela recessão. Ela forçou uma interrupção abrupta do frenesi de quase trinta anos de consumo e da busca desenfreada por quantidade (mais e mais coisas, mais rápido e mais barato), dando um novo impulso a uma tendência de o consumidor desejar qualidade sobre quantidade – produtos especiais ou novos com melhor manufatura – e um desejo crescente por experiências de compra gratificantes em vez da compra de "coisas" em ótimas grandes lojas.

Em um nível mais esotérico, o colapso econômico teve o potencial para impulsionar uma transformação cultural da demanda instantânea de gratificação para a possibilidade de, mais uma vez, compreendermos o valor da satisfação conquistada. Em outras palavras, em vez de gasto e

---

[1] David Moin, "The Big Fix: Allen I. Questrom's Recipe for Survival in Turbulent Times", *Women's Wear Daily*, 12 de novembro de 2008: 4.

consumo compulsivos, nós podíamos poupar para algo melhor, ou investir em crescimento ou maior produtividade.

Os CEOs discutiram os problemas e cenários potenciais advindos dessas mudanças. Mickey Drexler, por exemplo, fez um comentário para Neiman Marcus e Bergdorf Goodman, alertando que até mesmo os mais ricos e leais clientes da Neiman não aceitariam mais pagar mil dólares por uma bolsa de grife quando acreditavam que ela valia apenas setecentos.

A observação de Drexler foi que o preço não seria mais igual ao valor, e que o valor não seria mais medido pelo preço. Ao contrário, os consumidores de hoje são espertos o suficiente para compreender a qualidade intrínseca de um produto, o nível de acabamento exigido e (geralmente) o seu custo de manufatura. Da Bergdorf Goodman até o Walmart, portanto, o valor justo dos preços acabará por estar na mira da entidade mais poderosa e onisciente existente: o consumidor. O Walmart entendeu isso desde o seu início, em 1962. Drexler estava declarando que, agora, os fornecedores de luxo mais etéreos seriam obrigados a seguir o exemplo muito em breve.

Se a observação de Drexler sobre a mudança de paradigma nos valores dos consumidores precisava ser validada, isso veio pouco mais de dois meses depois, em dezembro, quando o CEO do Walmart, Lee Scott, fez o discurso de abertura da enorme convenção anual da National Retail Federation. Sobre o comportamento dos consumidores, Scott observou: "A ânsia é por uma vida um pouco diferente. Eu me pergunto se os hábitos de consumo não mudaram. Não estou convencido de que os consumidores terão o mesmo desejo imediato de consumir e de se endividar"[1].

Seu comentário foi para a primeira página da *Women's Wear Daily* no dia seguinte, com a manchete: "Comprar está tão fora de moda: o CEO do Walmart prevê nova mentalidade do consumidor"[2].

À medida que a reunião da FIT chegava ao fim, então três coisas eram óbvias: os CEOs estavam caminhando para um longo e profundo caos econômico, ao qual seria difícil sobreviver, e mais ainda prosperar;

---

1 Lee Scott, Palestra na National Retail Federation's 2009 Annual Convention, Nova York, 12 de janeiro de 2009.

2 Sharon Edelson, "Shopping Is So Passé: Walmart CEO Foresees New Consumer Mind-Set", *Women's Wear Daily*, 13 de janeiro de 2009: 1.

o mundo como eles conheciam até há poucos meses havia desaparecido, e mudanças radicais tinham ocorrido; e, mais importante, eles seriam forçados a mudar fundamentalmente os seus negócios.

Na verdade, "fundamentalmente" viria a ser um eufemismo.

INTRODUÇÃO

A HISTÓRIA

O *tsunami* econômico e o decisivo encontro dos chefes da indústria fornecem o cenário simbólico perfeito para a nossa história. No entanto, à medida que discutíamos o assunto com muitos daqueles CEOs, nós acreditávamos que isso apenas marcava o ponto de ruptura de uma onda real e maior que estava sendo formada muito antes da Grande Recessão.

Após termos uma reunião, logo cedo, fora do local da conferência do Grupo Carlyle sobre práticas de consumo e varejo, nós compartilhamos nossos pontos de vista e, rapidamente percebemos que ambos acreditávamos que a indústria de consumo e varejo estava passando por uma transformação épica. A partir de nossa abordagem combinada de uso dos lados direito e esquerdo do cérebro, decidimos explorar e explicar essa transformação tal como nós a víamos.

Os autores

Estudantes e consultores estratégicos do varejo e setores relacionados ao consumo em diversas e variadas posições profissionais ao longo de nossas carreiras –, que, somadas, têm sessenta anos.

Robin Lewis tem mais de quarenta anos de experiência em operações estratégicas e consultoria no varejo e indústrias relacionadas ao consumo. Trabalhou para a DuPont, VF Corporation, *Women's Wear Daily* (WWD), Goldman Sachs e fez consultorias para a loja de departamento Kohl (Kohl's Department Stores).Também escreveu e publicou *The Robin Report* e é professor no Fashion Institute of Technology (FIT), ensinando justamente a tese deste livro.

Michael Dart, sócio sênior e diretor-gerente da Kurt Salmon Associates (KSA), é líder estratégico de prática do fundo privado de investimento. Tendo passado quatorze anos na Bain & Co., onde foi sócio, acumulou mais de vinte anos de experiência em consultoria. Durante a sua carreira, trabalhou com muitos dos líderes do setor de consumo e varejo, assim como nos maiores fundos privados de investimento. Entre as empresas, incluem-se Microsoft, Michaels Arts & Crafts, Bank One (agora J.P. Morgan), Blackstone, TH Lee e Grupo Carlyle. Suas habilidades de consultor foram reconhecidas pela *Consulting Magazine*, que o nomeou como um dos vinte e cinco melhores consultores dos Estados Unidos em 2010.

Nosso objetivo

Nosso objetivo é apresentar uma compreensão do padrão global das mudanças nas indústrias de consumo e varejo ao longo das últimas décadas; é identificar como e por que os consumidores têm mudado; e, por fim, quais negócios irão perdurar e quais irão desaparecer. Uma vez que esses padrões forem determinados, será possível vermos cada varejista e negócio de consumo nesse contexto e rapidamente avaliar suas trajetórias individuais.

Por exemplo, o que podemos aprender com o colapso da Circuit City ou Linen'n Things? Quais eram as suas relações com o setor do varejo competidor? O que eles poderiam ter feito para transformar a si mesmos e sobreviverem? O seu colapso era previsível? Nós descobrimos, analisando esses casos mais detalhadamente, que eles eram apenas uma pequena engrenagem na enorme e dinâmica ciranda de mudanças ocorridas ao longo do último século. Não se tratava apenas da Circuit City, por volta de 2008 – isso foi meramente uma das inúmeras implosões do varejo.

Tratava-se de uma maior relevância e conectividade com toda a economia, com o setor do varejo e toda a nossa cultura.

Para entender o desaparecimento da Circuit City não basta simplesmente compreender seus erros estratégicos, financeiros, operacionais e competitivos durante os últimos anos da década de 2000. Isso seria ignorar a mais profunda evolução em um século de varejo, a força que teria destruído esses varejistas, independentemente da grave recessão. Com um entendimento tão truncado, os líderes desses negócios falidos, assim como aqueles existentes em todo o espectro do varejo, carregam suas velhas noções e cometem os mesmos erros estratégicos.

E sobre o varejo como um todo, o panorama geral dos últimos vinte e cinco anos, a abertura de mais e mais lojas e o empurrar de mais e mais coisas para o consumidor, muito antes do colapso econômico? Como e por que tudo isso aconteceu? Como foi a sua transformação? Quais foram as consequências?

E sobre os consumidores? Qual a causa de seu consumismo compulsivo, quase obsessivo, ao longo de todos esses anos? Qual a razão dos gastos frenéticos? Eles trouxeram felicidade e satisfação? Para onde os consumidores vão agora e o que eles estão procurando?

Nós procuramos fornecer uma explicação sobre esses fatores e sobre como eles evoluíram com o tempo. Também descrevemos como a recessão, por volta de 2008, simplesmente acelerou muitas dessas mudanças que já estavam ocorrendo. Com o conhecimento das forças evolucionárias, foi possível projetarmos como esse novo mundo transformado parecerá: sua economia, sua cultura, seus varejistas e consumidores.

As três ondas do varejo

O varejo chegou a esse momento de transformação depois de cento e cinquenta anos de evolução, ou três ondas. As estratégias do varejo e modelos de negócio foram forçados a mudar a cada onda em resposta a uma economia crescente, mudança de prioridades dos consumidores e aumento da competição. Cada onda de crescimento forneceu maior abundância e escolhas para os consumidores, que, por sua vez, exercitaram seu poder de escolher. Isso levou os concorrentes a aumentar ainda mais suas ofertas e a alterar os seus modelos de negócio em cada onda. A evolução do varejo também se equipara ao que muitos economistas citam como uma das mais importantes viradas econômicas da história: um século de mudança de poder dos produtores para os consumidores – daqueles que produziam e vendiam para aqueles que compravam. De fato, os consumidores são agora os jogadores mais importantes no comércio.

A Onda I, que ocorreu por volta do período de 1850 a 1950, é conhecida como a era do "poder do produtor", quando a demanda era maior que a oferta, e a distribuição era limitada. Assim, os consumidores tinham que aceitar aquilo que estava disponível, conferindo aos produtores o poder de precificação. Como diz o velho ditado, "Você pode ter o modelo T Ford em qualquer cor, contanto que seja preto". Todo o setor de consumo era predominantemente governado por este modelo – demanda dirigida pela produção.

A Onda II, a partir de 1950 e com máximo impacto no varejo entre 1980 e 2000, era pós-Segunda Guerra Mundial, de crescimento econômico explosivo, de quantidade massiva de produtos, de expansão do varejo e das marcas, facilitada pelo aumento igualmente rápido da distribuição. Esse crescimento possibilitou para os consumidores uma ampla possibilidade de escolha de produtos e serviços, o que exigiu das empresas, pela primeira vez, que *criassem* demanda para seus produtos. Assim nasceu a era descrita, na televisão, na série *Mad Men* – os loucos dias de *marketing* de massa e a idade de ouro da propaganda, com "gênios" criativos convencendo os consumidores a desejarem suas marcas. A Onda II é definida como uma economia dirigida pelo *marketing* – e distribuição.

Da perspectiva do varejo, essa onda também foi definida pela criação de todos os formatos existentes do varejo atual: a categoria das *megastores* "matadoras"; cadeias de lojas especiais; lojas de descontos; grande expansão do setor de lojas de departamento; varejo na TV (por exemplo, HSN e QVC); e, mais tarde, o comércio eletrônico.

A partir de 2010 entramos no auge da Onda III, que foi a maior transformação já vista no varejo. Com as empresas batalhando por fatias do mercado, os consumidores se acostumaram à possibilidade de escolha instantânea e ilimitada de praticamente qualquer coisa que possam sonhar. Essa dinâmica tem levado suas demandas por experiências fora do "comum", por produtos e serviços personalizados fora do mercado de massas ou "mega" marcas, por valor real em vez de ostentação "fútil", por novidade constante, por disponibilidade imediata e, finalmente, por fornecedores cujos interesses e envolvimento na comunidade sobrepõem-se a seus próprios interesses.

Essas dinâmicas de longa gestação estão agora em sua plenitude. As frases excessivamente usadas e pouco compreendidas "centrado no consumidor", "poder do consumidor" e "século do consumidor" agora possuem um significado real. O ponto de inflexão chegou. Todos os participantes da cadeia de valor nos setores de consumo ou serviços, especialmente os próprios atacadistas e varejistas, devem identificar e entender essas forças e, então transformar suas cadeias de valores de forma apropriada.

Mesmo nesse estágio inicial, podemos identificar os varejistas e atacadistas que estão transformando suas cadeias de valor para obterem o máximo controle. Por outro lado, também podemos ver quem falhou (vamos discutir ambos os casos no próximo capítulo). Felizmente, as características-chave, estratégicas e estruturais, necessárias aos novos modelos, para obterem uma vantagem competitiva sustentável, tornam-se visíveis quando examinamos os vencedores.

E, finalmente, nós levantamos e analisamos os principais problemas e implicações que essa grande transformação trará para todo o setor voltado ao consumo.

A força do consumidor

Nossa tese começa com os consumidores. Agora com acesso instantâneo a centenas de produtos igualmente atraentes, os consumidores, conscientemente e inconscientemente, elevaram suas expectativas além de qualquer precedente. Assim, as estratégias tradicionais de negócios empregadas no passado, hoje são simplesmente o preço de entrada para alcançar a paridade competitiva. Somando-se ao congestionamento competitivo estão as novas plataformas de distribuição, incluindo a internet, aparelhos eletrônicos portáteis, quiosques, "eventos de venda em casa" e outros, todos acelerados pela tecnologia e globalização. Essas dinâmicas – a convergência de um novo paradigma de consumo e um mercado sobrecarregado – finalmente trouxeram a indústria à beira de uma mudança fundamental. Aqueles do varejo e do setor de consumo que entenderem essas dinâmicas e, proativamente mudarem seus negócios, vencerão. Os que não entenderem, perecerão.

Por fim, a transformação do valor para o consumidor, que impulsionou a transformação, não ocorreu da noite para o dia. Além disso, os consumidores não sentaram e escreveram uma lista de novos desejos. As novas dinâmicas se desenvolveram lentamente. Os criadores de valores (varejistas, marcas e serviços) identificaram e anteciparam que valor inovador conquistaria os consumidores e derrotaria os concorrentes. E, à medida que os consumidores abraçaram essas novas ofertas, eles aumentaram o valor nominal. Esse processo continua até hoje.

Embora esse jogo possa parecer simples, nós acreditamos que existam mudanças estratégicas e estruturais profundas acontecendo entre os varejistas, marcas e serviços vencedores que estão marcadamente ausentes entre os perdedores.

Nós também acreditamos que existe um traço comum nessas mudanças, ainda não definido, que servirá de guia para um cenário coeso de um novo e vencedor modelo de negócio.

Em busca de uma linha estratégica

Identificamos uma miscelânea de varejistas, marcas e serviços de diferentes setores atendendo a diversos segmentos de consumo. Então, por pesquisa, conversas com consumidores e executivos de alto escalão, exploramos as principais mudanças estratégicas e estruturais que as empresas estavam implementando para satisfazer os desejos em mutação dos consumidores.

A seguir, é mostrada uma lista parcial dos varejistas e marcas que avaliamos: Costco, Walmart, Kohl, Zappos, Starbucks, Home Shopping Network, VF Corporation (The North Face, Vans, Reef, Wrangler e outras marcas), Ralph Lauren, J. Crew, lululemon, Macy, Sears, JCPenney,

Apple, P&G, Pepsi-Cola, Best Buy, Circuit City, Linens'n Things, Cabella's, Abercrombie & Fitch, RadioShack, The Gap, Whole Foods, Trader Joe Target e Zara.

Em cada caso, o "óbvio" era óbvio, mas não de forma perceptível. Todos, incluindo aqueles que haviam fracassado, insistiram que a essência de seus negócios era "centrada no consumidor". Bem, naturalmente! Todos argumentaram que conheciam seu público-alvo demograficamente, realizaram segmentações (em muitos casos com base psicográfica [atitudes etc.]), realizaram grupos focais com frequência e eram implacáveis em responder às necessidades de seus consumidores.

E uma foto das promessas de marcas-chave relacionada às expectativas principais dos consumidores, confirmaria que eles realmente entendem e têm atendido a essas expectativas: Costco, a "descoberta" de algo novo a cada dia; Walmart, "poupe mais, viva melhor"; Kohl, conveniência; Zappos, serviço; Starbucks, "o terceiro lugar"; HSN, "onde você está"; The North Face, "nunca pare de explorar"; Ralph Lauren, seja "Gatsby"; J. Crew, "legal"; lululemon, "criando componentes para que as pessoas vivam uma vida mais longa, saudável e divertida"; Macy's, "a magia de"; JCPenney, "todos os dias importam".

Essa compreensão de seus principais consumidores foi, certamente, uma linha estratégica comum. E, portanto, todas essas empresas declararam a intenção de continuar a melhorar a experiência de compra e inovação, seja na loja ou *on-line*. Falando nisso, outra linha relacionada com a primeira foi que eles também passaram a considerar a presença *on-line* no topo de sua lista de prioridades estratégicas.

Na verdade, cada empresa (mais uma vez, em graus diferentes), incluindo a Circuit City e Linens'n Things, puderam articular o quanto suas marcas estavam bem posicionadas e dominantes, pelo menos em suas próprias cabeças. Todos eles puderam expandir suas proposições de valor claro e explicar porque eram competitivos, produtivos e eficientes, tinham gestores de cadeias de suprimentos e comerciantes superiores etc.

Essas observações, em vez de redundantes, simplesmente confirmam o que acreditamos ser um truísmo: a saber, que todas as empresas devem primar em suas operações em todas as frentes da Onda III, dirigida ao consumidor, ou elas perecerão rapidamente.

Não demorou muito tempo para perceber que essas semelhanças entre vencedores e perdedores poderiam ser encontradas em qualquer livro ou nos milhares de livros de negócios disponíveis. E, de fato, se não tivéssemos sido capazes de descobrir uma linha de pensamento mais profunda, então este livro, provavelmente, não seria publicado. O mundo não precisa de outro livro de negócios defendendo o óbvio.

O óbvio não deve ser menosprezado, no entanto. No mínimo, empresas bem-sucedidas devem sobressair-se na execução de todos esses imperativos estratégicos. Então, por definição, eles são importantes. O que nós estamos dizendo é que todos esses princípios operacionais estratégicos são simplesmente o "preço de entrada" para alcançar a paridade competitiva. Eles podem levar o negócio para as eliminatórias, mas deve haver algo mais poderoso estrategicamente, capaz de vencer o campeonato.

Além disso, o fato de a Circuit City e a Linens'n Things acreditarem que estavam operando corretamente em todos esses princípios estratégicos até a sua falência – e eles certamente não foram os únicos nessa situação – confirmou nosso palpite de que havia uma linha de pensamento mais profunda conectando os vencedores.

Então, nós cavamos mais fundo.

Em busca da revelação

À medida que líamos nas entrelinhas tanto dos materiais escritos quanto das conversas, descobrimos duas diferenças sutis, mas importantes, entre os vencedores: em primeiro lugar, uma maior atividade contínua de sondar o comportamento e desejos de seus consumidores, a fim de conseguir uma ligação emocional mais profunda com eles; e, em segundo lugar, um forte foco na distribuição – um entendimento de que, no mundo hipercompetitivo do consumo de produtos, serviços e varejo, eles tiveram que descobrir como chegar primeiro a seus consumidores, e mais frequentemente do que seus concorrentes.

O fato de os vencedores serem melhores nesses dois itens, diferenciavam-nos de seus concorrentes menores. No entanto, enquanto nós sentíamos que estávamos perto da linha de pensamento fundamentalmente nova, também sabíamos que ainda não estávamos lá. Então recuamos e tentamos ter uma visão a 50 mil pés de seus modelos operacionais. Havia uma variação escalonada entre os vencedores, os vencedores emergentes e aqueles em declínio? Começamos a fazer perguntas sobre algumas das principais estratégias que os vencedores estavam empregando para chegar à nossa resposta.

Em nossas entrevistas com líderes da indústria, alguns temas começaram a emergir. Um tema em pauta foi a questão do controle. Eric Wiseman, CEO da VF Corporation, um dos maiores fabricantes de vestuário do mundo, com mais de 55 marcas (The North Face, Wrangler e Lee Jeans, Vans, Reef e Jansport, entre outras), disse que, em 2006, "[o varejo] vai crescer de forma muito mais dramática do que a taxa de nosso crescimento global. Em marcas de estilo de vida, como Vans, The North Face, e Nautica, nós queremos continuar apresentando a marca de maneira que possamos controlá-la"[1].

Ralph Lauren falou muitas vezes ao longo dos anos sobre controlar seu próprio destino enquanto acelerava a expansão de seu negócio de varejo e comprava de volta a maioria das suas licenças pendentes, ecoando o mesmo ponto. Sua citação no encontro anual de sua empresa em 2003 – "A razão de eu estar animado com o varejo hoje é que ele está em nossas mãos. Nós estamos no controle de nosso destino" – aconteceu em um ano em que perto de 50% das receitas foram geradas por seu negócio de varejo[2]. E, nas lojas de departamento que vendem suas marcas, por que ele exigiu um local dedicado, em grande parte com determinado *mix* de estilos, tamanho, frequência e apresentação, e até mesmo com funcionários próprios para atender os clientes?

E não houve mais conversa sobre o controle de distribuição ao longo dos anos, além de uma manifestação do CEO da J. Crew, Mickey Drexler. Em 14 de setembro de 2010, na conferência de varejo da Goldman Sachs, ele enfatizou o quão sério considerava esse controle, afirmando: "Eu jamais quero estar em um negócio em que eu não controle minha distribuição, e ponto final.".

A corrida por marcas próprias ou exclusivas entre todos os tradicionais varejistas foi outro tema que nós vimos claramente, e parecia motivada

---

1 Conversa pessoal com o autor, Women's Wear Daily Summit Meeting, 2006.
2 Ira Neimark, *Crossing Fifth Avenue to Bergdorf Goodman*: An Insider's Account on the Rise of Luxury Retail (Nova York: SPI Books, 2006).

por algo mais do que um desejo de diferenciação ou de flexibilidade de preços. Mais de 50% das marcas de vestuário da JCPenney pertencem à própria empresa. Das oito chamadas marcas fortes – Ambrielle, a.n.a, Arizona, Cooks, Chris Madden, Bay St. John, Stafford e Worthington –, cinco delas têm mais de US$ 1 bilhão em vendas cada. Macy, Kohl Target e Walmart estão acelerando seus programas particulares ou exclusivos. Na Safeway, Walgreens e Whole Foods, a mesma tendência é visível. A estratégia de marcas próprias e exclusivas da Macy's foi ainda mais desenvolvida e aprimorada com o conceito "minha Macy's" de alocar suas ofertas de produtos de acordo com as preferências dos consumidores locais.

E o assunto ressurgiu no setor de eletrônicos quando o CEO da Best Buy, Brian Dunn, comentou: "Nós acreditamos que, quando uma experiência sensibiliza um cliente, você deve possui-lo"[1].

Havia outras perspectivas intrigantes, no entanto. O vice-presidente do Walmart, Eduardo Castro-Wright, falou sobre suas expansões do comércio global e eletrônico: "Os clientes serão capazes de experimentar a marca onde e quando quiserem"[2]. Além de seus óbvios e agressivos planos de crescimento, havia algo estrategicamente mais fundamental a ser encontrado nessa declaração? No HSN, Mindy Grossman disse: "Os dias de tentar fazer um consumidor vir até você não existem mais. Você realmente tem que estar no mundo do consumidor, onde quer que seja, quando e da forma que for"[3].

Por que a Pepsi e a Coca-Cola adquiriram empresas de engarrafamento independentes que distribuem seus produtos? E, já que esse movimento coordena o *marketing* de suas muitas marcas de forma centralizada, por que eles o definem como "o poder do um"? Por que a P&G está testando suas próprias lojas de varejo? Por que a Apple está expandindo seu negócio de varejo, com a Microsoft logo atrás?

Nossa resposta apareceu e, em nossa opinião, tem um potencial revolucionário.

---

1 Suzanne Kapner, "How Best Buy Plans to Beat Walmart", *Fortune*, 1º de dezembro de 2009, http://money.cnn.com/2009/11/30/technology/best_buy_wal_mart.fortune/index.htm.
2 "Walmart Stores, Inc. F4Q10 Earnings Call Transcript", 18 de fevereiro de 2010, http://seekingalpha.com/article/189329-wal-mart-stores-inc-f4q10-qtrend-01-31-10-earnings-call-transcript.
3 Brian Stelter, "Up Next: Reruns From HSN", *New York Times*, 14 de juho de 2010, http://query.nytimes.com/gst/fullpage.html?res=9C05E4DD153DF937A25755C0A9669D8B63.

À beira da revolução

Descobrimos que cada uma dessas perguntas podia ser respondida considerando que o sucesso daquelas empresas estava sendo impulsionado, predominantemente, pelo controle que tinham sobre a totalidade de suas cadeias de valor, desde a criação, percorrendo todo o caminho até o consumo. Alguns tinham o controle total, e todos os outros o estavam perseguindo. Ele não precisa ser definido de fato pela propriedade, mas o controle era um elemento crucial.

Em um primeiro momento, falamos: "E daí?".

Ao investigar mais, percebemos que os níveis mais elevados de sucesso eram daqueles que tinham maior controle sobre as partes de suas cadeias de valor que tocam no consumidor: a cocriação de valor (opinião do consumidor conhecida por meio de pesquisa, rastreamento etc.), inovação contínua e recriação do desejo do consumidor e distribuição e apresentação final para o consumidor. Mais uma vez, nós pensamos: "E daí?", e então os pontos se conectaram.

Superioridade da experiência

O primeiro ponto foi que as empresas mais bem-sucedidas foram aquelas que criaram experiências superiores, com esforços constantes para melhorar sempre. E isso não se limita apenas a um produto, marca ou serviço superiores, ou apenas à experiência de comprar. Percebemos, por exemplo, que quando os consumidores simplesmente *escutavam* os nomes de empresas como Trader Joe, Whole Foods, Disney, Apple, Abercrombie & Fitch e outros, eles se animavam tanto em relação à antecipação de compras como à experiência de consumo. De fato, nós sondamos mais a fundo e estudamos alguns dos novos trabalhos em neurologia retratando os efeitos da bioquímica no cérebro humano, que podem afetar o comportamento, particularmente o consumo. Descobrimos que marcas como aquelas listadas acima, realmente causam um aumento da atividade química no cérebro. Então, quando os consumidores escutam o nome da marca, eles ficam mais propensos a correr para a loja ou marca na frente de todos os concorrentes.

Por exemplo, a Abercrombie & Fitch e a Starbucks criaram uma experiência neurológica, com indelével ligação com todos os cinco sentidos e com o "sexto" sentido mais importante: a mente e as emoções provocadas. Como prova da conexão da Starbucks, basta observar a longa fila de espera em uma de suas lojas em um aeroporto ao lado de um McDonald's (ou qualquer outro fornecedor de café), com nenhuma fila. Simplesmente proporcionar um ótimo produto com uma profunda compreensão do seu consumidor-alvo é meramente o preço da entrada hoje. Os melhores concorrentes estarão fornecendo o que nós estamos denominando *conectividade neurológica*.

Superioridade na distribuição

O segundo ponto tem relação com as empresas que obtiveram uma distribuição superior – ou seja, levaram os seus valores para os consumidores quando, onde, como e quantas vezes eles queriam. Essas empresas tenderam a ser mais bem-sucedidas. H&M, Best Buy, Ralph Lauren e marcas da VF Corporation, como a Wrangler, representam tal excelência na distribuição.

Enquanto nós explorávamos esse "ponto de contato" com o consumidor (ponto de venda) mais profundamente, também encontramos e definimos um conceito para distribuição superior. Como já mencionamos, por causa de um mercado superlotado, os consumidores têm acesso total, que é acelerado pela internet e inúmeras outras plataformas de distribuição. Portanto, o novo nível de excelência é a distribuição *preferencial*, ou chegar aos consumidores à frente da concorrência, sabendo exatamente o que eles desejam, onde, quando e quantas vezes querem receber.

Controle superior da cadeia de valor

Finalmente, percebemos que nem a conectividade neurológica nem a distribuição preferencial seriam possíveis sem o controle total da cadeia de valor, desde a criação até o consumo. A capacidade para construir, dentro do processo de operação, uma série de elementos sutis que levam à conectividade neurológica, capturar as interações-chave com o consumidor e alimentar com essa informação o *design* e experiência global do produto é garantida pelo controle da cadeia de valor. Da mesma forma, a capacidade de desenvolver rapidamente um modelo de multidistribuição, ou incorporar novas tecnologias, exige esse controle. Novamente, é importante observar que algumas pessoas podem entender erroneamente "controle" como ser proprietário de toda a cadeia de valor. Isso não acontece. Quando analisamos os vencedores, descobrimos que a maioria tinha cadeias de valor altamente colaborativas entre fornecedores e produtores. No entanto, o criador de valor está em busca constante, proativa ou reativamente, para controlar a sua criação final, distribuição e apresentação ao consumidor – dessa forma, controlando a cadeia de valor. Um exemplo perfeito é a incessante busca da Ralph Lauren para gerenciar e controlar toda a variedade de sua marca, tamanho, frequência, apresentação, vendas e serviços através do seu espaço para o consumidor nas lojas de departamento (por exemplo, a Bloomingdale's).

Nossos princípios operacionais

Em nosso ponto de vista, esses três princípios operacionais estratégicos e integrados são fundamentais para o sucesso na Onda III. Na verdade, eles são revolucionários pela poderosa sinergia que podem criar, não apenas para sustentar uma vantagem competitiva, mas também para alcançar um crescimento excepcional. E é fundamental entender que um, ou até mesmo dois, desses princípios não podem conduzir sozinhos a tal sucesso. Todos os três devem ser empregados, com o controle total da cadeia de valor como o eixo central que torna os outros dois possíveis:

- **Conectividade neurológica:** como os consumidores esperam ter acesso total, o revendedor ou a marca devem exceder em muito às expectativas dos consumidores. Eles devem estar alinhados com uma, ou com algumas das cinco mudanças de valor de consumo (que discutiremos mais tarde) e cocriar (com o consumidor) uma "experiência" indelevelmente ligada a todos os cinco sentidos humanos e ao todo-poderoso sexto sentido: a mente. Essa conexão neurológica torna-se uma experiência holística, consistindo de uma antecipação da compra, o êxtase da compra e a satisfação do consumo. No entanto, não é uma experiência estática, e requer constante reforço, muitas vezes com sutis e frequentes mudanças. Essa ligação também se antecipa aos concorrentes, enquanto o seu criador se torna o produto, marca ou serviço de escolha.

- **Distribuição preferencial:** a necessidade de ter acesso aos consumidores antes da multiplicidade de produtos ou serviços igualmente atraentes, e precisamente onde, quando e como o consumidor quiser. A distribuição preferencial requer velocidade e a capacidade de reforçar a conexão neurológica (ou promessa da marca). Por definição, isso requer uma matriz integrada e possivelmente de rápida mudança de todos os possíveis meios de distribuição, incluindo a distribuição nos mercados internacionais com maiores crescimentos.
- **Controle da cadeia de valor:** nenhum negócio voltado para o consumidor pode alcançar os maiores níveis de conexão neurológica e distribuição preferencial sem o controle completo de toda a sua cadeia de valor, desde a criação até o consumo. Isso define um modelo de negócio controlado verticalmente integrado (não necessariamente proprietário).

Esses três princípios operacionais estratégicos são fundamentais para satisfazer, de maneira mais eficiente e efetiva, o incansável aumento da demanda dos consumidores, e assim ganhar espaço em um mercado hipercompetitivo.

Insights principais e previsões futuras

Enquanto a transformação revolucionária está apenas começando, as implicações de nossa tese repercutirão em todos os setores voltados ao consumo, amanhã, depois de amanhã e no futuro.

A seguir, algumas das previsões principais:

- 50% dos varejistas e marcas desaparecerão.

Por todos os motivos considerados em nossa tese, acreditamos que é razoável concluir que haverá um número enorme de varejistas e marcas que simplesmente não serão capazes de mudar os seus modelos de negócio e que, portanto, não sobreviverão à Onda III. No geral, em nossa opinião, 50% das empresas voltadas ao consumo desaparecerá.

- O colapso final do modelo tradicional dos negócios de varejo e atacado é agora claramente visível.

Por que Trader Joe's está vendendo com as próprias marcas? Por que a Macy's e outras grandes lojas de departamento aceleraram sua busca de marcas próprias e exclusivas, bem como "localizaram" as suas ofertas? Por que as marcas de atacado, como Ralph Lauren, Jones NY e várias marcas da VF Corporation, estão aumentando a sua distribuição por varejo direto ao consumidor? Por que a Procter & Gamble está testando duas lojas da marca Tide Dry Cleaner? Por que a Microsoft está agora seguindo a Apple com a sua própria estratégia de varejo?

No último quarto de século, o modelo clássico de varejo tem se tornado cada vez mais ineficaz e ineficiente, em particular no setor de lojas de departamento (menos nos canais de mercadoria de valor, embora a sua transformação similar seja abordada mais tarde). Por conseguinte, com a combinação dos dois novos estimuladores – tecnologia e globalização – para melhor integrar a criação e distribuição de bens e serviços, juntamente com o aumento incessante das exigências dos consumidores, os varejistas e atacadistas mais esclarecidos entendem que devem possuir ou controlar a criação, distribuição e apresentação dos seus valores diretamente ao consumidor.

Prevemos que, um dia, de 80 a 90% das receitas das tradicionais lojas de departamentos serão geradas por marcas próprias ou exclusivas. Por outro lado, também acreditamos que o mesmo percentual de receitas virá um dia das lojas de varejo de grife e marcas globais fortes.

Assim como prevemos o colapso do modelo tradicional, acreditamos que os varejistas e marcas de atacado visionários, que entendem essa difícil questão, administrarão juntos seus colapsos e converterão o antigo modelo em um novo. Esses são os que não desaparecerão.

- Grandes lojas de departamento, lojas de desconto e *megastores* acelerarão a implantação de lojas de bairro, menores, *free-standing* e "localizadas".

A necessidade contínua de crescimento favorecerá a distribuição preferencial, que proporciona um maior acesso *aos* consumidores e um acesso mais rápido e mais fácil *para* os consumidores. A Kohl's foi pioneira (construindo seu modelo em torno da loja de conveniência do "bairro" para a mãe sem tempo), e agora a Best Buy, JCPenney, Bloomingdale's, e até mesmo o Walmart, estão expandindo seu pequenos formatos para bairros. Além disso, a maioria está localizando seus *mix* de produtos e serviços de acordo com as preferências do consumidor. Nós acreditamos que todos os outros grandes jogadores em todo o varejo seguirão essa estratégia.

- Muitas marcas próprias de lojas de departamento se expandirão em um formato de cadeia especializada com a marca de "butique de bairro".

A extensão ainda maior da distribuição preferencial trará essa oportunidade para as lojas de departamento com marcas fortes e exclusivas. Por que a JCPenney não abre uma cadeia das lojas Arizona (e outras) em bairros, especialmente porque sua base de dados mostra onde seus consumidores moram e o que querem? Por que não uma cadeia de lojas da INC ou Alfani, da Macy's, ou qualquer uma das muitas marcas pertencentes à Target?

- A Amazon vai abrir *showrooms* de varejo tradicionais.

Na manchete da primeira página do *Women's Wear Daily*, em 2009, um executivo do Walmart respondia a uma pergunta em um seminário dizendo que o maior medo de sua empresa era a abertura de lojas da Amazon[1]. Por que não? Com sua enorme base de dados de consumidores, ela poderia customizar um *showroom*. Por exemplo, ela poderia apresentar produtos, como de vestuário e beleza, já que os desejos de "tocar-sentir-experimentar", necessários a essas categorias, não podem ser satisfeitos *on-line*. Com lojas similares a *showrooms*, seria possível mostrar apenas os desejos locais, de acordo com as informações extraídas do seu banco de dados, e criar uma experiência neurológica usando uma nova tecnologia que per-

---

1 David Moin and Vicki M. Young, "Fleming: Amazon Stores a Threat to Walmart", *Women's Wear Daily*, 3 de dezembro de 2009, http://www.wwd.com/business-news/fleming-amazon-stores-a-threat-to-wal-mart–2384435.

mitisse aos consumidores personalizar roupas que poderiam ser encomendadas *on-line* ou na loja e entregues em suas casas. Além disso, seguindo os passos das tradicionais lojas de departamentos, acreditamos que a Amazon também buscará uma estratégia de marcas próprias.

- As lojas de varejo se tornarão "minishoppings" fechados e híbridos, para o aumento do tráfego de clientes e maior produtividade.

A loja Peet's Coffe & Tea, dentro dos supermercados Raley's, criam uma sinergia? É claro que sim. E a Mango, Sephora e JCPenney, ou a Sunglass Hut, LVMH e Macy's? Qual é a sinergia? Tanto as marcas da casa quanto as marcas afiliadas são gatilhos para os seus consumidores principais e, portanto, geram novos tráfegos para cada uma das marcas. A marca afiliada também ganha uma distribuição geográfica preferencial para novos consumidores com um baixo investimento de capital. Por que não a Victoria's Secret e a Soma ou Cacique (varejistas especializados em vestuário íntimo) e outras, combinadas com quaisquer das lojas de departamento tradicionais, cuja fatia de mercado, nessa categoria, tem declinado há anos?

- Lojas "*pop-up*" e outras oportunidades de distribuição preferencial se tornarão estratégias proativas em oposição às oportunidades de *marketing*.

Esse conceito apareceu na década de 1990 com as lojas Target, com o aluguel de um espaço por curto prazo, durante o período de férias ou eventos sazonais, inicialmente para *marketing* e publicidade. O verão em Tony Hamptons tornou-se uma vitrine de luxo e praia de três meses para a Target, que também ganhou bastante dinheiro. Hoje, as lojas *pop-up* são usadas por muitas marcas e varejistas.

E sobre os eventos caseiros de *marketing*, mais vendas de porta em porta e por celulares, quiosques, máquinas de venda automática e varejo sobre rodas (um caminhão da Abercrombie & Fitch rodando pelo *campus*)?

- Como um elo vital na cadeia de valor, comunicações, publicidade e os setores da mídia também serão levados a transformar seus modelos de negócios.

Na medida em que avanços tecnológicos criam um número infinito de plataformas de distribuição para comunicações, produtos e serviços, incluindo aquelas que podem, literalmente, "seguir" e acessar individualmente os consumidores 24/7, isto é, 24 horas por dia nos 7 dias da semana, essas mesmas inovações permitirão ao consumidor não só bloquear o que não quiser receber, mas convidar ou conceder permissão precisamente para o que gostaria de receber.

Essa capacidade já está causando uma transformação fundamental nos meios de comunicação e publicidade para, de forma finita, direcionar tanto o conteúdo quanto a distribuição e, cuidadosamente, avaliar a qualidade e os custos do contato. Todas as indústrias voltadas para o consumidor estão, portanto, olhando para um futuro de conexão individual com os consumidores. Essencialmente, como o ex-CEO da VF Corporation, Mackey McDonald, descreveu em uma conversa, as visões da VF definem e mensuram seus milhões de consumidores como "universos de uma pessoa".

- Marcas de nichos pequenos e ciclos rápidos superarão as megamarcas.

A combinação de inúmeras marcas, instantaneamente disponíveis em inúmeros pontos de distribuição, permite aos consumidores escolher ostensivamente marcas exclusivas ou personalizadas. Essa é uma grande mudança desde a Onda II do mercado, de poucas megamarcas distribuídas por alguns poucos *outlets*; então, os consumidores eram mais conformistas em seu comportamento, e realmente ficavam orgulhosos de estarem vestindo ou consumindo marcas compartilhadas pelos seus amigos e grupos de pares.

- Marcas norte-americanas, atacadistas e varejistas serão adquiridas pelos fabricantes chineses e outros produtores de produtos de consumo de baixo custo.

Na medida em que as pessoas de países com baixo custo de produção, especialmente a China, buscam melhores padrões de vida e de consumo, melhores salários são necessários para atender a essas expectativas. Isso vai contra às pressões contínuas dos países desenvolvidos para conseguirem custos ainda mais baixos. Portanto, para satisfazer o apetite dos consumidores por uma vida melhor (o que aumenta os custos), e ao mesmo tempo manter sua competitividade global como produtores de baixo custo, os gestores devem procurar formas de expandir o crescimento das linhas superiores e inferiores, em vez de simplesmente gerenciar custos (salários) menores.

Esse problema já está sendo tratado pelos maiores e mais visionários produtores na China. Eles rapidamente avaliaram que o maior valor – e, portanto, o lucro – era gerado na extremidade oposta da cadeia de valor, ou seja, na extremidade ligada ao consumo: o mercado. E eles entendem que o modo mais rápido de operar no mercado, e ganhar margens mais gordas, é comprá-lo. Sim, adquirir marcas, varejistas e serviços.

Isso já está acontecendo. Li & Fung, um dos maiores agentes de *sourcing* de vestuário do mundo, com US$ 15 bilhões, possui dezesseis marcas dos EUA e, agressivamente procura outras mais para adquirir.

Mundo digital como catalisador irrefreável

As mudanças revolucionárias que acreditamos estar vindo não apenas serão aceleradas como também serão impossíveis de serem paradas, pois estão incorporadas na Lei de Moore, que previa que o número de componentes em um circuito integrado iria dobrar a cada ano até pelo menos 2015. Dito de outra forma, a capacidade de o consumidor possuir poder ilimitado no mercado é, em grande parte, impulsionada pelos avanços tecnológicos que observamos ao nosso redor. A *web*, as redes sociais, como Twitter e Facebook, e os telefones móveis com aplicativos de preços representam apenas o começo de uma nova onda de avanços tecnológicos que facilitarão as mudanças que nós expomos em nossa tese.

Devido a esses avanços, a cadeia de valor será redefinida e comprimida. Surgirão novas plataformas de distribuição. Mensagens de marcas serão controladas pelo consumidor. Por exemplo, a P&G recentemente lançou uma loja virtual para vender promoções especiais aos seus fãs. Esse é o começo de uma nova relação de varejo e atacado entre a P&G e seus tradicionais clientes do varejo? Nós acreditamos fortemente que sim.

Outro avanço ou mudança na indústria foi o Kindle, que, junto com a internet, está causando mudanças fundamentais em como livros, jornais, revistas e música são publicados e distribuídos. Olhando mais longe, para aqueles clientes que acham a procura por roupas do tamanho certo uma tarefa dolorosa, haverá tecnologia *on-line* disponível que possibilitará projetar suas roupas sob medida, medindo seu corpo com *laser*, e recebê-las em sua porta em questão de dias.

Nossa tese não tenta prever quais tecnologias serão as vencedoras e quais as perdedoras, mas sugere que há um modelo de negócio e alguns princípios organizacionais que regerão a capacidade de todos os negócios de consumo efetivamente explorarem essas tendências tecnológicas.

Considerações finais

Acreditamos que este livro oferece novas perspectivas, a compreensão clara e as diretrizes que todos os negócios precisam para transformar e controlar suas cadeias de valores. Esperamos que nossas ideias ajudem o leitor a determinar se tudo isso se aplica (ou deve ser aplicado) à sua empresa e seus investimentos, ou simplesmente fornece perspectivas para os seus hábitos de compra. Nós reconhecemos que os pensamentos descritos aqui são apenas o ponto de partida. Não procuramos certezas em nossos argumentos, pois a certeza está enraizada na inflexibilidade e no dogma. Procuramos, sim, o debate e o diálogo, e explorar a incerteza do futuro. Pois é na incerteza que percebemos as novas oportunidades e seus infinitos potenciais.

PARTE 1

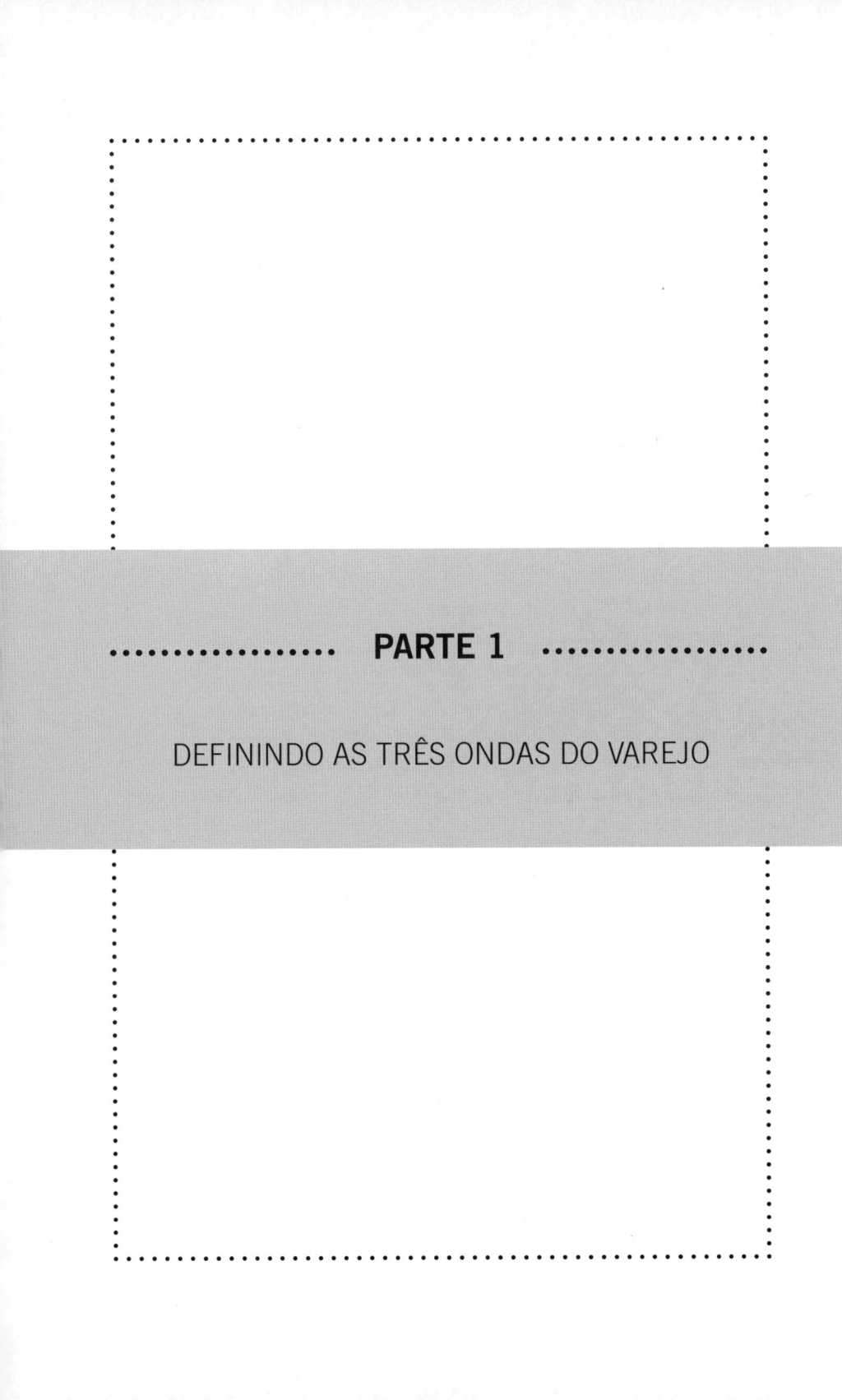

DEFININDO AS TRÊS ONDAS DO VAREJO

CAPÍTULO 1

ONDA I

ENTENDENDO O PODER DO PRODUTOR

Onda I (1850-1950)

No fim do século XIX, a população dos Estados Unidos era de cerca de 60 milhões de habitantes espalhados em 38 estados, com 65% vivendo em fazendas ou em cidades pequenas. Havia apenas uma dúzia de cidades, ou próximo disso, com 200 mil habitantes ou mais, e o rendimento nacional anual era de aproximadamente US$ 10 bilhões. O Oeste Selvagem ainda era selvagem, até mesmo enquanto a ferrovia era construída seguindo a migração populacional.

Apesar de sofrer com a Longa Depressão – não tão profunda quanto a Grande Depressão, embora mais duradoura, estendendo-se de 1873 até 1897 –, o país gerou capital suficiente para dar à luz a chamada Era de Ouro (1865-1900), com seus magnatas infames, ou barões, que construíram nossas ferrovias, perfuraram e distribuíram nosso petróleo, nosso aço, criaram nosso sistema bancário e construíram os fundamentos da infraestrutura de nossas fábricas. Os Estados Unidos estavam apenas começando a entender como aproveitar o uso de eletricidade e os novos processos industriais para acelerar a produção e proporcionar à crescente população os produtos e serviços realmente necessários.

O fonógrafo, a máquina de escrever, o telefone e a energia elétrica foram inventados e, após a invenção de Karl Benz do primeiro motor de automóvel à combustão na Alemanha, em 1886, Henry Ford criou o Ford Modelo T, finalmente substituindo as carruagens puxadas por cavalos. Em 1913, Ford desenvolveu o conceito de linha de montagem, sendo por isso rotulado de "pai da produção em massa". Nos loucos anos 19/20, Ford estava vendendo centenas de milhares de Modelos T e, mesmo assim, não conseguia atender à demanda.

Compare isso aos dias de hoje, quando cada casa tem dois ou três carros na garagem, ainda que os Três Grandes – General Motors, Ford e Chrysler – estejam não somente cortando a sua produção, mas também enfrentando potencial falência.

A incapacidade da Ford para acompanhar a demanda ocorreu por várias razões. Durante os primeiros anos da Onda I e na virada do século retrasado, o período de vasta industrialização, transporte e a construção da infraestrutura de comunicações ainda estava em sua infância. Havia acesso limitado aos bens e serviços porque, do lado da oferta, o crescimento não podia manter-se com a crescente demanda, exacerbada por uma estrutura de distribuição embrionária e fragmentada e uma população em contínua migração, tanto do Leste para o Oeste quanto do rural para o urbano. Além disso, mesmo quando a oferta era suficiente, a sua distribuição era, na melhor das hipóteses, desigual e ineficiente, quando não inexistente.

Foi também durante essa época – que é considerada, não por acaso, o início da ascensão e domínio econômico global dos Estados Unidos – que dois modelos dominantes de distribuição de varejo foram concebidos: o catálogo de vendas por correspondência e a loja de departamentos.

Sears e Montgomery Ward na Onda I

Após um breve período no negócio de relógios, Richard Sears fez uma parceria com Alvah Roebuck, em 1886, para criar o clássico varejista americano Sears, Roebuck and Co. Em 1895, eles estavam engajados seriamente no negócio por correio, tendo como alvos preferenciais agricultores e residentes de pequenas cidades, que compunham a maior parte da população nesse período e tinham acesso limitado às lojas. Enquanto a Sears era de fato criada depois do primeiro catálogo da Montgomery Ward, fundada por Aaron Ward em 1872, o catálogo da Sears cresceria muito mais e também perduraria por mais tempo. "Monkey" Wards, como seus concorrentes o chamavam afetuosamente, sucumbiu aos desafios do mercado na Onda II, que discutiremos mais tarde.

Esses catálogos demonstraram uma estratégia de distribuição brilhante: colocando sua "loja" e todos os seus produtos diretamente na sala de estar de todos aqueles fazendeiros e pessoas espalhadas por todo o país em cidades pequenas. Essas pessoas precisavam de coisas que não podiam obter em outros lugares. No verdadeiro sentido do velho ditado "localização, localização, localização", esses catálogos estavam à frente dos consumidores, em suas salas de estar, mais rápido e com mais frequência do que suas caminhadas mensais da fazenda até a loja de artigos gerais em uma cidade a muitos quilômetros de distância. De fato, a visão dessas empresas de trazer o seu valor para o consumidor foi uma das primeiras estratégias de distribuição inovadora e competitiva do varejo.

O catálogo da Sears cresceria eventualmente para mais de 500 páginas, oferecendo de tudo, desde o berço para você balançar seus filhos até o caixão no qual você seria enterrado. Você podia comprar até uma casa pronta, com tudo dentro.

Hoje em dia, é claro, a internet é o novo catálogo; no entanto, não é um substituto para o "antigo", mas uma das diversas plataformas de distribuição: dispositivos eletrônicos móveis, quiosques, máquinas de venda automática, lojas de aeroportos, vendas porta a porta, vendas em casa e lojas onipresentes em praticamente todos os cantos, para citar algumas. Vivemos em uma era de consumidores com acessibilidade total. Portanto, o sucesso do varejo não pode mais ser apenas sobre "localização, localização, localização".

No início da década de 1920, com a população começando a migrar das fazendas para as cidades pequenas, a Sears e a Montgomery Ward, continuando sua estratégia de distribuição de seguir o consumidor, começaram a abrir lojas nessas cidades. Agora, elas tinham uma estratégia de distribuição multicanal, com catálogos e lojas, e também uma vantagem competitiva única de oferecer bens essenciais com alta qualidade a preços justos e acessíveis. Assim, eles se posicionaram como lojas para a crescente classe média, um nicho não disputado pelas lojas de departamento das grandes cidades.

As lojas de departamentos: "construa, e eles virão"

Em 1846, um empresário irlandês-americano chamado Alexander Turney Stewart fundou uma loja de bens não duráveis chamado Palácio de Mármore (Marble Palace), que vendia bens europeus. Mais tarde, ela evoluiria para a loja de departamentos Stewart's, vendendo roupas, acessórios, tapetes, vidro e porcelana, brinquedos e equipamentos esportivos.

Em 1856, a Marshall Field & Company foi aberta em Chicago. Em 1858, a Macy's foi fundada em Nova York, seguida por B. Altman, Lord & Taylor, McCreary e Abraham & Straus. John Wanamaker fundou a Wanamaker's na Filadélfia, em 1877. A Zion's Cooperative Mercantile Institution (ZCMI) foi aberta em Salt Lake City, em 1869, e se tornou a primeira loja de departamento incorporada em 1870. A Hudson abriu em Detroit, em 1881, e a Dayton's, em 1902, em Minneapolis.

Esses e muitos outros, que cresceram a partir de pequenas lojas de variedades ao mesmo tempo em que seus pequenos vilarejos se transformavam em cidades, tornariam-se o segmento mais dominante do varejo, avançando bastante na Onda II (definida, de forma geral, como o período de 1950 a 2000).

Essas lojas de departamento da Onda I foram chamadas de "catedrais" e "palácios de consumo". Elas se tornaram um destino para o passeio das famílias, no primeiro momento, por causa da amplitude das ofertas, e mais tarde por causa de entretenimento adicional patrocinado, eventos infantis, desfiles de moda, restaurantes e muito mais. Muitos desses palácios também tinham uma bonita arquitetura, usando novos materiais de construção, novas tecnologias de vidro e aquecimento, entre outras inovações.

Na realidade, a fala frequentemente mal interpretada do filme *Campo dos sonhos* –, "Se você construir, eles virão"–, descreve perfeitamente a justaposição entre a estratégia de distribuição das lojas de departamento e o modelo de distribuição original da Sears e da Ward's de seguir e trazer os seus valores para o consumidor.

Não precisamos olhar mais longe do que o atual cenário do varejo superlotado de lojas e coisas para perceber como as lojas de departamento originais evoluíram para o que poderia ser chamado mais precisamente de grandes lojas carregadas com tanta coisa que são um grande desafio para os consumidores. O contraste ilumina como a escassez de competição e a crescente demanda na Onda I forneceram a essas lojas poder de precificação suficiente e, portanto, margens de lucro, para serem capazes de manter todas as atraentes amenidades que as tornaram não apenas lojas, mas também centros de entretenimento.

A mudança no equilíbrio entre oferta e demanda, e como ela causou mudanças nos modelos de distribuição de varejo, são fundamentais para a nossa tese, enquanto nós seguimos a evolução do varejo ao longo das Ondas II e III. Assim como os catálogos da Sears e da Montgomery representaram novos e inovadores modelos de distribuição, respondendo à equação de oferta e procura da época e das necessidades reais dos consumidores, também os seus sucessores foram inovadores.

Ascendendo para a Onda II

Apesar da Grande Depressão, o período global durante a Onda I, do início do século XX, passando pela Segunda Guerra Mundial, foi de crescimento econômico positivo, especialmente por causa da industrialização. A enorme expansão de rodovias e ferrovias – na realidade, de todos os transportes e comunicações – marcou o nascimento de uma moderna infraestrutura de distribuição, centrada na população crescente e sua migração para as cidades e subúrbios.

Impulsionada pela crescente utilização de processos inovadores, da linha de montagem em fábricas e da eletricidade, o lado das ofertas (produtos e serviços) da economia finalmente pôde alcançar as demandas dos consumidores. Houve um enorme crescimento no mercado imobiliário, novos aparelhos domésticos e, claro, automóveis. Todo esse crescimento sobreviveria à grave recessão causada pela Grande Depressão, o que seria um presságio do crescimento verdadeiramente explosivo ocorrido após a Segunda Guerra Mundial e durante a Onda II.

Enquanto isso, o setor do varejo continuava sua inexorável marcha em sua escalada para a Onda II. Em 1902, James Cash Penney abriu a JCPenney, que seria incorporada em 1913. Enquanto oferecia incialmente apenas bens não duráveis, e sem distribuição de catálogos, a JCPenney rapidamente se tornou uma competidora feroz da Sears e da Montgomery Ward, com as três abrindo lojas rapidamente em pequenas cidades e subúrbios, correndo atrás da crescente classe média americana. JCPenney, como seus antecessores, oferecia produtos básicos de alta qualidade por bons preços. Esse modelo de valor representou com exatidão aquilo que permitiria que os três competidores continuassem a crescer mesmo durante a Depressão.

Após a Segunda Guerra Mundial e o subsequente crescimento econômico explosivo, a Sears expandiu sua estratégia de distribuição, seguindo a migração dos consumidores para os subúrbios. Indiscutivelmente, foi a Sears que construiu e fixou os primeiros shoppings regionais, abrindo o caminho para rivais como a JCPenney, Macy's, McRae's e Dillard's, todos os quais acabariam eventualmente por se fixar nos shoppings de subúrbio em rápida expansão. E, para solidificar ainda mais o domínio desse nicho de mercado, a Sears foi integrada verticalmente e começou a desenvolver suas próprias marcas (como baterias de longa duração, aparelhos Kenmore e ferramentas Craftsmen) e a concentrar a distribuição, muito antes desses conceitos se tornarem uma prática comum.

Esse foi o momento, no final de Onda I, em que a Sears começou a deixar para trás o seu principal concorrente, Montgomery Ward, que se recusou a entrar nos shoppings, considerando-os muito caros. Esse erro provou ser fatal, sendo o início da longa derrocada da Ward.

A resposta proativa da Sears ao mundo em transformação ao seu redor permitiu a ela uma ascenção prolongada e consistente. No início da década de 1970, ela estava entre as oito maiores corporações e era uma das marcas mais fortes do mundo, com uma receita maior do que a dos quatro varejistas seguintes combinados. Na verdade, ela foi a mais dominante e teve mais ímpeto, como o Walmart tem hoje.

A trajetória descendente

Mas, no fim das contas, como a Montgomery Ward, a Sears também não conseguiu enxergar, entender e responder às transformações econômicas, de consumo e do ambiente competitivo que aconteciam fora de suas quatro paredes. A Sears assumiu um grande risco e reinventou seu modelo de negócios, mas não conseguiu fortalecê-lo. De muitas maneiras, o declínio da Sears pode ser rastreado até praticamente o dia em que ela entrou no ramo de serviços financeiros, com a aquisição da corretora Dean Witter pelo então CEO Edward Telling e sua infame declaração de que os consumidores deviam comprar suas "meias e ações" sob o mesmo teto. A incapacidade de fazer evoluir o seu modelo para acompanhar a evolução dos tempos causou o declínio e a queda da Sears. O varejista historicamente experiente e hábil perdeu sua conexão única com os consumidores, passando a entregar algo que não esperavam ou desejavam.

Ironicamente, o retardatário JCPenney *fez* evoluir o seu modelo de negócio, essencialmente adotando vantagens estratégicas da Sears, como marcas e distribuição próprias. E, ao contrário de seu inimigo de outrora, reforçou e ajustou o seu modelo para responder às forças motrizes das transformações na economia e no consumo. Como resultado, a JCPenney está atualmente prosperando na Onda III.

É trágico que a Sears tenha permitido que suas vantagens estratégicas se dissipassem. As mesmas vantagens que a tornaram a maior e melhor varejista são inerentes a algumas das cadeias especializadas do varejo de hoje, como a Abercrombie & Fitch ou Zara. Essas lojas controlam suas cadeias de valor verticalmente, do desenvolvimento do produto até a manufatura, operações, logística, *marketing*, distribuição e pontos de venda; portanto, eles podem desenvolver suas próprias marcas e entregar a experiência de comprar que os consumidores esperam delas. Tal controle também permite a eles maior acesso – e, portanto, mais efetividade na distribuição, – aos seus consumidores.

A Sears e a Montgomery Ward representam apenas dois dos muitos varejistas cujos modelos de negócio e propostas de valor de consumo foram inovadores e relevantes para o ambiente de consumo e econômico na época de sua criação. Eles também desenvolveram vantagens competitivas, crescendo para ocupar posições relativamente dominantes no mercado. No entanto, eles representam, em última instância, as muitas cadeias que, depois de conseguir enorme sucesso, fracassaram por uma miríade de razões ao se ajustarem continuamente às constantes mudanças na economia e condições de consumo ao seu redor. Indiscutivelmente, a estratégia da Sears das "ações e meias" foi uma tentativa de mudar o modelo de seu negócio para se adaptar aos tempos. O que era visto como uma estratégia, contudo, acabou sendo uma tática muito mal executada.

Portanto, muitos desses varejistas historicamente icônicos simplesmente desapareceram da noite para o dia, e outros, como a Sears, entraram em prolongado declínio.

Destaques do capítulo

Nós enquadramos, de forma adequada, a evolução do varejo como as "Três Ondas de Varejo". A Onda I abrange o período de 1850 a 1950, a Onda II, de 1950 a aproximadamente 2000, e a terceira – e, em nossa opinião, última onda –, cobre o período de 2000 a 2010.

À medida que retratamos cada onda, descrevemos sua situação econômica, incluindo a relação de oferta e procura, a situação competitiva, as estratégias de negócios necessárias para uma resposta positiva às demandas dos consumidores e a estrutura de negócios ou modelos necessários para executar as estratégias.

Características-chave do mercado na Onda I

- **Dirigida pela produção e varejo:** o poder de precificação estava com os fabricantes e varejistas, devido à escassez de concorrentes, nível baixo e irregular de produtos e serviços e uma infraestrutura de distribuição fragmentada ou inexistente. Portanto, os consumidores tinham que aceitar o que estava disponível para eles.
- **Perseguindo a demanda:** produtores e distribuidores, incluindo varejistas, estavam todos crescendo e expandindo para alcançar e

dominar negócios a partir dos deslocamentos dos mercados consumidores. Com algumas exceções, principalmente nas grandes cidades, a oferta continuaria atrás da demanda, devido, sobretudo, ao crescimento da população, incluindo imigrantes, e a migração de cidadãos do Oeste para o Norte e do Norte para o Sul, e das áreas rurais para as pequenas vilas e cidades, tudo desafiando uma infra-estrutura de distribuição embrionária, ineficiente e fragmentada.

- **Produtos com marcas únicas *versus* categorias cruzadas:** a falta de um *marketing* coeso e infraestrutura de comunicações, bem como a escassez de produtores, resultou em uma disponibilidade limitada de marcas e seu confinamento a categorias de um único produto,
- **Mercados fragmentados, isolados:** geograficamente dispersos, em grande parte mercados rurais e de cidades pequenas, muitas isoladas e desconectadas por transporte ou comunicações; portanto, a distribuição de bens e serviços, inclusive para os varejistas, era no mínimo lenta, aleatória e ineficiente.
- ***Marketing* fragmentado:** devido à estrutura dispersa e isolada do mercado e à falta de uma comunicação nacional e infraestrutura de mídia, a publicidade, vendas e *marketing* de qualquer tipo foram esporádicos, locais, pouco frequentes e ineficientes.

Modelos de varejo dominantes

- Lojas de departamento independentes em cidades ("palácios de consumo"), expandindo depois na Onda I para os emergentes shopping centers.
- Catálogos da Sears e Montgomery Ward para pedidos por correio (como solução à distribuição na área rural e pequenas cidades) e, no início da década de 1920, o lançamento de lojas nas pequenas cidades.
- A Sears construiu e ancorou os primeiros shoppings, sendo seguida pelas lojas de departamento e a JCPenney (fundada em 1902) como âncoras adicionais, enquanto todos corriam em direção à Onda II e à metade do século XX.

CAPÍTULO 2

ONDA II

APRENDENDO SOBRE A CRIAÇÃO DA DEMANDA EM UMA ECONOMIA DIRIGIDA PELO *MARKETING*

Capitalismo sem limites

"Capitalismo sem limites" é, certamente, uma descrição apropriada da dinâmica econômica nos Estados Unidos pós-Segunda Guerra Mundial e do fim da década de 1970. Houve um crescimento explosivo em todos os setores, incentivado pela construção massiva das infraestruturas de comunicação, transporte, distribuição e comercialização do país, incluindo o setor do varejo e todos os outros setores voltados para o consumo.

Indiscutivelmente, a guerra foi o último e fundamental fator responsável por tirar a economia da Grande Depressão, graças à magnitude do esforço da preparação para a batalha global, tanto em dólares quanto em mão de obra. Essencialmente, esse esforço revitalizou a economia. Por volta de 1945, os Estados Unidos representaram cerca de 45% do PIB mundial, muito além de sua taxa histórica de 25 a 28% (infelizmente, claro, isso se destacou pela devastação econômica na maior parte do resto do mundo).

Mais importante, a industrialização acelerada necessária para alimentar o esforço de guerra levou a muitas inovações e avanços para a economia do pós-guerra, com o aumento dos investimentos privados e governamentais em pesquisa e desenvolvimento em conjunto com as universidades. Os avanços na área de energia nuclear se aceleraram a partir do Projeto Manhattan, durante a guerra. As inovações na indústria aeroespacial foram enormes: em 1958, o primeiro jato comercial cruzou o Atlântico. Redes de radar e FM foram invenções de guerra. E muito mais.

Da demanda reprimida ao "sonho americano"

Claro, toda essa inovação e crescimento não poderiam ter acontecido sem um aumento igualmente vertiginoso da demanda. E certamente esse aumento estava lá. Saindo da Grande Depressão e da Segunda Guerra Mundial, os consumidores americanos tinham um enorme desejo reprimido por uma melhor qualidade de vida. Eles aspiravam algo além das necessidades por produtos, serviços e ambientes que satisfariam seus sonhos. Na verdade, foi durante esse fértil período que o "sonho americano" foi cunhado. O objetivo de ter uma família, uma casa, um carro em cada garagem, um emprego estável e com benefícios, uma educação universitária e todas as outras coisas maravilhosas seria realizado por milhões de americanos. Os novos subúrbios e as comunidades planejadas eram exemplificados por Levittown, em Nova York, na década de 1950, que proporcionava uma fatia de um décimo de acre do sonho americano para os seus proprietários.

Leave it to Beaver, Ozzie e Harriet, The Ed Sullivan Show e muitos outros programas populares de TV da época espelhavam o ideal rockwelliano das famílias reunidas e tranquilas assistindo TV em suas salas de estar.

No entanto, se você olhasse além das confortáveis salas de estar para as correntes mais profundas da vida americana, você poderia ver o surgimento de tendências sociais, políticas e culturais que teriam um grande e prolongado impacto nos Estados Unidos no seu caminho para o século XXI. A segunda onda do feminismo, a contracultura e sua ressonância em Woodstock e o reconhecimento dos adolescentes como força econômica e cultural independente, entre outras, representaram as tendências que mudaram o país. A invenção da pílula anticoncepcional ofereceu uma verdadeira base para a liberdade e independência das mulheres. O movimento dos direitos civis foi, para a humanidade, um passo tão grande quanto o pouso na Lua. O pânico comunista da década de 1950 e a Guerra da Coreia seriam seguidos pela Guerra do Vietnã, na década de 1960, e pelas convulsões políticas e sociais que marcariam a época, assim como a renúncia do presidente Nixon. Esse foi um período de muitos eventos significativos, incluindo a Guerra Fria e a iminência de um holocausto nuclear, quando os Estados Unidos declararam o bloqueio à ilha de Cuba, preparando o palco para o primeiro confronto direto com a União Soviética como potência nuclear.

Todos esses eventos transformadores, tão gigantescos em seu impacto, não perturbaram ou mesmo diminuíram a determinação das pessoas de perseguir e alcançar pelo menos uma fatia do sonho americano.

A Onda II nos Estados Unidos trouxe não só um crescimento econômico sem precedentes, mas também um enorme salto no padrão de vida dos americanos. Foi um ciclo virtuoso de empregos abundantes proporcionando renda ilimitada, impulsionando a necessidade de mais produção, aumentando a demanda por mais postos de trabalho e mais gastos, e assim por diante. A vida era boa. A vida era simples. A mensagem para o povo americano era clara: trabalhe duro, seja bom, e o seu sonho se tornará realidade.

O sonho gera mercados de massa, *marketing* de massa e uma nova infraestrutura de distribuição maciça

Outro fator chave que tornou o sonho possível foram os sistemas de *marketing* massivo e de distribuição. À medida que mais e mais consumidores perseguiam o sonho, eles criavam enormes novos mercados. Por outro lado, grandes comerciantes de produtos e serviços foram desenvolvendo novas e inovadoras maneiras de comercializar e distribuir para esses consumidores. Duas sentenças foram cunhadas para descrever as dinâmicas do novo mercado nesse período de *boom* econômico: "mercados de massa" e "*marketing* massivo". Afinal, se viver a boa vida era o sonho do consumidor norte-americano, os mercados de massa, e seu infinito potencial de vendas e lucros, eram o sonho capitalista.

A fim de atender o imenso e crescente mercado, as empresas precisavam de uma vasta infraestrutura nacional de distribuição. Essa infraestrutura tinha que ser física, para a distribuição de produtos e serviços, e estratégica, para a distribuição das comunicações, *marketing* e publicidade. A Onda II testemunhou o explosivo crescimento dos transportes rodoviário, aéreo, ferroviário e marítimo, bem como a criação de múltiplos canais de distribuição no varejo. E, para comerciantes de massa, essa foi a época de ouro da publicidade e criação de marcas nacionais, facilitada pelo surgimento da "grande mídia": acesso de todo o país à televisão e à formação de canais de radiodifusão nacional; a mídia impressa de consumo nacional, incluindo revistas especializadas; catálogos; *outdoors* e *marketing* direto.

Da perspectiva do varejo, a Federal-Aid Highway Act, de 1956, foi um grande catalisador do que se seguiu. Ela desempenhou um papel fundamental na migração da população (de rural para urbano e suburbano), aumentou a mobilidade e ajudou a estabelecer o domínio da indústria automobilística, novos modelos de varejo e distribuição física de bens. A ironia é que a intenção original por trás da construção do enorme sistema americano interestadual de rodovias, uma matriz de 73.341 quilômetros de estradas, era a segurança nacional. Felizmente, como se viu, os Estados Unidos nunca tiveram que usá-las para evacuações ou mobilização de tropas para defender suas fronteiras contra ataques. No entanto, o seu *timing* foi perfeito para preparar o caminho para o explosivo crescimento dos subúrbios, rapidamente seguido por uma expansão acelerada dos shopping centers e grandes shoppings regionais. Antes da Segunda Guerra Mundial, havia cerca de oito desses centros comerciais. Em 1970, existiam quatro mil.

Essa vasta matriz de rodovias, centros e shoppings, combinada com automóveis e combustível barato para chegar até eles, também acelerou o crescimento de cadeias nacionais e regionais de varejo. Mais expansivas foram as lojas de departamento tradicionais, Sears e JCPenney, cujos corretores de imóveis incentivavam, com contratos de arrendamento atraentes para "ancorar" os shoppings, como construtores de tráfego para os consumidores. Esses shoppings também se tornaram a casa de muitas redes recém-criadas especializadas em vestuário, o inovador modelo de varejo de marcas lançado na década de 1960, exemplificado por pioneiros como a Merry-Go-Round e a Esprit Gap.

Também durante esse período, Sam Walton teve uma visão de que os Estados Unidos de cidades pequenas precisavam de produtos básicos de grande valor e preços baixos. Assim, o Walmart foi criado. Suas pequenas cidades alvo eram diferentes do posicionamento da Kmart em shoppings centers suburbanos. Crescendo a partir da loja SS Kresge, fundada em 1899, e a primeira loja de descontos, a Kmart foi aberta em 1962, no subúrbio de Detroit. As lojas Target nasceram em 1962, a partir das Lojas de Departamento Dayton-Hudson, sua controladora. E foi posicionada como uma loja de descontos mais "sofisticada", trazendo produtos e marcas de um nível de preço acima da Walmart e Kmart. Mais tarde, naturalmente se tornou conhecida como representante do "chique barato". E, na Onda II, nasceram as varejistas *megastores* (categoria denominada "matadores"), como a Toys "R" Us, Circuit City e Home Depot.

Esses modelos da Walmart de valor e desconto e a categoria *megastores* matadoras eram máquinas de distribuição em massa. De fato, a categoria matadores pretendia fazer exatamente o que o seu nome sugere – eliminar todos os concorrentes, trazendo tudo para uma só categoria de produtos (como brinquedos, eletrônicos, esportes ou utensílios domésticos), o espectro completo de tudo o que o consumidor pudesse precisar a preços baixos impulsionados pelo volume.

Esses modelos da categoria matadores e as redes de marcas especializadas em vestuário, todas especializadas em categorias únicas de produtos, junto com as novas lojas de desconto oferecendo bens básicos, mais comoditizados, todos começaram a conquistar uma grande quantidade de consumidores tradicionalmente fiéis às lojas de departamento. Suas estruturas de custo mais baixo permitiram preços mais competitivos, – o que, combinado com produtos e serviços especializados, proporcionou a esses novos modelos de varejo uma grande vantagem.

Dessa forma, enquanto as lojas de departamento tiveram a distinção de serem palácios de consumo e experiências de compras altamente agradáveis durante a Onda I, agora enfrentavam duas grandes questões estratégicas que começariam a corroer a sua fatia de mercado: uma, competindo nos preços contra estruturas de custo mais baixo dos novos concorrentes; e duas, competindo contra os especialistas, que estavam tomando para si fatias de mercado focados em nichos das complexas matrizes de ofertas das lojas de departamento (por fim, eles iriam descartar categorias inteiras de produtos, como eletrônicos, aparelhos, brinquedos e muitos outros). À medida que a Onda II evoluía, a pressão para reduzir os seus custos operacionais forçou as lojas de departamento a cortar amenidades, serviços ou entretenimento – justamente as coisas que tinham sido atraentes na Onda I.

A JCPenney, Sears e Montgomery Ward foram especialmente desafiadas pelas lojas de descontos e pelos matadores da categoria porque as suas próprias proposições de valores também tinham sido fundadas com base na oferta de produtos básicos com ótimo valor. Seus clientes, portanto, eram a presa mais fácil para os novos modelos. Enquanto a JCPenney, Sears e Ward's eram em sua origem focadas em cidades pequenas de classe média e subúrbios, a JCPenney e a Sears continuaram sua expansão para os shoppings e centros comerciais na Onda II, enquanto Ward tomou a decisão estrategicamente fatal de não o fazeer. A Ward começou sua derrocada no fim da década de 1970, e fechou o que restava de suas operações de varejo e catálogo em 2001.

Embora a Sears tenha liderado e construído muitos dos primeiros centros comerciais e shoppings, escalando para a sua proeminente posição como a maior varejista do mundo em meados da década de 1970, ela ignorou os novos concorrentes, tanto as lojas de descontos quanto as especializadas, que estavam mordendo fatias do mercado em todas as categorias de negócios. A Sears não permaneceu atenta às transformações do ambiente de consumo. Por isso, continuou a operar com custos relativamente altos, falhou ao não descartar categorias nas quais tinha perdido competitividade, e começou a declinar no início da década de 1980. Hoje, está à beira do colapso. A possibilidade ou não de reverter a sua situação tem sido objeto de muitos estudos e discussões de especialistas da indústria e das universidades. Nós examinaremos isso mais detalhadamente no capítulo 12.

A empresa JCPenney expandiu tanto sua localização, para os centros e shoppings, como suas ofertas de produtos, adicionando móveis, eletrônicos e artigos esportivos. Essencialmente, converteu-se numa loja de departamentos com serviços completos ("*full-service*"), embora ainda atendendo os mercados médios. Ao contrário da Sears, a JCPenney respondeu às pressões do mercado, e mais tarde, nas Ondas II e III, descartou muitas categorias que estavam sendo tomadas pelos matadores, especialmente as redes e lojas de descontos.

Como resultado do surgimento desses inovadores modelos de varejo, de uma economia em crescimento, aumento de população, crescente mobilidade, mudanças populacionais em todo o país e os novos sistemas de distribuição e *marketing*, a última parte da Onda II também marcaria o início do declínio das lojas de departamento, culminando na atual situação de penúria na Onda III.

A Onda II, tal como a definimos, provavelmente será vista historicamente como o período de "nacionalização" nos Estados Unidos: a interconexão de uma imensa matriz nacional de comunicações, transporte, distribuição e *marketing*, facilitando a criação, comercialização e distribuição de marcas nacionais, produtos e serviços, assim como de cadeias nacionais de varejo.

O início do "congestionamento competitivo" (saturação de mercado)

Como vimos neste capítulo, o sonho americano para os consumidores também se tornou o sonho americano para produtores, fornecedores, comerciantes e varejistas – até o momento em que deixou de sê-lo.

Enquanto mais e mais concorrentes surgiram em todos os setores voltados ao consumo, e as empresas existentes tornaram-se ainda maiores, no início da década de 1980 os mercados ficaram saturados. Essa saturação afetou tudo, do varejo aos automóveis; empresas aéreas; bens e serviços; viagens; lazer e entretenimento; praticamente a economia inteira. O congestionamento competitivo começou a causar um desequilíbrio entre oferta e procura e uma mudança da força dos produtores para os consumidores. Colocando de forma simples, devido à crescente oferta e distribuição mais eficiente, os consumidores ganharam maior acesso e, como resultado, melhoraram seu processo de seleção. Então, os produtores foram forçados a adicionar valor, inovar e criar diferenciais. O mercado amadureceu a tal ponto que os consumidores precisavam de razões mais atraentes para preferir os produtos de um concorrente aos produtos de outro.

Enquanto na Onda I, dirigida à produção, os fabricantes não podiam fazer ou distribuir os produtos e serviços com rapidez suficiente para atender à demanda, agora eles tinham que descobrir como *criar* a demanda – como compelir os consumidores a escolhê-los. "Se você construir, eles virão" deu lugar a um novo coro dos consumidores: "Dê-me uma razão convincente para ir à sua loja ou comprar a sua marca". Assim, o poder no mercado estava mudando da oferta para o lado da demanda; dos produtores e provedores de serviços e varejistas para os consumidores.

Essa grande mudança de paradigma para todos os setores voltados para o consumo, de uma economia dirigida pela produção para uma economia dirigida pelo *marketing*, significou que o *marketing* não apenas se tornara o condutor estratégico principal em todo o mercado, como também levou à uma enorme expansão e gerou muitos novos negócios nos setores de publicidade, mídia e comunicações.

Conhecida como a Idade de Ouro da Publicidade, a Onda II foi sem dúvida a época mais criativa comercialmente na história americana. Se os consumidores exigiam boas razões para comprar as marcas, eles iriam obtê-las aos montes.

A Idade de Ouro: a ascensão das marcas, da inovação e da publicidade

A espiral ascendente do sonho americano foi impulsionada pelas forças duais do desejo dos consumidores pelo novo, melhor e em maior quantidade e o talento dos setores de consumo para criar produtos e serviços novos e, melhores e em grandes quantidades.

No entanto, o verdadeiro motor conduzindo esse crescimento, e o motor necessário para criar a demanda por um produto ou serviço, foi o *marketing* – mais especificamente, *branding*, ou seja, a gestão de marcas e publicidade.

Você podia ver a publicidade do produto na ABC, NBC e CBS, e no *Time, Sports Illustrated, Life, Look, Colliers, Saturday Evening Post, Glamour, Cosmopolitan* e assim por diante. Indo mais fundo na Onda II (durante as décadas de 1970 e 1980), o *marketing* segmentado nasceu apoiado por revistas especializadas como a *Ebony, Rolling Stone, Mad, Jet, National Lampoon* e outras.

Grandes marcas estavam expandindo-se por todo o país, e novas marcas surgiam quase que diariamente: P&G, RJ Reynolds, Coca-Cola, Levi's, Oldsmobile, Ford, Timex, Playtex, Pabst Blue Ribbon, Cheerios, Esprit Gap e centenas de outras.

Finalmente, essa época marcou o surgimento dos maiores motores entre todos: as agências, agora icônicas, de publicidade, grandes e pequenas, que sem dúvida criaram as mensagens mais inteligentes, engraçadas, sinceras e atraentes para os consumidores em toda a história dos Estados Unidos.

DDB, BBD&O, Ogilvy & Mather, J. Walter Thompson, Leo Burnett, Grey Advertising, McCann Erickson, Ted Bates & Co., Wells Rich Greene e Kenyon & Eckhardt foram apenas alguns dos gigantes da época. Juntos, eles mostraram peças publicitárias e *slogans* lendários, como o Homem de Marlboro, o Fusca da Volkswagen, "Nada fica entre mim e minha Calvins", "Eu andaria uma milha por um Camel, "Winston tem o sabor tão bom quanto um cigarro deve ter", "Ei, Mabel, Black Label", "Caia dentro da GAP", "É de verdade" e "Acenda meu Bic"[1], entre outros.

No varejo, a Gap começou sua ascensão meteórica a partir de uma pequena loja em São Francisco, vendendo jeans Levi's para o maior varejista de marcas do mundo. Outros, como a Esprit, diminuíram sua presença americana, mas permaneceram como marcas fortes internacionalmente. Um terceiro grupo, incluindo a Merry-Go-Round (uma das primeiras especialistas), saiu completamente do negócio.

Curiosamente, o sucesso ou o fracasso desses primeiros especialistas foi o resultado como um todo de como eles operacionalizaram nossos três princípios estratégicos. No seu início, é improvável que eles tivessem

---

[1] N.T.: "Nothing gets between me and my Calvins", "I'd walk a mile for a Camel", "Winston tastes good like a cigarette should," "Hey Mabel, Black Label", "Fall into the Gap," "It's the real thing," and "Flick my Bic".

definido seus modelos com base nesses princípios, ou podem tê-los articulado de forma diferente. No entanto, com ou sem a compreensão deles, os modelos de negócios de especialidades eram, e ainda são, o exemplo fundamental de nossa tese.

Ralph Lauren: um visionário da Onda II

Entre as marcas nacionais icônicas sendo lançadas quase que diariamente, e marcas existentes sendo construídas em escalas enormes, um verdadeiro visionário de marcas surgiu durante a década de 1960: Ralph Lauren. A maior parte das marcas da Onda I, e em boa parte da Onda II, era de uma categoria única de produto, como o jeans Levi's, Tide Soap, cigarros Lucky Strike e assim por diante. Todas essas grandes marcas gastaram milhões de dólares em *marketing*, propaganda e publicidade, empurrando a sua mensagem sobre os reais benefícios do produto na mente dos consumidores.

A marca Ralph Lauren, por outro lado, não provinha de um produto. Ela cresceu a partir de sua visão de um mundo "como o Gatsby", onde ele e sua marca teriam um papel dominante. Como visto em sua publicidade, e até mesmo em sua sede, na Madison Avenue, em Manhattan, toda a imagem da marca comunicava de forma poderosa esse estilo de vida, a marca de Lauren emanava seu sonho de um mundo sofisticado, de homens e mulheres e crianças, todos usando centenas de produtos elegantes e sofisticados, todos com a marca Ralph Lauren. Assim, em vez de simplesmente usar a sua marca em diversos produtos diferentes, ele usava seu nome ligado a um estilo de vida, o que representava o sonho que ele queria compartilhar com os seus clientes.

Outra grande virada na Onda II, então, foi a mudança de marcas de um único produto, como os jeans Levi's, para a imensamente bem-sucedida marca de Ralph Lauren, que foi, sem dúvida, a primeira marca de vestuário representando um estilo de vida. Assim começou o poder dos benefícios sensoriais ou emocionais que uma marca poderia oferecer aos consumidores, o que eventualmente substituiria os benefícios tangíveis dos produtos, como tamanho certo, preço, desempenho etc. Colocando de outra forma, Ralph Lauren foi o primeiro a usar o poder dos sonhos para criar demanda por uma marca, levando os consumidores para longe da competição dirigida pelos produtos únicos.

Por exemplo, quando você escuta ou lê o nome da marca Levi's, você pensa nos jeans. Quando você escuta ou lê nome da marca Ralph Lauren ou Polo, a sua mente remete a todos os tipos de imagens que lembram Gatsby, quase como um filme do qual você imagina estar participando. E desde o início de sua marca, mais de cinquenta anos atrás, as imagens usadas nas propagandas têm feito o seu trabalho – persuadindo incontáveis consumidores a entrar no estilo de vida de Ralph Lauren e comprar tudo, de calças Polo a pinturas Polo.

Dessa forma, na Onda II, Ralph Lauren lançou um novo modelo de marca, denominado "marca como estilo de vida", o qual era superior em dois aspectos às marcas de produtos únicos como o jeans Levi's: primeiro, a marca como estilo de vida permite oferecer múltiplos produtos que se encaixam naquela posição particular do estilo de vida (de calças a pinturas de parede, embora ambas remetam às mesmas imagens); segundo, o estilo de vida permite à marca criar produtos para todos os segmentos de consumidores, de homens a mulheres e crianças, desde que se ajustem ao estilo de vida representado.

Dito de outra forma, Ralph Lauren criou uma imagem de uma vida como Gatsby, na qual ele poderia inserir praticamente qualquer produto, desde que adequado ao estilo Gatsby (em sua interpretação). Por outro lado, a Levi's criou o *blue jeans* e o colocou em imagens (anúncios) com custo de milhões de dólares, durante cerca de uma centena de anos, gravando de forma indelével nas mentes dos consumidores a marca Levi's como símbolo para os jeans.

De fato, apesar de inúmeras tentativas ao longo dos anos de ligar sua marca a roupas esportivas, jaquetas e outros produtos, numa tentativa de reposicionar a marca como um estilo de vida, a Levi's continua a ser uma marca de *blue jeans*, até mesmo com sua cadeia de lojas de varejo que vendem outros itens de vestimenta casual.

Marvin Traub, da Bloomingdale's: um varejista para mudar o jogo

Se Ralph Lauren foi um visionário da marca como estilo de vida, Marvin Traub, o CEO da Bloomingdale's durante a Onda II, era seu igual no lado do varejo. Na verdade, foi Marvin quem deu a Ralph a oportunidade de começar, permitindo que a apresentação da sua linha "estilo de vida" ocorresse na primeira loja dentro de loja no setor das lojas de departamento.

Além disso, a Bloomingdale's inovou ao elevar a experiência das compras, iniciando uma estratégia de criação de uma série contínua de eventos temáticos durante a década de 1980, muitos deles baseados em culturas de outros países. Por exemplo, "Uma odisseia mediterrânea" foi um dos muitos temas que fizeram sucesso de festas *black-tie*, com a presença de celebridades locais e nacionais e com produtos indígenas, modas e artefatos dos vários países mediterrânicos. Algumas dessas promoções duraram um mês ou mais, transformando a loja na 59th street, em Manhattan, em uma espécie de bazar experiencial.

Foi esse tipo visão de Marvin Traub de mudança de jogo que deu crédito ao seu *slogan* publicitário: "Bloomingdale's: como nenhuma outra loja no mundo".

A ponte para a Onda III

Outro ponto interessante na Onda II, um que os líderes empresariais daquele tempo provavelmente concordariam, é que aquele foi um tempo em que conduzir um negócio era realmente *divertido* – porque houve de fato um crescimento orgânico, real. Embora a competição fosse pesada, os mercados não estavam saturados como ficariam na Onda III, quando a batalha por fatias de mercado em uma economia de crescimento lento seria feroz. De fato, na Onda II, os caras dos anúncios na Madison Avenue podiam desfrutar de três Martinis em um almoço com clientes e ainda assim fechar os seus negócios. Na Onda III, eles teriam sorte se tivessem um sanduíche jogado em suas mesas de trabalho enquanto trabalhavam dez horas por dia apenas para se manterem vivos na competição.

Para encerrar o capítulo sobre a Onda II, nós enfatizamos novamente as forças que comandaram esse período de crescimento extraordinário e sem precedentes. Isso não seria possível sem o *marketing* de massa, publicidade, comunicações, distribuição e toda aquela construção de marca e criação de demanda singularmente americanas.

Características principais do mercado na Onda II

- **Dirigido pelo *marketing*:** como a superabundância da Onda II cresceu para além das necessidades básicas dos consumidores, produtores e varejistas foram forçados a criar demanda, criar razões atraentes para os consumidores comprarem em suas lojas ou comprarem as suas marcas.
- **Criação de demanda:** portanto, a economia, incluindo o varejo, deixou de ser impulsionada pela produção e correr atrás da demanda, como na Onda I, para ser dirigida pelo *marketing* e criação de demanda na Onda II.
- **Marcas como estilo de vida:** da mesma forma, houve um crescimento explosivo de marcas em todos os setores. Devido a esse congestionamento competitivo, foram necessárias marcas para tornar um negócio mais competitivo, para tirar os consumidores dos concorrentes. Marcas como estilo de vida, das quais Ralph Lauren foi a primeira, portanto, começariam a ganhar vantagem sobre marcas menos atraentes de um produto único.
- **Mercado de massa:** como a população migrou para cidades e subúrbios em rápido crescimento, combinado com o crescimento da infraestrutura das comunicações, distribuição e *marketing*, para atender a esses imensos mercados, cunhou-se o termo "mercados de massa".
- ***Marketing* de massa:** dessa forma, com o lançamento da televisão e das transmissões nacionais e da mídia impressa, assim como o crescimento explosivo da publicidade e de outras formas de comunicações, a descrição "*marketing* de massa" foi conectada à Onda II.

Modelos dominantes de varejo

- Grande expansão de cadeias nacionais por todo o varejo, incluindo lojas de departamento.
- Sears e JCPenney como exemplo de âncoras e shoppings regionais.
- Lançamento e crescimento acelerado de cadeias de varejo especializado em vestuário.
- Lançamento da Kmart, Walmart e Target.
- Lançamento das *megastores* do varejo como a Toys "R" Us, Home Depot e Circuit City.

CAPÍTULO 3

ONDA III

A VIRADA FINAL PARA O PODER DO CONSUMIDOR

No limiar da transformação

A Onda III marca a fase final de uma das mais importantes mudanças econômicas na história – "uma gigantesca mudança de poder global, dos produtores para os consumidores, de quem faz para quem compra", diz o professor Rosabeth Moss Kanter, da Harvard Business School[1]. A enormidade dessa afirmação aponta para um novo paradigma de mercado e consumidor. A virada descrita por Kanter foi baseada em três elementos fundamentais.

Acesso maior e mais barato

De acordo com o International Council of Shopping Centers (ICSC), a parcela do espaço total do varejo contabilizado pelo setor de shopping cen-

---

1 Venkatesan Vembu, "Transforming Giants", *DNA*, 3 de fevereiro de 2007, http://www.dnaindia.com/lifestyle/special_transforming-giants_1077797.

ters tem crescido a cada ano nas últimas três décadas (1980-2010), apesar das recessões anteriores e da atual Grande Recessão. Havia 650 milhões de metros quadrados de espaço em shoppings centers em 2010, mais do que o dobro dos 280 milhões que havia em 1980. Esse número tem crescido quatro vezes mais rápido do que a taxa média de 1% do crescimento da população durante o mesmo período. Existem hoje mais de 2 metros quadrados de espaço em shopping centers para cada homem, mulher e criança nos Estados Unidos. Colocando em um contexto global, a Suécia está em segundo, com 0,3 metros quadrados *per capita*.

Note-se que esses números medem apenas os cerca de 32 mil maiores centros de compras, com mais de 4 mil metros quadrados, ou 33% do espaço total bruto locável. Se os outros 67% de pequenos shopping centers fossem levados em conta, a metragem quadrada total nos Estados Unidos alcançaria cerca de 1,2 bilhão de metros quadrados, ou incríveis 4 metros quadrados *per capita*[1].

Um dos fatores que impulsionaram muito essa expansão do espaço do varejo foi o surgimento dos "clubes de desconto por atacado", que também foram lançados na Onda III. Home Depot, Lowe, Barnes & Noble, Best Buy, Linens'n Things, Blockbuster e muitos outros da categoria matadores apareceram, e houve acelerada expansão de muitas outras categorias, incluindo *fast food* (Starbucks, Dunkin' Donuts e inúmeros outros).

Somando-se a expansão do varejo nesse período, houve um aumento massivo de liquidez nos mercados financeiros, sendo que boa parte foi usada para apoiar lojas com desempenho fraco, que, de outra forma, teriam fechado. A lógica dos varejistas para manter essas lojas com baixo desempenho abertas foi que, apesar da baixa rentabilidade, elas ainda contribuíam de alguma forma, pois seu fechamento causaria uma redução líquida no crescimento. Além disso, como os gastos dos consumidores continuavam a crescer, os varejistas alegavam que a promessa de vendas futuras compensaria os baixos retornos das lojas com desempenho ruim.

Junto com a utilização, por todos os setores, do excesso de liquidez para manter as lojas com fraco desempenho, na busca de crescente parcela de um mercado com baixo crescimento e altamente competitivo, os

---

1   International Council of Shopping Centers data, 2010, http://www.icsc.org/srch/faq_category.php?cat_type=research&cat_id=3.

varejistas também utilizaram o acesso fácil ao financiamento para abertura de lojas com baixo retorno sobre o capital. Em alguns casos – a cadeia de lojas de vestuário Steve & Barry's é o melhor exemplo – modelos completos de negócios foram criados com base em acordos de financiamento atraentes que acobertaram sobremaneira lucros operacionais baixos ou inexistentes.

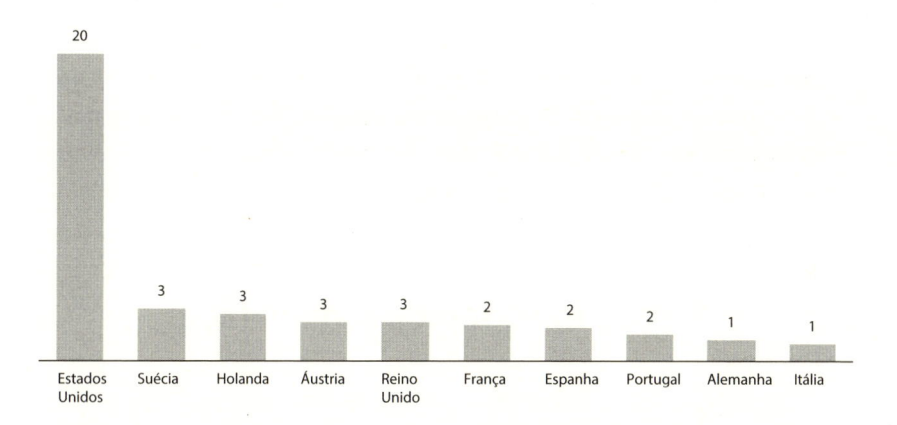

País	Valor
Estados Unidos	20
Suécia	3
Holanda	3
Áustria	3
Reino Unido	3
França	2
Espanha	2
Portugal	2
Alemanha	1
Itália	1

Figura 1: Saturação do varejo. O mercado varejista dos EUA está superdesenvolvido em relação aos outros mercados. Fonte: Cusdhman & Wakefield; KSA Pesquisa e Análises (KSA Research and Analysis).

E, claro, todos esses shopping centers com rápido crescimento e suas lojas não estavam vazios. Estavam cheios de produtos e serviços, que também indicavam que o crescimento da oferta havia alcançado um crescimento superior à demanda e ao crescimento da população.

Hoje, basta olhar qualquer um dos grandes nomes da mídia impressa ou da TV ou do rádio, ou apenas passar o olho pelo fluxo aparentemente infinito de novas marcas nas lojas ou shoppings, para se ter a noção de como a sobrecarga de coisas superou a demanda. Alguns fatos anedóticos também mostram esse desequilíbrio. Em 1980 havia cerca de seis marcas de *blue jeans*. Hoje, estima-se que existam mais de 800 marcas. Havia cerca de cinquenta grandes marcas de vestuário em 1980, e nossa estimativa é que existem hoje mais de quatro mil. Em 1947, existiam cerca de vinte marcas de automóveis no mundo; hoje, como listado no *site* kbb.com

(Kelley Blue Book), há oitenta e cinco. E, enquanto a capacidade de produção mundial de automóveis é de 90 milhões, há demanda para apenas 60 milhões, de acordo com a Organização Internacional dos Fabricantes de Veículos Motorizados. A Tide Soap era uma mono marca na Onda II; hoje, a Tide.com lista trinta e nove submarcas da Tide.

Embora o crescimento explosivo nas marcas em todos os setores tivesse a intenção óbvia de capturar uma fatia de segmentos adicionais do mercado, essa expansão não teria sido possível sem a globalização e a realocação de recursos em todo o mundo, combinadas com novas tecnologias e maior aumento de produtividade (a habilidade de fazer mais com menos). Essa dinâmica facilitou a distribuição mais eficiente e efetiva do crescente número de marcas e serviços.

Acesso mais rápido e mais fácil

A aceleração do aumento do espaço do varejo e marcas, e produtos e serviços para preencher o espaço, foi o surgimento de novas tecnologias e sua implementação mais sofisticada, proporcionando uma multiplicidade de plataformas de distribuição novas, mais rápidas e responsivas. O varejo pela internet foi lançado (com inúmeros *sites*, incluindo o gigante eBay) e levou ao aparecimento do varejo pelas redes sociais e aparelhos móveis. O varejo pela TV decolou, particularmente com a HSN e QVC. E os catálogos, vendas porta em porta, em casa e eventos de *marketing*, todos continuaram a crescer. Centenas de novas cadeias de marcas especializadas apareceram, junto com novas marcas e serviços de todos os tipos, e um expansivo *sub-branding* e licenciamentos de marcas em todos os setores de consumo. Além disso, ajudados por novas tecnologias, os setores voltados ao consumo puderam identificar instantaneamente onde e quando a demanda existia, assim como rastrear as vendas enquanto aconteciam. E as novas tecnologias de distribuição possibilitaram aos negócios responder e atender às demandas imediatamente. O modelo de varejo que cresceu mais rápido na Onda III foram as pequenas e independentes butiques nos bairros próximos aos seus consumidores, de acordo com um estudo conduzido pela National Retail Federation (NFR). Os grandes varejistas adotaram a estratégia de divisão em lojas de bairro menores, para proporcionar aos seus consumidores acesso mais rápido e fácil.

Acesso mais inteligente

A expansão da informação e dos meios de comunicação na Onda III foi sem precedentes, particularmente o explosivo crescimento da internet, o que permitiu aos consumidores, com o toque em uma tecla, acesso instantâneo a praticamente todas as informações e conhecimento que porventura pudessem precisar. Há uma estimativa de que existem 50 bilhões de *sites*, e a contagem continua a subir. Existem, hoje, centenas de canais de TV, em comparação com apenas um punhado nos primeiros anos da Onda II, e uma infinidade de mídias impressas de consumo e comércio. Os aparelhos eletrônicos móveis são hoje numerosos demais para quantificar.

Considere este fato: entre 1999 e 2002, a quantidade de informação impressa, em película, magnética e por armazenamento óptico, era equivalente a 37 mil bibliotecas do Congresso (que possui 17 milhões de livros). Essa quantidade de informações é equivalente a uma pilha de 9 metros de altura de livros para cada um dos mais de seis bilhões de pessoas do mundo. Ainda entre 2002 e 2010, estima-se que essa quantidade cresceu mais de dez vezes[1].

Em um nível pragmático, os clientes podem pesquisar e comparar preços, qualidade e desempenho ou estilo de mercadorias em questão de minutos, o que não só torna os clientes compradores mais inteligentes, como também elimina horas de esforço físico e custos de transporte. Enquanto fazem compras em uma determinada loja, iPhones e Black-Berries permitem que os consumidores possam comparar o preço de um produto com os preços do mesmo produto em todas as outras lojas da região. Há também a tecnologia da digitalização, que analisa as dimensões dos corpos dos compradores para o vestuário e, em seguida, imprime um relatório informando quais as marcas em determinado shopping que lhes servirão melhor.

---

1 Peter Lyman e Hal R. Varian, "How Much Information", 2003, http:// www.sims.berkeley.edu/how-much-info–2003.

Poder do consumidor com força máxima

Simplificando, os consumidores passaram a ter acesso total a uma seleção ilimitada de tudo e qualquer coisa que quiserem. Centenas de varejistas, produtos, marcas ou serviços igualmente atraentes estão disponíveis nas pontas dos dedos, do outro lado da rua, ou entregues em sua porta. E esses produtos e serviços estão ficando mais novos e baratos a cada dia que passa.

Devido ao poder do acesso total, o comportamento dos consumidores mudou, e agora eles exercem controle total sobre o mercado. Os varejistas devem atender aos desejos mais profundos dos consumidores, ou então eles irão bater à porta do concorrente do outro lado da rua, mudar de *website* ou acessar qualquer um dos milhares de produtos igualmente atraentes. Bem-vindo à Onda III.

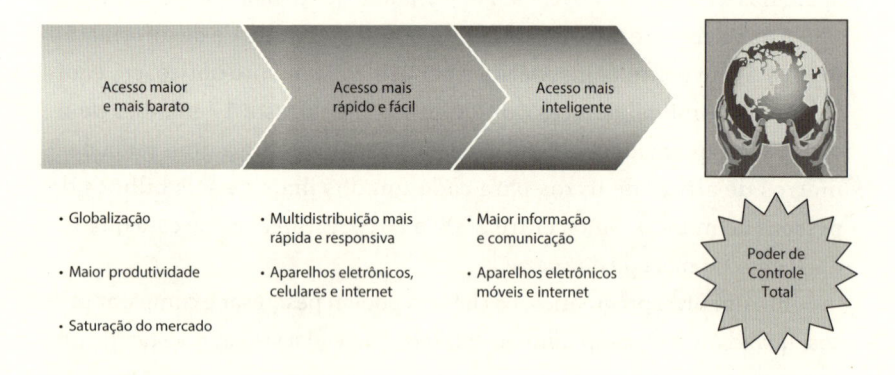

Acesso maior e mais barato	Acesso mais rápido e fácil	Acesso mais inteligente	Poder de Controle Total
• Globalização	• Multidistribuição mais rápida e responsiva	• Maior informação e comunicação	
• Maior produtividade	• Aparelhos eletrônicos, celulares e internet	• Aparelhos eletrônicos móveis e internet	
• Saturação do mercado			

Figura 2: Poder da acessibilidade total.

CAPÍTULO 4

ONDA III

A TRANSFORMAÇÃO

Com acesso instantâneo e ilimitado a praticamente qualquer coisa que se possa sonhar, os consumidores estão capitalizando o seu poder recém-descoberto com força total. Estão definindo valores para si mesmos de formas distintas. Eles estão elevando seus desejos para o último nível de "autorrealização", como definido por Abraham Maslow em sua "Hierarquia das Necessidades"[1]. A teoria postula que, quando as necessidades humanas de cada nível são satisfeitas, nós escalaríamos em direção ao próximo nível. Assim, quando as necessidades fisiológicas básicas são satisfeitas, a segurança seria o motivador seguinte, seguido pelas necessidades sociais, de estima e, finalmente, de autorrealização.

Houve um aumento significativo na riqueza durante o último trimestre do século XX que acompanhou a abundância de produtos para consumo. O US Census Bureau informou que, de 1980 a 2010, a renda familiar média nos Estados Unidos cresceu de US$ 36 mil para perto de US$ 50 mil[2]. De fato, como os Estados Unidos terceirizaram grande parte de sua produção,

---

1 Abraham Maslow, A Theory of Human Motivation, *Psychological Review 50*, (The hierarchy of needs includes, in order: Physiological, Safety, Love/Belonging, Esteem, and Self-actualization), 1943, p. 370–96.
2 US Census Bureau, Historical Income Tables, http://www.census.gov/hhes/www/income/data/historical/index.html.

em todos os setores, para países emergentes e subdesenvolvidos, muitos economistas declararam que a cessão da base produtiva dos EUA transformou a economia de criação de valor para uma economia de consumo de valor, adicionando ainda o poder do consumidor. A porcentagem de consumo aumentou de 62% durante a Onda II para mais de 70% do PIB na Onda III. Isso tem causado uma mudança fundamental na forma como os consumidores estão buscando e definindo a felicidade e a satisfação. A julgar pelos inúmeros estudos que dizem não haver correspondência entre o aumento da riqueza e um aumento equivalente na felicidade, é possível concluir que os consumidores estão saturados e, talvez, até mesmo "cheios" das "coisas".

O mesmo vale para outros países desenvolvidos. No Japão, por exemplo, entre 1958 e 1987, houve um aumento de cinco vezes da renda real, e nenhum aumento na média relatada de "felicidade"[1]. E, nos Estados Unidos, de acordo com um estudo de 2002 de E. Diener e Robert Biswas-Diener, quanto aos indicadores sociais, quando a renda de uma família chega US$ 50 mil, o nível de felicidade se estabiliza, mesmo se comparado às famílias com renda maior do que US$ 90 mil[2].

Portanto, embora a maior riqueza possa levar a um consumo maior, ela não compra felicidade ou satisfação. De fato, como um estudo recente revela, a posse de mais bens materiais raramente gera qualquer alegria duradoura para os indivíduos. "Os indivíduos se adaptam aos bens materiais, e [...] os bens materiais rendem pouca alegria para a maior parte dos indivíduos [...] Os bens materiais tem pouco efeito sobre o bem-estar acima de um determinado nível de consumo [...] as aspirações das pessoas se adaptam às suas possibilidades, e a renda que as pessoas dizem precisar para viver bem aumenta com o crescimento da renda.[3]"

Como sugerido, então, é o termo amplamente difundido de Maslow, "autorrealização", que agora detém a chave para a felicidade e bem-estar dos consumidores. Isso indica fortemente que os consumidores estarão aptos para gastar mais de sua riqueza em experiências do que em coisas.

---

1 Richard Easterlin, "Will Raising the Incomes of All Increase the Happiness of All?" *Journal of Economic Behavior and Organization*, 1995, p. 35-47.

2 E. Diener e R. Biswas-Diener, "Will Money Increase Subjective Wellbeing? A Literature Review and Guide to Needed Research", *Social Indicators Research 57*, 2002, p. 119-69.

3 Daniel Kahneman, "Would You Be Happier If You Were Richer? A Focusing Illusion", Princeton University, CEPS Working Paper n. 125, maio de 2006.

No gráfico a seguir, podem ser observadas métricas que suportam essa grande mudança no comportamento do consumidor, das coisas para serviços (o que inclui as experiências) e autorrealização.

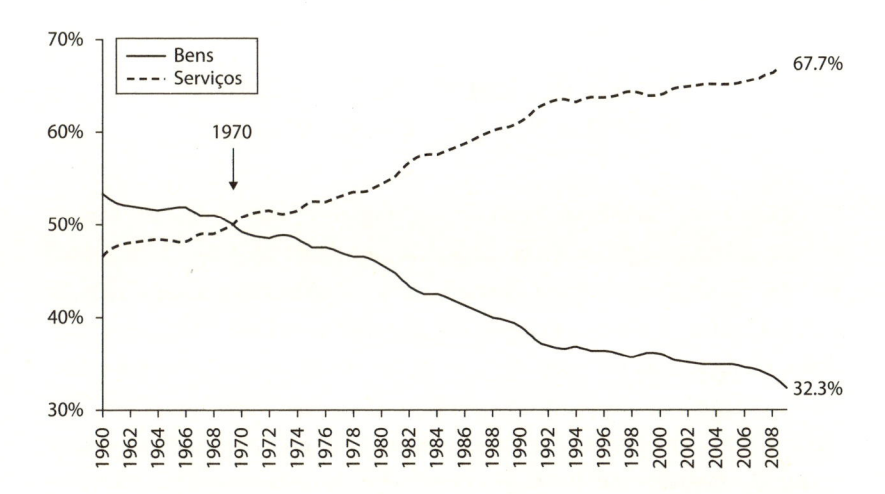

Figura 3: **Gastos em bens vs. serviços, de 1960 a 2009.** Fonte: Bureau of Economic Analysis; NEA data.

Como os consumidores buscam estados mais elevados de bem-estar, cinco grandes mudanças de comportamento do consumidor aconteceram entre a Onda II e a Onda III:
- Da necessidade de bens para a demanda por experiências (a experiência bem sucedida da "descolada" Abercrombie & Fitch de compra de calças da prateleira de uma loja de departamento, e a Apple Store virando de cabeça para baixo a compra de computadores).
- Da submissão para a personalização (megamarcas onipresentes, como Levi's e Gap, estão perdendo espaço para marcas de nicho especializadas, "localizadas").
- Da plutocracia para democracia (luxo acessível para todos: Mossimo e Rowley na Target, Vera Wang na Kohl's, Nicole Miller na JCPenney etc.).
- Da espera para a demanda pelo aqui e agora (o que é novo hoje, é clonado amanhã, favorecendo marcas "*fast fashion*", como a Zara, que cria duas novas linhas a cada semana, e a conveniência da internet e lojas de bairros).

- Do eu para a comunidade (a proliferação das redes sociais e interesses comunitários, tais como iniciativas de sustentabilidade, são tendências, não mais simples truques de promoções comerciais).

Da necessidade de bens para a demanda por experiências

Com tantos armários, cozinhas e garagens cheias de coisas, o apetite para manter o ritmo de compras está caindo dramaticamente. Outro estudo, da Universidade de Cornell, faz a comparação da satisfação da compra material *versus* a experiência da compra ao longo do tempo, e os resultados são surpreendentes. O nível de satisfação com compras materiais cai dramaticamente e o das compras experienciais aumenta. "Nós descobrimos que os participantes estavam menos satisfeitos com suas compras materiais [do que com as experiências de compra], porque estavam mais propensos a questionar as opções não escolhidas, tendendo a maximizar, ao selecionar bens materiais, e decidir, ao selecionar experiências, examinar as compras de bens não escolhidos mais vezes do que examinar experiências de compra não escolhidas [...] e aquelas relativas às experiências, a satisfação com suas posses materiais foi mais prejudicada pelas comparações com outras opções disponíveis. Nossos resultados sugerem que as decisões de compra pela experiência são mais fáceis de fazer e mais prováveis de conduzir ao bem-estar.[1]"

Esses e muitos outros estudos sugerem fortemente que os consumidores em busca da "felicidade" estarão adquirindo mais experiências. Outra razão para escolher experiências é que elas são criadas em conjunto pelo fornecedor e pelo consumidor, tornando a sua percepção de valor muito maior do que seus preços. Por outro lado, o preço das mercadorias é, na maior parte das vezes, intrínseco ao seu valor físico. Por exemplo, a Abercrombie & Fitch proporciona o ambiente de uma compra "legal, *sexy*", e a lululemon, aulas de *yoga*. Contudo, o consumidor, no momento em que

---

1 Travis Carter and Thomas Gilovich, "The Relative Relativity of Material and Experiential Purchases", *Journal of Personality and Social Psychology*, Cornell University, 2010.

está inserido no ambiente, está reagindo e moldando essa experiência a si mesmo, para torná-la completa. E não somente a singularidade da experiência conjunta eleva o seu valor, mas também o fato de ser conceitual e temporal (um acontecimento único). Ao contrário, todos os dias os consumidores podem olhar para as suas "coisas" e refletir se o carro, a TV, o telefone ou o par de jeans foram realmente a melhor compra possível.

Além disso, devido à natureza temporal e individual da experiência, a avaliação também é fugaz. É quase impossível sistematicamente avaliar e comparar se a compra de uma experiência foi melhor que outras opções, particularmente quando a experiência é predominantemente parte da memória do consumidor. Portanto, enquanto os produtos podem ser avaliados com base em critérios físicos e comuns, as experiências únicas, criadas em conjunto, não podem, tornando a busca por elas mais expectantes e excitantes. Por fim, e mais significativamente, os consumidores pagarão mais por uma experiência do que por um bem.

Porém, outra perspectiva sobre o excesso de coisas aparece no livro de Barry Schwartz, *O paradoxo da escolha: por que mais é menos*[1]. Ele salienta que "pilhas de coisas" em uma loja, ao tentar criar a impressão positiva de abundância de opções, na verdade tem o efeito oposto. Em vez de fazer os consumidores mais felizes com tal abundância, eles se sentem frustrados e esgotados antes mesmo de começarem a comprar. Então, não somente é uma experiência desagradável como de fato é um desvio. As marcas de varejo bem editadas, por outro lado, que conhecem o gosto dos seus consumidores, proporcionam uma experiência conectiva emocional, na qual menos é mais. Um bom exemplo seria a Trader Joe's, onde há uma seleção mais limitada de cada categoria do que nos tradicionais supermercados, ainda que supere de forma consistente as expectativas de seus consumidores. Uma frase frequentemente ouvida é que "O Trader Joe's sabe o que eu quero!". Outro exemplo é Lane Bryant, uma cadeia especializada em roupas esportivas que atende mulheres *plus size*. De acordo com o seu ex-CEO, Dorrit Bern, em uma entrevista no fim da década de 1990, as consumidoras da Lane Bryant são ferozmente leais, sentem que a empresa sabe exatamente o que querem e que as defende[2].

---

1 Barry Schwartz, *The Paradox of Choice: Why More Is Less*, Nova York: Ecco, 2004.
2 Entrevista, não publicada, com o autor.

Devido à mudança da demanda para as experiências, as novas regras do varejo estão sendo conduzidas por aqueles que querem tornar indistinguíveis a compra de bens e a compra experiencial. Por exemplo, os consumidores não estão mais satisfeitos em comprar calças ou jeans das prateleiras. Eles irão buscar, no entanto, a experiência sensual, descolada, de comprar na Abercrombie & Fitch, a rede de vestuário casual e esportivo para homens e mulheres jovens. Essa experiência começa com uma entrada cercada, com um porteiro, e inclui um interior com iluminação suave, *rock* em volume alto, imagens *sexies*, fragrâncias sedutoras flutuando por tudo e colaboradores de vendas vestidos sensualmente. Ou considere a descontraída loja Tommy Bahama's, localizada em um *resort* em uma ilha, que vende roupas casuais mais caras para homens e mulheres e que se abre para um restaurante e um bar, com música ao vivo permanente. Os consumidores gastarão o dobro do tempo para desfrutar da experiência e duas vezes mais pelas roupas do que gastariam em uma loja tradicional – ou, no melhor cenário possível para o varejista, a experiência por si só compele o consumidor a comprar "apenas mais um". Essa é a diferença entre comprar *lingerie* de um *rack* de uma loja de departamento e comprar a experiência fornecida por uma Victoria's Secret, ou entre comprar bonecas Barbies ou ursos de pelúcia em lojas de brinquedo e criar os seus próprios, completos, com nomes e aniversários – essencialmente, uma história de vida completa –, nas festivas e divertidas oficinas das lojas American Girl e Build-A-Bear. É o movimento das antigas lojas de produtos esportivos para a Cabela's, que oferece aulas grátis de pesca, montanhas de dois andares, cachoeiras, tanques de trutas etc. É a diferença entre comprar o café Maxwell House em uma lata e a experiência Starbucks.

Outros setores têm seus próprios destaques em experiências. Eles incluem as ótimas experiências de compra nas novas lojas da Apple, as vendas instantâneas no eBay e Zappos.com, todos definindo o padrão para a conexão emocional dos serviços. Também há os divertidos e frescos empórios de comida Whole Foods e Trader Joe's, supermercados diferentes de todos os outros. O futuro do varejo também é prenunciado pela crescente propensão entre os consumidores de se afastarem de grandes lojas, preferindo a experiência acolhedora e produtos diferenciados no crescente número de butique de bairro de donos independentes, como a Junkman's Daughter, em Atlanta, Georgia, que vende perucas, vestuário e fantasias *vintage*, tudo em um ambiente brilhante, incomum e freneticamente projetado.

No entanto, não é somente das marcas de varejo especializadas ou das pequenas lojas independentes que os consumidores esperam uma elevada experiência. Eles esperam uma experiência prazerosa de todos os grandes varejistas, de Walmart a Neiman Marcus, de Home Depot a Best Buy, de McDonald's a Outback Steakhouse. O setor de varejo da Disney está reposicionando todas as suas lojas com foco em elevar a experiência de compra. Dos eventos de jogos e entretenimento até robustas apresentações audiovisuais, tudo visa à criação de experiências de conexão emocional. Os acontecimentos recentes na Starbucks foram em grande parte resultado da perda de foco na experiência, que era o condutor central do seu exponencial crescimento, para cortar custos e perseguir uma estratégia de crescimento global acelerado com menos amenidades experienciais. Agora, ela está tentando desesperadamente restabelecer a experiência. Mais e mais varejistas tradicionais estão seguindo o exemplo. Da loja da Bloomingdale's recentemente aberta em Dubai, seu CEO Michael Gould foi citado na *Women's Wear Daily* dizendo que "tudo se resume à venda de experiência"[1].

Também é importante notar que as experiências antecipadas ou esperadas pelos consumidores variam de acordo com o varejista, marca ou serviço. Por exemplo, é mais provável que o consumidor espere uma experiência utilitária ou racional do Walmart ou Dunkin' Donuts. O crescimento rápido da Kohl's aconteceu em grande parte porque seu modelo de negócio foi organizado totalmente em função da experiência de compra conveniente, rápida e fácil para as mães sem tempo. Portanto, a experiência é bastante utilitária, mas é exatamente o que seus consumidores esperam.

Os consumidores também estão esperando algum tipo de experiência emocional das marcas de consumo *atacadistas* e serviços de todos os tipos, simplesmente porque eles podem. Isso está levando marcas de atacado, como a The North Face, Juicy Couture, Nautica, Ralph Lauren, Apple, Microsoft, algumas marcas P&G e outras, a lançar suas próprias lojas, de forma a conseguirem proporcionar melhor essas experiências.

---

1 David Moin, "Bloomingdale's Opens Store in Dubai", *Women's Wear Daily*, 1º de fevereiro de 2010.

Eles atendem seus consumidores diretamente e mais rápido, e como são os donos e controlam os pontos de venda, eles controlam a apresentação e toda a experiência da marca, das imagens às músicas e eventos – essencialmente, o DNA completo da marca. Essa é uma enorme e sustentável vantagem quando comparada com estar preso em um ambiente de varejo departamentalizado, em que o varejista terá itens da linha da marca escolhidos a dedo e apresentados aos consumidores em prateleiras e *racks*.

O mesmo acontece *on-line*. Como afirmado por Ben Fischman, o CEO do varejista *on-line* Ru La La no seminário da Macy's/Wharton Business School no início de 2010: "O primeiro erro do comércio eletrônico é que nós acreditamos que tudo se resumia à conveniência"[1]. Sua meta era fazer o seu *site* divertido, engajado, informativo, excitante – uma experiência.

Levando esse ponto mais adiante, nós acreditamos que varejistas *on-line*, como a Amazon, eBay e outros, em última instância, abrirão *showrooms* similares a lojas tradicionais, para se tornarem capazes de criar experiências para um *merchandise* mais "toque e sinta", como o vestuário, para o qual criar uma experiência *on-line* é muito difícil. Ao contrário das lojas tradicionais, esses *showrooms* seriam divertidos e centros de aprendizagem envolventes, e teriam telas próximas às mercadorias para solicitar entrega em domicílio ou retirada. Além disso, esses *showrooms* ao vivo proporcionariam interação humana e pesquisa em tempo real, não muito fácil *on-line*. Finalmente, graças aos enormes bancos de dados desses varejistas *on-line*, eles seriam capazes de personalizar e localizar as suas ofertas e experiências de acordo com as preferências dos consumidores, praticamente bairro por bairro.

Reiterando um ponto importante: os consumidores não precisam mais de "coisas". Existem produtos demais, todos igualmente atraentes. Assim, todos os setores voltados ao consumo, sejam varejistas, atacadistas ou de serviços, devem ser capazes de entender e descobrir como entregar algum tipo de experiência de conexão emocional.

---

1 Ben Fischman, "Retailers Can Transform Operations by Creatively Integrating New Technology: A Wharton School Conference Explores the Reality of Retailing in a Web 2.0 World", palestra, Macy's Herald Square, Nova York, 23 de março de 2010.

Da submissão à personalização

Os consumidores estão afastando-se das desejadas megamarcas, comercializadas em massa, destinadas a serem uma identidade compartilhada com os outros consumidores. Durante as Ondas I e II, quando havia menos marcas para escolher, essas marcas eram consideradas legais. Os consumidores sentiam que eram parte da multidão se usavam o mesmo logotipo que seus amigos e grupos. Os consumidores ainda querem o que é legal, mas isso, agora, depende de suas próprias definições. Hoje, com a proliferação diária de novas marcas, visando a nichos específicos de consumidores, os consumidores estão distanciando-se da necessidade de estarem incluídos, e, em vez disso, estão buscando exclusividade. Outro catalisador dessa mudança, claro, é o acesso fácil à informação e conhecimento sobre todos os produtos e serviços. Dessa forma, agora, os consumidores querem alguma coisa especial, ou mesmo customizada, para os seus desejos particulares, reais ou percebidos.

De fato, marcas como a Gap e Starbucks, que originalmente cresceram rápido como resposta aos mercados aparentemente ilimitados, descobriram que a onipresença (uma loja em cada esquina) transformou-se num fator determinante de seu declínio, e que eles precisavam reposicionar-se. Como os consumidores buscam exclusividade, a marca que está disponível para qualquer pessoa pode rapidamente tornar-se chata para todo mundo. O líder de previsões das tendências da moda, David Wolfe, do Doneger Group, descreve a nova paisagem do consumo desta forma: "É tchau para o convencional, e alô para milhares de tribos minúsculas de consumidores"[1].

Essas tribos de pequenos nichos, em busca de um valor exclusivo, especial, estão conduzindo grandes transformações em todos os negócios voltados ao consumo. A estrutura do mercado será redefinida como um número infinito de segmentos ("comunidades") sendo servidos por um número infinito de marcas finitas, microcomercializadas por mídias voltadas especificamente para esses nichos.

Muitos varejistas de marcas de vestuário especializadas entendem essa transformação do consumidor. Dessa forma, eles estão criando

---

1 Entrevista com o autor.

marcas segmentadas por nicho, fazendo crescer sua marca original, estendendo-a a outros produtos e mercados consumidores. Exemplos incluem J. Crew, o varejista de roupas casuais para homens e mulheres, lançando as lojas de vestuário infantil CrewCuts, assim como uma nova linha chamada Madewell, de roupas casuais para o mercado da geração *boomer*. Urban Outfiters, Free People e Anthropologie são marcas de varejo da URBN INC. Cada uma delas tem como alvo diferentes segmentos de consumidores, proporcionando uma mistura eclética de vestuário e bens duráveis selecionados. A Charming Shopped Inc. tem três cadeias de marcas de roupas esportivas para nichos demográficos diferentes de mulheres de tamanho grande: Fashion Bug, Catherine's e Lane Bryant, assim como a Cacique, uma loja de roupas íntimas de tamanhos grandes. A Chico's, a rede de roupas casuais para mulheres *boomer*, criou a loja de roupas casuais – e vestidos – White House Black Market para o consumidor jovem, e a Soma, uma marca de roupas íntimas para os *boomers*.

A mudança em direção a nichos exclusivos também favorece marcas de estilo de vida, como a Ralph Lauren, que não estão ligadas a um único produto ou a uma classificação de produtos, ou a um segmento de consumo. A marca pode, portanto, lançar-se em qualquer segmento de consumidores ou produtos que seja compatível com o posicionamento da marca Ralph Lauren como um estilo de vida superior, elegante e sofisticado. As marcas que foram lançadas e comercializadas fortemente como megamarcas de produtos únicos, como o jeans Levi's, encontraram muitas dificuldades, se não impossibilidades, em lançar seus nomes em outros mercados de produtos ou consumidores. Além disso, os consumidores, com seus armários abarrotados com todos os tipos de marcas, tenderão a procurar uma marca não usada por todos, em vez de escolher mais um produto das onipresentes megamarcas. Afinal de contas, em 1980, eles tinham a possibilidade de escolher entre seis grandes marcas de *blue jeans*. Hoje, elas são centenas.

As tradicionais lojas de departamento também estão sendo forçadas a satisfazer as expectativas do consumidor em busca de exclusividade. Elas estão fazendo acordos de exclusividade com os *designers* e marcas atacadistas nacionais, bem como acelerando os seus programas de marcas próprias. Em um estudo recente, da NPD, a principal fonte de informações sobre vendas para o setor do varejo, criado em 1975, 25% de todo o setor de vestuário consiste de marcas próprias ou exclusivas.

O número chegou perto de 50% em 2005, e a NPD prevê que atingirá 60% em 2010[1]. A Macy's tem acordos exclusivos com a Tommy Hilfiger, Martha Stewart e outros, bem como marcas próprias, como a INC, Alfani e outras. Também tem um programa de localização chamado "Minha Macy's", que distribui *mixes* de diferentes linhas para diferentes lojas baseadas na variação das preferências geográficas dos consumidores, como faz a Best Buy. Estima-se que marcas próprias e exclusivas representem mais de 50% da receita da JCPenney. Cinco de suas marcas proprietárias, incluindo a Arizona, Stafford e St. John's Bay, proporcionam mais de um bilhão de dólares em receita por ano. As marcas exclusivas da JCPenney incluem Liz Clairbone, Sephora, Mango, Nicole Miller e muitas outras. Além disso, Kohl's, Target e até mesmo a Walmart continuam a acelerar suas estratégias de marcas exclusivas e privadas.

Em supermercados nos Estados Unidos, a penetração de marcas próprias atingiu 15% do total de vendas, e continua a acelerar. Estudos recentes encontraram que perto de 80% dos consumidores em todas as camadas sociais acham as marcas proprietárias boas, se não melhores, que as marcas nacionais[2]. Essas preferências dos consumidores continuarão a impulsionar o crescimento das marcas próprias. Um bom exemplo é a Whole Foods, cujo crescimento de marcas próprias foi quatro vezes maior que a taxa das marcas nacionais durante a recessão, por volta do período de 2007 a 2010, e até agora continua a crescer duas vezes e meia mais rápido. Ainda existe uma grande lacuna nesse ponto entre os Estados Unidos e a Europa, onde 60% das marcas nos supermercados são próprias. Mas as escolhas do consumidor acabarão com essa lacuna nos Estados Unidos.

O enorme crescimento das butique de varejo pequenas e independentes pode ser largamente atribuído à busca dos consumidores por serviços e produtos especiais. A National Retail Federation recentemente conduziu um estudo cujo resultado apontou que o setor de varejo com mais rápido crescimento em todos os segmentos de consumo e preço é o

---

1 Pia Sarkar, "Stores Boost Sales with Own Labels / National Brands Face Increasing Competition," SFGate.com, 5 de maio de 2006. http://articles.sfgate.com/2006-05-05/business/17294456_1_Walmart-private-brandsprivate-label.

2 PLMA Consumer Research Report. http://www.plma.com/PLMA_Store_Brands_and_the_Recession.pdf.

de pequenas lojas. Na verdade, eles representaram mais da metade das cem lojas que mais cresceram em 2006.

Finalmente, há muitas marcas e varejistas, tanto *on-line* quanto de catálogos e lojas, que podem fornecer produtos realmente customizados. Um exemplo é a loja combo da Nike/Hurley/Converse, que oferece customização de produtos dentro da loja. Cada consumidor pode selecionar entre uma série de *designs* e esquemas de cores para personalizar camisetas ou calçados. Enquanto os clientes esperam pelos seus produtos personalizados, a loja oferece uma experiência: um ambiente em que as pessoas podem ouvir música, aguardar com os amigos e simplesmente se desligarem. A Vans proporciona um serviço *on-line* de personalização similar.

Outro fator que favorece as marcas de nicho segmentadas, menores, é o fato de que, em mercados de crescimento lento, as marcas atingem a maturidade mais rapidamente do que em mercados carentes, de rápido crescimento, como na Onda II. Seus ciclos de vida são muito menores. Elas não podem crescer indefinidamente; devem tomar uma fatia limitada do mercado com uma marca. Paradoxalmente, quanto mais marcas de nicho, mais beneficiadas elas são, porque todas estão tomando pedaços das megamarcas. E o consumidor terá certeza de que esse axioma continuará indefinidamente, assim como sua busca por "alguma coisa especial para mim" continuará a ganhar impulso.

O paradoxo da escolha: porque mais é menos, de Barry Schwartz, descreve a mudança do consumidor que agora procura exclusividade e produtos e serviços "especiais para mim". Ser oprimido por pilhas de coisas em uma loja pobremente idealizada é uma experiência ruim. Contudo, 800 marcas de *blue jeans*, cada uma posicionada e confeccionada para um nicho específico de consumo, é totalmente consistente com a tese de "menos é mais", e também muito perto do personalizado.

Da plutocracia à democracia

Armados com sua nova riqueza e em busca da felicidade, os consumidores mudaram a sua noção de aceitar que apenas os ricos merecem o luxo, e passaram a exigir "democracia" – luxo acessível para todas as classes.

Essa mudança ajudou a criar um novo segmento de consumidores, os "aspirantes de luxo", e impulsionou o lançamento de diversas marcas para atender o núcleo *yuppie* no mercado acima desse segmento. Marcas como Coach, Lacoste, Bloomingdale's, Cusp (uma vertente da Neiman Marcus), Donney & Burke, Tory Burch e outras capturaram com sucesso o consumidor de luxo não muito rico, mas jovem e contemporâneo.

Mais abaixo no mercado, a democratização do luxo está sendo servido por *designers* criando marcas para os varejistas tradicionais. Por exemplo, Mossimo, Michael Graves, Jean Paul Gautier e outros projetaram linhas de descontos para a Target; Norma Kamali pode ser encontrada no Walmart; Vera Wang na Kohl's; Nicole Miller, na JCPenney; Marc Jacobs, Stella MacCartney e outros, na Macy's. Essa evolução é o resultado das mesmas forças de mercado que impulsionam as outras mudanças. Os *designers* do segmento de luxo e as marcas encontraram dificuldades crescentes para alcançar um crescimento adequado e rentável nos mercados mais competitivos e de baixo crescimento. Portanto, a *difusão*, na forma de submarcas como aquelas citadas, continuam em todos os canais de distribuição. Ao mesmo tempo, do lado da demanda, as expectativas dos consumidores continuam a crescer para o nível da seleção proporcionado a eles, perpetuando assim o crescimento para o lado da oferta. E isso, por sua vez, perpetuará a democratização do mercado.

Finalmente, como os consumidores se tornaram mais experientes pelo acesso a uma maior quantidade de informações, eles são mais capazes de entender o real valor dos produtos e serviços que estão comprando. Por aparelhos eletrônicos móveis, ou por pesquisas *on-line*, podem comparar preços em questão de segundos. Portanto, os consumidores estão examinando de forma muito mais detalhada as relações entre preço e valor. A aceitação cega de qualquer preço colocado em um item luxuoso, somente para exibir o nome entre os seus pares ricos, está dando caminho a uma demanda por um valor real. Essa reavaliação do valor levou à seleção da qualidade sobre a quantidade. Como Burt Tansky, CEO da Neiman Marcus, disse: "Nossos clientes ricos costumavam comprar uma bolsa de um *designer* sem nem mesmo olhar o seu preço. Hoje, eles estão comparando a bolsa com o preço, e não há ninguém que entenda mais de valor do que nossos clientes".

Do novo para o novo *e* agora

O novo não mais supera tudo. Os consumidores continuam a querer o novo, mas também esperam ter o novo aqui e agora. A inovação por si só não é mais suficiente em um mundo 7/24, onde o que é criado hoje é clonado amanhã. Agora, é necessário criar novos "eus" fabulosos a partir de si mesmo todos os dias da semana.

As razões pelas quais nós desejamos produtos novos, frescos e frequentes em todos os lugares estão enraizadas, mais uma vez, em nosso desejos de felicidade. Estudos recentes mostraram que, quando os consumidores vão comprar e descobrem algo novo, o cérebro libera dopamina e serotonina (elementos químicos associados com a sensação de bem-estar, satisfação, felicidade, contentamento e dependência). Como disse o Dr. David Lewis, diretor do Mindlab International: "As experiências de compra desencadeiam atividades cerebrais que criam esses 'momentos de euforia'. Mas o que é mais interessante é que esses momentos podem ser criados pela frequência de novos itens nas lojas e a expectativa de encontrar alguma coisa não esperada"[1]. Um artigo do *Wall Street Journal* relatou um estudo com ratos mostrando que "quando o rato explora um novo lugar, a quantidade de dopamina sobe em seu centro de recompensa cerebral"[2]. Isso certamente seria o equivalente a um consumidor descobrindo uma nova loja, shopping e marca, ou mesmo uma nova leva de produtos ou *layout* em uma loja.

Além disso, uma equipe de pesquisadores da Universidade Emory descobriu que pingar Kool-Aid na boca dos voluntários de forma regular resultava em um pequeno aumento da atividade cerebral, enquanto aqueles que tiveram a aplicação de forma aleatória apresentaram um alto nível de atividade. Isso indica que antecipação da recompensa, seja ela o Kool-Aid ou um novo vestido, é o que mantém o bombeamento de dopamina nos consumidores. Os varejistas estão começando a usar os conhecimentos da neurociência para ganhar participação, proporcionando o valor do "novo e agora", junto com as experiências, claro.

---

1 Tara Parker-Pope, "This Is Your Brain at the Mall: Why Shopping Makes You Feel Good", *Wall Street Journal*, 6 de dezembro de 2005.

2 Emily Steel, "Nestlé Takes a Beating on Social-Media Sites", *Wall Street Journal*, 29 de março de 2010, http://on-line.wsj.com/article/SB10001424052702 3044.

Um bom exemplo da mudança para o "novo e agora" é a Zara, a rede espanhola de vestuário com mais de duas mil lojas em todo o mundo. A Zara provou que a inovação na cadeia de suprimento supera a inovação dos produtos, entregando duas novas linhas a cada semana para cada uma de suas lojas, significando que a combinação de linhas podem ser distintas para duas diferentes lojas distantes apenas por alguns quarteirões, baseada na preferência dos consumidores de cada uma. A taxa de visitação média dos consumidores principais da Zara é de dezessete, comparada à taxa média do setor de varejo de quatro, simplesmente porque os fãs da Zara são compelidos a ver as novas linhas duas vezes por semana. Também são compelidos a comprar alguma coisa caso gostem, sabendo que na próxima semana essa coisa poderá não estar mais à venda. A H&H e a Forever 21 também fazem parte do clube "*fast fashion*", e outras estão correndo para adotar esse modelo.

Não se limitando ao *fast fashion*, a Costco tem sua própria versão do novo e agora. Ela tem o componente "caça ao tesouro" no meio de sua loja para oferecer uma nova e instantânea experiência com uma mercadoria interessante, seletiva e muito frequentemente única. As pessoas vão à loja com a dopamina já circulando pela antecipação do que podem encontrar. A Trader Joe's faz a mesma coisa trocando e substituindo com frequência os itens mais vendidos. O clube *on-line* Gilt Groupe usa o mesmo princípio. Ele oferece mercadorias luxuosas exclusivas e novas somente para os membros a cada trinta e seis horas, o que mantém a dopamina em alta e os membros correndo para os seus computadores todos os dias, de forma a não perderem as vendas.

Do eu para a comunidade

Por fim, um dos resultados mais positivos da abundância acessível é que agora muitos consumidores são capazes de atingir o topo da hierarquia de Maslow: a autorrealização. Seus desejos materiais estão sendo satisfeitos e eles são capazes de se mover na direção de maximizar o seu potencial humano: a busca do conhecimento, paz, experiências estéticas e assim por diante. Logicamente, essa mudança inclui o aumento do interesse na comunidade em detrimento do interesse em si mesmo. Uma das principais manifestações dessa mudança, bem como um dos seus catalisadores em curso, é o fenomenal crescimento das redes sociais. Embora essas crescentes "comunidades" mundiais sejam o alvo de muitas empresas de produtos de consumo e varejistas, elas estão descobrindo que o tradicional "empurrão de *marketing*" não funciona. Eles devem pedir permissão para entrar nessas comunidades, e não são autorizados a vender da forma clássica. Os negócios devem mudar o falar *para*, ou falar *com* para conversar *com* o consumidor. Os vários clubes de varejo na internet, como o Gilt Groupe, Rue La La, Net-A-Porter e muitas outras são comunidades dentro delas mesmas, atraindo milhares de consumidores. Há também muitas maneiras de criar um ambiente comunitário *off-line* e adicionar autenticidade de marca, como muitas lojas de saúde e *fitness* (lululemon, por exemplo) estão fazendo: oferecendo aulas e *links* para treinadores e eventos locais, todos fazendo com que seus membros se sintam parte de uma comunidade mais ampla.

Essa mudança para a autorrealização também tem um elemento altruísta. A febre de consumo do último quarto de século atingiu proporções épicas e, em seguida, despencou no início do novo milênio. Essa experiência alimentou a percepção dos consumidores de que a autorrealização deve assumir a forma do "menos é mais", mesmo entre os ricos. Na correlação da mudança da plutocracia para a democracia descrita acima, a ostentação virou eufemismo.

Além disso, os consumidores estão encontrando satisfação em assumir causas, como a defesa do meio ambiente e trabalhos de caridade. A notável força dessa tendência está levando as empresas a conectar os seus esforços comerciais às mesmas causas. A Walmart é um grande exemplo de líder em iniciativas de sustentabilidade no setor de consumo e varejo: reduzindo a emissão de gases tóxicos de sua enorme frota de caminhões, vendendo apenas lâmpadas fluorescentes, forçando seus vendedores a reduzir o volume das embalagens e muito mais. No dia seguinte ao devastador terremoto que atingiu o Haiti, em 2010, o clube *on-line* de moda de alta classe Rue La La suspendeu suas vendas *on-line* e redirecionou seus membros para o *website* da Cruz Vermelha, sugerindo que doassem o que pretendiam gastar na Rue La La para o Haiti. Os elogios dos membros e o aumento nos gastos subsequentes foram enormes.

Por outro lado, a gigante Nestlé foi pega de surpresa pelos ativistas ambientais usando as redes sociais para atacá-la por suas compras de óleo de palma usado na fabricação de barras chocolate Kit Kat. Como relatado na edição do *Wall Street Journal* de 29 de março de 2010, os manifestantes colocaram um vídeo no YouTube, inundando a página da Nestlé no Facebook e Twitter com alegações de que a empresa estava contribuindo para a destruição da floresta tropical da Indonésia, potencializando o aquecimento global e colocando em risco os orangotangos[1]. As alegações resultaram das compras da Nestlé de óleo de palma de uma empresa indonésia que, segundo o Greenpeace Internacional, desmatara a floresta tropical para plantar palmas. Portanto, da mesma forma que aqueles que fizeram a coisa *certa* ambientalmente atrairão e até mesmo converterão consumidores, os que forem no sentido contrário estarão em grande risco de perder o negócio ou até mesmo serem humilhados publicamente, particularmente pelas hordas de consumidores mais jovens.

Os negócios vencedores do futuro entenderão e responderão a essas cinco grandes mudanças do consumo. E direcionando as suas marcas para comunidades fortes que geram ideias, causas ou conceitos altruísticos, ao contrário de simplesmente venderem coisas, esses negócios terão sucesso.

Uma última mudança cultural?

De muitas maneiras, todas essas mudanças dos desejos dos consumidores podem pressagiar uma transformação cultural além das características de nossa época. A seguir, é mostrado um rápido gráfico das cinco grandes mudanças de consumo impulsionando as sete principais transformações estratégicas e estruturais da Onda II para a Onda III.

Ele também mostra, em diagramas simples, a lógica que usamos para desenvolver a nossa tese, descrevendo as mudanças combinadas direcionando os três princípios operacionais estratégicos imperativos para o sucesso no século XXI.

---

1   Kasra Ferdows, Michael A. Lewis e Jose A. D. Machuca, "Rapid Fire Fulfillment", Harvard Business Review 82, 2004, p. 104-10.

Lado da demanda	De	Para
Mudanças de consumo	• Necessidade de coisas • Submissão • Plutocracia • Novo • Eu	• Demanda de experiências • Customização • Democracia • Novo e agora • Comunidade
Lado da oferta		
Mudanças estratégicas	• Dirigido pelo *marketing* • Criação de demanda • Cadeia de fornecimento compartilhada • Marcas como estilo de vida • Mercados de massa • *Marketing* de massa • A loja como lugar	• Dirigido pela distribuição • Entrega sob demanda • Controle da cadeia de valor • Marcas experienciais • Segmentos de mercado finitos • Micro-*marketing* • A loja como marca

Princípios de operação estratégicos imperativos

- Conexão neurológica
- Distribuição preferencial
- Controle da cadeia de valor

Figura 4: Mudanças no mercado de consumo.

PARTE 2

AS NOVAS REGRAS DO VAREJO

Capítulo 5

ESTABELECENDO A CONEXÃO MENTAL

CONECTIVIDADE NEUROLÓGICA

Conforme demonstramos nos capítulos anteriores, há novas regras para a conexão com consumidores. Não se trata mais de uma conexão física entre os produtos e serviços e os consumidores. Isso, também, é apenas um ponto de partida. Muito mais importante é a conexão "mental" ou, conforme definimos, a conexão neurológica. Se há um fator comum de sucesso que abrange todas as cinco mudanças na escala de valores dos consumidores descritas no capítulo 4, é que, para atender às demandas dos consumidores, um varejista, uma marca ou um prestador de serviços deve em primeiro lugar determinar como estabelecer cada oferta de valor em particular de maneira tão profundamente satisfatória que seja capaz de alterar a química cerebral dos consumidores. A necessidade é que essa experiência deve ser amplamente marcante emocional e mentalmente para que, a uma mera referência ao nome daquela marca, rede ou prestador de serviços, o cérebro do consumidor produza uma carga de dopamina que será o gatilho para um desejo instantâneo de ter determinado produto ou de ir a determinado local. Para aqueles de nós que tenham comido na In-N-Out Burger, comprado na lululemon ou tenha tido alguma curiosidade sobre o que estaria à venda na Target's $1, o conceito pode ser automaticamente compreendido.

É vital que se compreenda a diferença entre conexão neurológica e o tradicional gerenciamento de marcas. Os conceitos se sobrepõe, pois é claro que as marcas sempre buscaram reações mentais positivas de seus consumidores, mas estão longe de serem sinônimos. Um simples exemplo pode esclarecer as diferenças. A rede especializada em roupas Zara desenvolveu a sua marca baseada em benefícios ao consumidor altamente especializados e pragmáticos, que seus consumidores podem prontamente identificar e descrever. Eles diriam que a Zara dispõe de novos lançamentos praticamente a cada semana, que seus preços estão abaixo daqueles dos seus competidores, e que a marca possui uma vasta e atraente gama de produtos: roupas, acessórios, sapatos e bolsas. E até mesmo que a Zara construiu sua marca com um mínimo de publicidade (0,3% dos lucros, contra 3 a 4% tradicionalmente investidos no ramo). A marca Zara é amplamente conhecida entre seus consumidores-alvo devido aos seus atributos de marca exclusivos.

Entretanto, o que os consumidores não serão capazes de concluir é que a Zara foi capaz de estabelecer uma conexão neurológica com eles. E, de fato, esse termo sequer existe no vocabulário de qualquer consumidor. É também improvável que a equipe de direção da marca se refira a essa enorme vantagem competitiva como "conexão neurológica". Mas é o que de fato é. A marca criou uma experiência que dispara um pico de dopamina no cérebro dos consumidores. Isso acontece sempre que há uma entrega regular agendada de produtos novos, selecionados e por tempo limitado. Para simplificar, a Zara tem uma marca com uma "sensação de exclusividade tentadora". Esse não seria o caso se a marca tivesse utilizado ferramentas tradicionais de gerenciamento de marcas, mesmo que de forma competente.

Neurocientistas comprovaram que a antecipação da recompensa, ou o potencial de *não* conseguir aquilo que se quer, fará com que seu cérebro produza dopamina, que direciona o comportamento ativamente. Como demonstramos, é por isso que os consumidores visitam a Zara dezessete vezes por ano, frente a apenas três ou quatro visitas recebidas pelas redes concorrentes, por que esses consumidores tem medo de perder alguma coisa nova e excitante. O consumidor também é compelido a comprar um item por medo que alguém o faça antes. Todo o modelo de negócios da Zara é construído em torno dessa premissa. O varejista *on-line* Gilt Groupe faz o mesmo com suas ofertas selecionadas e por tempo limitado pelas quais os consumidores aguardam ansiosamente. Esses elementos são parte integrante da marca, mas transcendem os elementos tradicionais de posicionamento e equidade de marcas: prontidão da marca, qualidade percebida, associações e lealdade consciente.

Nós acreditamos que a conexão neurológica é alcançada quando um varejista, uma marca ou um prestador de serviços estabelece condições que permitem uma resposta forte em termos físicos e psicológicos em um nível subconsciente dos consumidores, que não é prontamente reconhecida ou necessariamente percebida por eles. Para simplificar, uma marca ou uma loja possui uma conexão neurológica com seus consumidores se eles visitam a loja da mesma maneira que visitariam um amigo. O percurso até a loja parece não exigir qualquer esforço, porque o consumidor sabe que terá uma experiência divertida e agradável.

E, para que você não pense que *neuroconectividade* é apenas mais um chavão de *marketing*, novas metodologias de pesquisa e estudos têm descoberto e comprovado a dinâmica dessa poderosa conexão entre produtos, serviços e consumidores. Dois exemplos recentes demonstram a importância que as empresas voltadas para o consumidor dão ao estabelecimento dessa conexão.

A Hershey Co. tem investido muito tempo em lojas de redes de varejo e supermercados nos últimos tempos para entrar na cabeça dos consumidores. O CEO David J. West está tão certo sobre os resultados das pesquisas em corredores de lojas e supermercados, que chegou a afirmar durante uma conferência de analistas do mercado de alimentos que os resultados dariam à Hershey "uma vantagem competitiva que durará por anos e anos". A Hershey já classifica seus consumidores em diferentes perfis psicológicos. Para causar ainda mais alarde entre os consumidores, tudo tem que ser perfeito (preço, embalagem, *display* dos produtos), ou as pessoas passarão correndo sem adicionar qualquer doce da Hershey em seus carrinhos de compras. Após quatro anos consecutivos de investimentos crescentes em publicidade, em valores que devem alcançar os 300 milhões de dólares neste ano, a Hershey está investindo o seu capital de *marketing* onde os consumidores gastam o seu: nas redes de varejo e supermercados onde seus doces são vendidos em gôndolas e na boca dos caixas.

Mais adiante, nós também explicaremos por que os dólares gastos em mídias e publicidade tradicional estão se tornando menos efetivos e por que esses dólares seriam melhor investidos em ferramentas que possibilitem a compreensão e o desenvolvimento da experiência que se deseja nas próprias lojas.

Considere mais um exemplo: por dois anos, a Campbell manteve seus pesquisadores estudando alterações microscópicas na umidade da pele, ritmo cardíaco e outros parâmetros biométricos para descobrir como os consumidores reagem a tudo, desde fotografias de pratos de sopa ao desenho de um logo. De acordo com um artigo de fevereiro de 2010 do *Wall Street Journal*, "este foco em '*neuromarketing*' é a nova tentativa das empresas de compreender melhor as reações dos seus consumidores [...] A equipe da Campbell descobriu que poderia aumentar suas vendas ao disparar mais reações emocionais nas lojas e convencer mais pessoas a quererem mais sopas".

Todos esses relatórios reforçam o poder dessa conexão mental e subconsciente. E, enquanto ainda estamos nos primeiros estágios de compreender como esses processos funcionam, as evidências mostram que processos neurológicos sutis são poderosos comandantes das nossas escolhas de consumo. Nossa meta neste capítulo é conectar essas pesquisas aos modelos de negócios vencedores durante a Onda III.

Então, por que pensamos que isso funciona? Os modelos de negócio são concebidos para direcionar a total experiência de três fatores: o pico de dopamina que antecipa as compras, atrair o consumidor para as lojas, o êxtase da experiência de consumo real propriamente dita e a satisfação final ao consumir ou utilizar o produto ou serviço. Essa é a conexão neurológica com o consumidor em todos os seus aspectos conscientes e subconscientes.

Quando executadas com sucesso, essas experiências são criadas em conjunto pelo consumidor, pela loja, marca ou serviço. A experiência pode ser organizada ou providenciada, por exemplo, pela Container Store, mas o consumidor "molda" ou cria a experiência para satisfazer seus desejos pessoais no momento em que estão na loja. O "*setup*" dessa experiência é o corpo de vendedores da Container Store, muito bem treinado (até 235 horas de treinamento, contra 7 ou 8 usualmente empregadas no varejo), que atuam mais como consultores do que como vendedores. Eles utilizam tanto tempo quanto for necessário para dialogar e aconselhar cada consumidor em suas necessidades e desejos pessoais. A experiência criada em conjunto com o consumidor, portanto, é moldada conforme a situação de cada um, e a satisfação de ter um *expert* de verdade para resolver seus problemas particulares. Essa cocriação de uma experiência neurológica é indelével, única e imensurável.

E, devido à cocriação da experiência em determinado momento na linha do tempo, outra experiência completamente nova e única será cocriada na próxima vez que o consumidor visitar a Container Store, o que agrega força à conexão neurológica. Pode-se sugerir que essa dinâmica incrementará a reação do cérebro mesmo quando da mera menção do nome de uma loja. Mas, seguramente, não se pode quantificar a experiência neurológica, uma vez que esta será nova a cada vez que ocorrer. É por essa razão que o controle dessa experiência é extremamente crítico.

Podemos emprestar um pouco da linguagem acadêmica para elaborar esse ponto: "A criação de valor é definida pela experiência de um consumidor específico, num determinado momento e local, no contexto de um evento específico. O espaço da experiência é conceitualmente distinto daquele do produto, que é o foco da inovação convencional. No espaço da experiência, cada consumidor é, individualmente, o ponto focal, e um evento dispara a cocriação da experiência. Os eventos têm um contexto no espaço e no tempo, e o envolvimento do indivíduo influencia a sua experiência. O sentido pessoal derivado da experiência da cocriação é o que determina o valor para o indivíduo". Em outras palavras, a cada vez que alguém visita um amigo, desfruta de um momento unicamente agradável que não pode ser repetido fora daquele relacionamento.

Então, ao prover um novo e maravilhoso produto ou marca que tenha grande funcionalidade, consciência e um alto valor global (e até mesmo desperte uma conexão emocional) pode levar você ao desempate no jogo do varejo, mas, como já dissemos, para ganhar o campeonato você deve ser capaz de criar uma conexão neurológica.

Criando a conectividade

Então, como afinal se cria uma conexão neurológica? O varejista, a marca ou o prestador de serviço deve alinhar o posicionamento da sua marca para fornecer uma ou mais das cinco mudanças nos valores de consumo, e depois deverá criar os elementos que estabelecerão a conexão neurológica com o consumidor. É importante enfatizar que esse processo, o da criação da conexão, deve ser parte integrante do modelo de negócio, culturalmente, financeiramente e relativo à toda a cadeia de valores. Isso não deve ser encarado como um simples adicional ao negócio; se assim for, o processo tenderá ao fracasso.

Ao pesquisar sobre esse processo, nós nos deparamos com alguns artigos da *Scientific American* a respeito das razões pelas quais as pessoas falham no amor, que é, talvez, uma das nossas experiências mais profundas. A seguir, apresentamos alguns princípios extraídos desses estudos, que achamos que podem demonstrar experiências neurológicas equivalentes às do varejo:

Causando excitação

A pesquisa sugere que as pessoas se ligam emocionalmente quando estão em estado de excitação (por exemplo, por meio de exercício, sentido do olfato, ou quando desafiadas). Assim, a lululemon oferece aulas de ginástica em suas lojas; a Starwood Hotels e a Abercombie & Fitch colocam perfumes em certos ambientes; e, claro, o aroma de café das lojas Starbucks é uma conexão neurológica conhecida. O desafio da "caça ao tesouro" na Costco é parte do DNA da marca. E a Gilt Groups diariamente tem clientes ansiosos aguardando as portas abrirem para comprarem seus itens de alto luxo. Em um nível mais óbvio, os funcionários vestidos de forma provocante das lojas Abercombie & Fitch são projetados para criar excitação, porque as pessoas gastam mais e ficam menos inibidas quando estão excitadas.

Proximidade e familiaridade

As pesquisas conduzidas na Universidade de Stanford sugerem que o simples fato de estar próximo das pessoas provoca sentimentos positivos. A Best Buy, a Bloomingdale's e outras redes de varejo que usam como estratégia ter pequenas lojas nos bairros estão buscando essa proximidade (veja a explicação sobre distribuição preferencial no próximo capítulo), estabelecendo, dessa maneira, uma relação mais "familiar" com a vizinhança do que apenas mais uma loja. Esse fato reforça também o valor de ter direcionadores de fluxo para a loja e de operar em um modelo de *"resets"*: novas mercadorias que continuamente atraem os consumidores para que retornem.

Similaridade

Outra pesquisa do MIT prova que as pessoas buscam outras com interesses e estilos de vida semelhantes. Assim, o boca a boca e o uso de redes sociais continuam a fortalecer a estratégia de conexão neurológica. A JCPenney teve um incrível sucesso viral divulgado no YouTube durante os feriados de 2009. Diversos maridos aparecem em uma casa de cachorro, literalmente, em uma construção tal e qual. Cada um deles deve se apresentar para um pelotão de revista totalmente feminino, enquanto as suas esposas estão presentes para ajudar a libertá-los, tendo que responder perguntas como, por exemplo, por que eles compraram para as esposas um aspirador de pó como presente de aniversário, ou por que um entre eles passou a véspera de Natal planejando um jogo de pôquer etc. Conforme eles respondiam com desculpas esfarrapadas, o juiz estampava um "negado" em todos, menos no que jogava pôquer, que tira um colar do bolso e entrega à sua esposa. As pessoas associadas à rede social divulgaram esse vídeo em suas comunidades, e a JCPenney passou a ser parte do grupo.

Novidades

Esse é um dos elementos chave para se estabelecer uma mudança na cadeia de valores dos consumidores para o aqui e agora, como discutido no capítulo 4. Conforme já mencionamos anteriormente, a Zara, rede espanhola de varejo de roupas, oferece duas novas linhas de produtos a cada semana para mais de mil lojas, dessa forma atraindo os consumidores para visitar a loja com mais frequência. O grupo de vendas *on-line* de artigos de luxo Gilt Groupe tem vendas exclusivas de produtos totalmente novos a cada trinta e seis horas, encorajando assim os seus membros a visitar a loja todos os dias. O WalMart, com sua promoção "limpeza da loja" aumentou a frequência de consumidores nas reposições de estoque. E a Anthropologie tem *layouts* diferentes em cada uma de suas lojas. Essas estratégias criam experiências novas e frequentes e são, obviamente, de implementação bastante complexa.

Bondade, acomodação e perdão

Esses aspectos do comportamento humano podem ter um paralelo com níveis de neuroconectividade dos serviços que as redes de varejo como a Nordstrom's, a Mitchells, em Greenwich, Connecticut, Zappos, Apple, Best Buy entre outras conseguiram desenvolver.

Toque e sexualidade

Tudo o que você precisa fazer é visitar uma loja da Abercombie & Fitch para ter quatro dos cinco sentidos bombardeados com sexualidade: visão, audição, olfato e tato. Outros podem conectar-se da mesma maneira com a experiência proporcionada pela Victoria's Secret.

Autorrevelação

Outra evidência prova que as pessoas se unem quando dividem um segredo, desenvolvendo certo grau de vulnerabilidade. Por exemplo, uma das razões pelas quais a farmácia do WalMart faz tanto sucesso é que os consumidores sentem que revelaram um segredo bem guardado, e que o WalMart está cuidando deles. Assim, alguns especialistas afirmam que os consumidores que usam a farmácia da rede gastam mais dinheiro e ficam mais tempo nas lojas do que os consumidores que não usam a farmácia.

Compromisso

Finalmente, pesquisas da Universidade de Purdue sugerem que o compromisso é um fator crítico para o amor. O crescimento meteórico da rede Chico's durante a década de 1990 pode ser amplamente atribuído ao seu compromisso com o segmento de roupas para grávidas, assim como a defesa consistente das redes Lane Bryant, Fashion Bug e Catherine's para os consumidores *plus-size* mostrou-se assertiva. Em sua essência, essas marcas estão dizendo: "Nós estamos à disposição de vocês – e só de vocês".

Embora a criação da conexão neurológica seja imperativa para atingir o sucesso, é essencial que a experiência da conexão seja total e confiavelmente alinhada com o posicionamento da marca ou com seu DNA, de maneira que os consumidores acreditem, considerem natural e convincente. Falhar nesses quesitos não é apenas destrutivo para a marca, mas pode realmente colocar os negócios em risco. Como exemplifico no artigo "Tornando a Rotina dos Clientes Divertida" da *Sloan Management Review* do MIT:

> Transformar uma experiência neutra em positiva não é fácil, e não há garantias de sucesso para empresas que tentam. No início da década de 1990, a Tandy Corp. falhou em conseguir atratividade para suas superlojas Incredible Universe. As lojas dispunham de música, karaokê, shows de *laser* e prêmios nas portas. A empresa selecionou e treinou funcionários com toda a atenção e cuidado e simulou o estilo Disney de interação entre funcionários e clientes. Mas, depois da construção de 17 superlojas, a Tandy apertou o freio em suas investidas que apresentavam perdas financeiras. Os elementos de diversão não foram suficientes para tornar essas lojas lucrativas no setor altamente competitivo de produtos eletrônicos.

Para finalizar, existe uma tendência emergente que talvez seja uma das mais poderosas formas de influenciar a mente e a neuroconectividade: realidade virtual. Enquanto essa tendência ainda está em sua infância, as Forças Armadas dos Estados Unidos são um grande exemplo do seu potencial. Na Filadélfia, o exército fechou quatro dos seus centros de recrutamento tradicionais e abriu um novo Centro de Experiência das Forças Armadas. Ao colocar as mãos em experiências práticas com realidade virtual e simuladores, os usuários podem ver, tocar e aprender em primeira mão o que significa ser parte das Forças Armadas. Como disse um recruta de dezessete anos de idade: "É divertido. Isso traz a você a experiência real. Você pode encontrar com seus amigos e jogar com eles". Com mais de quatorze mil visitantes em apenas quinze meses, seu poder de criar tráfego já foi mais do que provado. Se isso vai ajudar a conseguir mais alistamentos, é uma questão de tempo. A grande mensagem, entretanto, é que devido ao vício que a realidade virtual causa na internet, a influência será potencialmente enorme. É apenas questão de tempo até que os grandes varejistas comecem a utilizar essas tecnologias para conseguir se conectar neurologicamente a seus consumidores no futuro.

Ao concluirmos nossas discussões sobre conectividade neurológica, devemos lembrar-nos que essa conexão precede, mas não exclui, seu parceiro essencial: a distribuição preferencial, outra das três mudanças estratégicas imperativas. De fato, como acabamos de demonstrar, a conexão neurológica é por si só a mais poderosa estratégia de distribuição, porque, uma vez que a conexão esteja estabelecida, a marca fica indelevelmente em primeiro lugar e à frente de tudo na mente do consumidor, compelindo-o a possuir tal produto ou ir à tal loja primeiro, e a voltar novamente à mesma loja antes de ir a qualquer outro lugar: leia-se, ao concorrente.

No próximo capítulo, nós discutiremos como capitalizar sobre essa vitória.

CAPÍTULO 6

REDEFININDO AS REGRAS DE PARTICIPAÇÃO

DISTRIBUIÇÃO PREFERENCIAL

Outra mudança de paradigma conduzida pelo consumidor desafia enormemente as estratégias de distribuição das Ondas I e II, relegando--as ao *status* de iniciantes. A tecnologia e a globalização aceleraram o crescimento de novas plataformas de distribuição, mais notavelmente a internet, o que intensificou o ambiente já hipercompetitivo. A mudança, como debatido anteriormente, é da loja como o local de atividade – em que todos "iriam à loja" – para os consumidores como o local, demandando que a loja venha a eles, literal e figurativamente. Os consumidores esperam acesso total, porque eles podem. O acesso quando, onde e como quiserem é o novo normal.

Durante as Ondas I e II, evoluímos de lojas gerais no centro da cidade para lojas maiores e redes de lojas, ainda localizadas no centro de shopping centers e centros comerciais. Os varejistas diziam: "Construa, e os clientes virão", e eles vieram. Na Onda III, os consumidores dizem, "entregue para mim", e os varejistas devem fazer isso.

Para aquelas lojas físicas que desejam permanecer no centro, as únicas exceções a esse novo "normal" serão aquelas que tenham atingido uma conectividade neurológica tão fortemente atraente que os consumidores desejarão voltar ao local físico pela experiência.

Além disso, enquanto os consumidores estão no centro, eles não estão estáticos. Eles estão constantemente mudando de alvo. Apenas isso está forçando as empresas a elevarem seus níveis de *expertise* de distribuição. Finalmente – em uma mudança que possui enormes implicações para a indústria de *marketing*, propaganda e mídia –, essas empresas não podem simplesmente "empurrar" suas ofertas aos consumidores. Elas devem ser convidadas ou receber permissão. E, como a propaganda perde parte de sua credibilidade com consumidores cada vez mais astutos, a propaganda boca a boca está gerando mais vendas. Os publicitários em setores voltados para o consumo não podem mais falar diretamente com seus alvos. Em vez disso, devem *engajar-se* com eles, geralmente por seus amigos e colegas de confiança. Na verdade, no jargão do *marketing*, as "comunidades" são os novos segmentos. Os consumidores e seus desejos não podem mais ser identificados com precisão ao serem agrupados em grupos grandes e demograficamente definidos. O mercado pode ser descrito agora como um número infinito de segmentos de consumo finitos, ou milhares de pequenas "tribos" de consumidores.

Todas essas transformações nos desejos e na acessibilidade dos consumidores significam que os varejistas e as marcas devem inovar com novas formas de obter acesso a esses consumidores, levando-nos a identificar e definir outro princípio de operação estratégico imperativo: a distribuição preferencial.

Distribuição preferencial

O que é distribuição preferencial? Primeiro de tudo, é uma tentativa de abordar o mercado ultracompetitivo. Responde ao fato de que os consumidores possuem centenas de escolhas igualmente atraentes, literalmente nas pontas dos dedos, do outro lado da rua ou batendo às suas portas. Então, entende-se que o competidor que chega primeiro ao consumidor, mais rapidamente e com mais frequência, antecipando-se às centenas de outros, possui uma chance melhor de ganhar mercado. A estratégia também requer uma distribuição precisa onde, quando e como o consumidor desejar receber. Por definição, então, a distribuição preferencial requer uma matriz integrada de todos os meios relevantes de distribuição, inclusive distribuição em mercados internacionais de crescimento mais rápido.

Entretanto, há três outros elementos importantes desse imperativo estratégico que nós também devemos examinar:

1. Distribuição preferencial não significa distribuição onipresente, tampouco significa que todo varejista deve abrir mais lojas. Deve estar precisamente alinhada com onde, quando, como e com que frequência os consumidores desejam receber o produto ou serviço. E, hoje, a distribuição deve ser discreta. Alguns *experts* acreditam que uma grande parte dos contratempos da Gap e da Starbucks foram devidos à sua onipresença (uma loja em cada esquina) e a seu corte de custos para obter escala, ambos dos quais resultaram finalmente em uma "mesmice" e tédio do consumidor. Além disso, os novos consumidores odeiam ser invadidos. Eles convidarão ou darão permissão àquelas marcas que eles querem em suas vidas, e quando e como eles as querem. *Marketing* e distribuição onipresentes e intrusivos levarão os consumidores embora.

2. Distribuição preferencial não significa que todos os negócios de consumo devem estar em todas as plataformas de distribuição. Algumas são simplesmente irrelevantes para todos os modelos de negócio. Uma maneira de medir a viabilidade de uma dada plataforma de distribuição é o grau ao qual ela reforça ou permite a concretização dos cinco desejos "transformados" do consumidor. Por exemplo, por que os membros do clube da Gilt Groupe na internet nunca pensaram em abrir uma loja física? Ele entrega todos os cinco desejos do consumidor: fornece uma experiência de conexão neurológica (o consumidor fica ansioso para efetuar *login* para a hora diária de promoção de bens de luxo com descontos); sua venda "somente para membros" dá a percepção de escassez e customização especial, assim como luxo acessível; entrega o "novo e agora" ao mostrar todos os novos produtos todos os dias; cria um sentido de urgência porque o produto não voltará às prateleiras; e, finalmente, é certamente uma "comunidade." Por outro lado, a Amazon, com seus bancos de dados enormes de conhecimento do consumidor (quem e onde eles estão, e o que eles querem), poderia facilmente justificar uma estratégia de loja física

direcionada para seus negócios de moda, beleza e calçados, o que responderia à necessidade do consumidor de sentir e provar, necessários a essas categorias. Em lojas como *showrooms*, eles poderiam mostrar somente os produtos que as pessoas locais desejam, conforme obtido de seus bancos de dados, e criar uma neuroexperiência, ou seja, uma experiência de compras irresistível, ao utilizar tecnologia nova que permite aos consumidores customizarem modelos que poderão então ser comprados *on-line*, na loja e entregues em suas casas. De certa forma contraintuitivamente, os varejistas da TV HSN e QVC possuem, na verdade, lojas físicas: a HSN possui cerca de 25, nas quais vende marcas como estilo de vida para casa e vestuário e a QVC possui algumas lojas de mostruário e várias lojas de *outlet*.

3. A distribuição preferencial não é apenas *fisicamente* direcionada. Como nós acabamos de mostrar, as marcas neurologicamente conectadas são os "direcionadores" mais poderosos. Eles evitam contato com a concorrência antes que o consumidor entre em um *site* ou vá a uma loja, ao acionar o "surto de dopamina". Ironicamente, um dos efeitos finais de obter essa conexão pode, na verdade, ser uma redução nas lojas, o que aumentaria a produtividade. Se a conexão for forte o suficiente, como na rede de *yoga* lululemon, um cliente passará sem notar por uma loja do concorrente que pode estar logo do outro lado da rua para obter seu "*fix*" lululemon a 1 quilômetro de distância.

Dos "silos" para a integração e para a antecipação

A distribuição nos locais de crescimento mais rápido das Ondas I e II era geralmente simples e direto. Como declarado, os varejistas abriam lojas, e os consumidores vinham comprar. Não havia ainda muita concorrência. E, mesmo quando a concorrência se acelerou, na Onda II, junto com um aumento nas plataformas de distribuição, varejistas e atacadistas operavam da mesma forma vertical suas estratégias de distribuição, em "silos". Por exemplo, as operações de catálogo da Sears ou das JCPenney eram organizadas e funcionavam separadamente de suas operações em loja. A maioria das marcas atacadistas, como os *jeans* Levi's, o Tide Soap e a Coca-Cola não tinha sequer começado a pensar em deter ou controlar sua distribuição, tampouco estava na miríade de plataformas de distribuição que se expandiram na Onda III, inclusive TV, mala direta, catálogos, venda porta em porta, *marketing in-home*, *marketing* de eventos, quiosques, linhas aéreas e trens, mercados de pulga, promoções nas ruas, em *vans* e outros. E ninguém tinha ouvido falar da internet.

O crescimento das demandas do consumidor e da concorrência priorizou, portanto, o desenvolvimento de estratégias de distribuição. Essencialmente, os vencedores irão gerenciar uma enorme matriz de meios de distribuição, e eles todos devem estar cuidadosamente integrados para que o consumidor possa passar facilmente de um meio ao outro por diferentes motivos: pesquisa, compra, devolução e atendimento ao cliente, estejam estacionários ou em movimento. Além disso, todos os negócios voltados ao consumo devem determinar quais plataformas são relevantes ao valor que estão distribuindo, como elas suportam uma estratégia direcionada e se podem ser integradas suavemente na matriz.

Lojas para os consumidores

A distribuição preferencial também significa levar lojas físicas ao consumidor literalmente do outro lado da rua, nos bairros onde vivem. Além dos varejistas pequenos independentes, muitos varejistas de shoppings e de grande porte estão instalando lojas menores, localizadas nos bairros dos consumidores, que fornecem acesso direcionado imediato. A Kohl's foi sem dúvida um dos primeiros varejistas tradicionais de loja de departamento a lançar essa estratégia no início dos anos 1990. Ao identificar seu consumidor-chave como a mãe que trabalha e não tem tempo para dirigir até um shopping para fazer compras, a Kohl's projetou lojas pequenas, de um andar, corredores largos e deslocamento rápido, com caixa central e grandes estacionamentos. E colocou-as em bairros com muitas famílias.

Alguns *experts* sugeriram que essa estratégia de distribuição preferencial é grandemente responsável pelo crescimento explosivo da Kohl's, de US$ 10 bilhões, durante os anos 1990, e que a maior parte dessa receita foi roubada da JCPenney, porque o consumidor da Kohl's, que é a mãe que trabalha, tinha acesso logo do outro lado da rua a uma experiência de vendas igualmente atraente. A JCPenney finalmente reconheceu a perda de mercado devido à estratégia da Kohl's, e subsequentemente desenvolveu e lançou uma estratégia de lojas menores, independentes e fora dos shopping centers. A mesma coisa está acontecendo agora com todas as lojas de varejo. O Walmart possui um formato de lojas pequenas para bairros urbanos e suburbanos, e é sensível aos riscos de ser extremamente intrusivo, projetando suas fachadas e utilizando paisagismo para se misturar ao ambiente local. A Best Buy lançou lojas de bairro de 325 e 500 metros quadrados, com placas diferentes, direcionando a distribuição para as diferentes necessidades localizadas. As lojas de conveniência e de US$ 1.99, de formatos menores, estão rapidamente se expandindo em áreas locais por todo o país. E, é claro, a construção de pequenas vilas comerciais nos bairros está aumentando, enquanto shoppings regionais estão sendo fechados ou reformados para fornecer uma experiência melhor de compras: entretenimento, restaurantes, *shows* de moda e assim por diante. Além disso, as butique de bairro independentes com crescimento mais rápido literalmente exemplificam a distribuição preferencial, assim como uma conexão neurológica com seus estreitos nichos de consumo.

Nós prevemos que, no fim, a busca contínua por distribuição preferencial também fará com que as lojas de departamentos tradicionais criem cadeias de marcas varejistas especializadas, com suas marcas próprias ou exclusivas em expansão (como as lojas Arizona para a JCPenney, lojas INC para a Macy's e outros).

Traga para mim, apenas para mim, novo e com mais frequência

Atender às expectativas do consumidor também significa que os produtos ou serviços desejados devem estar acessíveis na plataforma de distribuição de sua escolha, precisamente quando os consumidores os querem, mesmo que estejam em movimento. Na verdade, espera-se que o comércio eletrônico por celular entre em uma trajetória de crescimento rápido, atingindo as taxas de dois dígitos do crescimento constante da internet, de acordo com vários especialistas.

Um grande exemplo de uma empresa abraçando os primórdios do varejo digital, por assim dizer, e encaixando sua marca nas comunidades sociais é a Disney. Eles estão conectados a 33 milhões de pessoas por 130 *sites* patrocinados pela Disney no Facebook. A estratégia da Disney é engajar os consumidores em um diálogo e numa troca de informações. A Disney possui pontos de interesse para o consumidor e, da mesma forma, pode aprender mais sobre seus consumidores.

O Facebook também possui uma parceria com o Fandango, o serviço *on-line* de compra de ingressos de cinema, de forma que, quando um consumidor compra um ingresso pelo Fandango, os amigos do consumidor no Facebook são automaticamente notificados e convidados. Como disse Robert Iger, CEO da Disney: "Esse tipo de 'boca a boca' entre amigos, sobre um filme ou qualquer outra coisa, vale sete vezes mais que uma recomendação de qualquer outra fonte. Essa nova abordagem destruirá os meios tradicionais"[1].

A Apple é outro exemplo de uma marca que conversa "com" seus consumidores (*vs.* "para" eles), e, portanto, está ganhando informações sobre o que lhes interessa e o que pode levá-los a voltar frequentemente ao seu *site*. Quando um cliente assina o serviço Genius, do iTunes, eles dão à Apple permissão para baixar os dados de suas músicas e bibliotecas de filmes. Armada com essas informações, a Apple não somente pode determinar o que o cliente gosta, mas também o que seus amigos e outros consumidores no mesmo grupo podem gostar também.

As oportunidades futuras fornecidas por esse tipo de varejo móvel e interconectividade com comunidades de consumidores são enormes. Simplesmente recomendar compras está rapidamente se tornando o uso mais básico. As marcas mais avançadas estão criando comunidades próprias de tal forma que atrairão fãs (isto é, clientes mais fiéis).

Enquanto o comércio eletrônico (inclusive móvel), catálogos, mala direta e outras plataformas de mobilidade de distribuição são óbvias, por

---

1 Robert A. Iger, "A Message in Every Medium" (Keynote Interview, Financial Times Business of Luxury Summit, Los Angeles, CA, 13-15 de junho de 2010).

levar o produto ou serviço ao consumidor, elas não excluem algumas das estratégias que estão surgindo a partir das plataformas mais tradicionais de distribuição. Os vencedores nesses setores estão buscando a customização e localização de suas lojas, *mixes* de produtos, apresentações e serviços, todos de acordo com as preferências do consumidor em diferentes regiões, cidades e mesmo bairros. As pequenas lojas de bairro da Best Buy são um exemplo. Suas lojas "Escape" e "Super-D" possuem *layouts* de loja diferentes, *mixes* de linhas e níveis de serviço de acordo com as preferências e necessidades da base local de consumidores (por exemplo, um bairro de aposentados pode necessitar de mais auxílio tecnológico que um local *yuppie*).

O programa Minha Macy's também distribui *mixes* localizados de linhas. A Wrangler, uma marca de jeans e moda casual da VF Corporation, possui a capacidade de entregar dois *mixes* de linhas diferentes a duas portas diferentes do Walmart que podem estar em lados opostos da cidade. O Walmart está testando uma estratégia de "loja da comunidade", que será de formato e mercadorias nas lojas customizadas para preferências locais. E a Tesco.com, gigante de supermercados do Reino Unido, possui cinco formatos de comida especializados, lojas de conveniência do tipo da 7-Eleven, e a Tesco.com continua a expandir seu modelo direcionado, localizado, nos Estados Unidos.

Para executar com sucesso a localização, a ponta de *marketing* dos negócios deve integrar pesquisa qualitativa e quantitativa; censo, dados demográficos e de estilo de vida; rastreamento de vendas; cartões de fidelidade; vendas por internet; inteligência competitiva; informações de gestão local, e mesmo comentários não solicitados, todos de lojas e mercados locais descentralizados. Todas essas informações devem também ser continuamente alimentadas nas pontas altamente centralizadas de operações e distribuição do negócio, para garantir que essas grandes operações distribuam com sucesso tais *mixes* localizados e descentralizados. A localização bem-sucedida resulta em enormes aumentos nas vendas (até 40 ou 50%, em alguns casos), e uma redução nos estoques e em remarcações.

Por fim, customizar ou localizar é muito difícil para competidores copiarem, o que fornece uma vantagem competitiva mais sustentável. Encoraja e recompensa inovação e diferenciação e, por fim, constrói uma personalidade de marca que se conecta de forma neurológica e emocional com os consumidores locais. Em contrapartida, a homogeneização da massa impede a inovação e recompensa eficiências operacionais firmemente disciplinadas, por fim eliminando a diferenciação estratégica e, o crescimento e a lucratividade que o acompanham.

A estratégia de distribuição preferencial também se beneficia de ciclos de produto e serviço mais curtos, distribuindo mais linhas novas com mais frequência. No setor de vestuário, isto é chamado de *"fast fashion"*. H&M, Uniqlo, Mango e Forever 21, junto com a Zara, a utilizam.

As cadeias de valor melhor controladas e gerenciadas dessas marcas são exemplos poderosos de como a inovação de processos e sistemas pode realmente acelerar a inovação de produtos. É fácil derrubar um produto, mas não é tão fácil derrubar um modelo de negócio.

Mesmo os varejistas e atacadistas tradicionais estão se mexendo. Por melhor gestão e controle de suas cadeias de valor, também devido à tecnologia e globalização, eles estão reduzindo ciclos de linhas e, portanto, gerando mais linhas novas e com maior frequência.

Preferência global

O setor de consumo do mercado maduro dos Estados Unidos não pode mais ignorar a necessidade de ganhar uma posição preferencial em países em desenvolvimento que possuem taxas de crescimento maiores e mais sustentáveis. E não é simplesmente a necessidade de crescimento que fornece um senso de urgência. O mundo tem-se tornado "plano", interconectado de tantas formas que, se marcas e varejistas falharem em ganhar uma presença preferencial globalmente, eles encontrarão suas posições bastante enfraquecidas em seus países de origem. Isso se deve ao fato de que consumidores estão globalmente móveis, literal e eletronicamente, e, portanto, devem receber suas encomendas preferencialmente, onde quer que estejam. Além disso, a neuroexperiência também deve ser consistente mundialmente

Acrescentando urgência à expansão global preferencial, está o fato de que a infraestrutura em muitos países ainda é relativamente fluida. À medida que ela amadurece, as oportunidades declinarão, e em alguns países podem simplesmente se esvair.

Os desafios da expansão internacional são muitos, e variam amplamente dependendo da miríade de temas políticos, econômicos, sociais, de consumidores e mercados do país anfitrião. Um número igual de temas existe para o negócio que escolher a expansão global.

Há dois setores que podem ser chamados de pioneiros: artigos de luxo (LVMH e suas cinquenta marcas, Gucci, Armani, Prada, Calvin Klein, Ralph Lauren e muitas outras) e hipermercados de grande volume (Carrefour, Walmart e Tesco).

Agora, com as capacidades de distribuição global mais tecnologicamente avançadas e fáceis da Onda III, assim como o enriquecimento crescente em muitos dos países emergentes, particularmente a China, as marcas e varejistas de luxo e volume estão simplesmente acelerando sua expansão.

No setor de luxo, algumas marcas, como a Prada (marca de moda de acessórios de luxo masculina e feminina, com base na Itália), estão expandindo de formas muito criativas, elevando a neuroexperiência a um nível preemptivo. Eles criaram o que chamam de "Epicentros Prada", lojas especialmente projetadas onde a própria loja é um artigo de arte. E cada loja é única. O primeiro Epicentro foi lançado em Tóquio, em 2003, e subsequentemente em Nova Iorque e Beverly Hills. Os consumidores visitam essas lojas somente pela experiência do ambiente similar a um museu de arte.

Outra iniciativa de conexão neurológica da Prada foi o lançamento de leilões *on-line* de produtos exclusivos, em 2006; eles então deram sequência com uma série de projetos de filmes, inclusive um filme artístico belíssimo com o nome de *Trembled blossoms*. Ainda que esses filmes sejam importantes o suficiente por eles mesmos, o fato de que estão sendo produzidos por uma marca de moda de luxo – e exibidos em suas lojas e seus *sites* – dá crença ao poder do novo mundo digital; de fato, é uma ameaça à distribuição tradicional de filmes. E, em 2009, em Seul, na Coreia do Sul, a Prada lançou o Transformer, uma casa de arte de novos *designs* e filmes especialmente projetada, a qual, em seis meses, teve mais de 100 mil visitantes. Durante suas últimas semanas, toda a exibição foi entregue a estudantes de arte para utilizar as instalações para suas próprias criações.

Outro exemplo de uma marca de luxo utilizando estratégias inovadoras para expandir seu alcance global, enquanto também eleva sua experiência a um nível de conexão neurológica, é o Lebau Hotel Resorts. Como parte de sua estratégia global de distribuição preferencial, a Lebau ministra um curso em várias escolas de negócios mundialmente sobre como ela cria sua própria experiência de luxo única e de altíssimo nível. Afinal, com diárias tão altas quanto US$ 10 mil, a Lebau imaginou que seria melhor capturar uma parte das mentes daqueles insurgentes líderes de negócio jovens, a partir dos quais muito de seu negócio futuro provavelmente seria gerado. De forma similar à Prada, eles também utilizam a arte como um construtor de tráfego. Somente por esse motivo, uma visita ao The Dome, em Bangkok, é considerada um *"must"* para viajantes globais de luxo.

Na outra ponta do espectro varejista está a corrida global de distribuição preferencial no espaço de supermercados precificados por volume, como os competidores buscam estabelecer posições primárias em cada região. Na China, por exemplo, o Walmart, a Tesco.com e o Carrefour estão todos competindo com supermercados chineses locais para ganhar mercado dominante. Além disso, eles estão construindo infraestrutura para apoiar a expansão futura.

Isso está ocorrendo por toda a Ásia. O Vietnã continua a liberar oportunidades de expansão das quais tanto o Walmart quanto o Carrefour estão tirando vantagem. Obviamente, ao tomar a maior participação antecipadamente nessas trajetórias de crescimento nesses países, será cada vez mais difícil para novos competidores ameaçarem as posições dominantes desses gigantes quando os mercados começarem a amadurecer.

A Target Stores, há muito exclusiva dos Estados Unidos, também está considerando expansão global no Canadá, México e América Latina.

A expansão global desses supermercados envia uma mensagem ao setor de lojas de departamentos? Se eles não começarem a descobrir uma maneira de alavancar preferencialmente suas marcas globalmente, a janela de oportunidade se fechará?

O novo catalisador e oportunidade para expansão global são as classes médias emergentes e de crescimento rápido nos países em desenvolvimento. Esses mercados estão maduros para muitas das marcas e varejistas mais famosas, como Gap, American Eagle Outfitters Inc., The North Face, Abercrombie & Fitch, lojas Candie's e Bebe Stores. Até a Macy's está considerando a China como uma oportunidade potencial de expansão global, de acordo com um artigo no *Chicago Tribune*[1]. Outras, tais como os jeans Lee e Wrangler, Levi Strauss & Co., Guess Jeans e calçados Nike, já estão estabelecidas em muitos desses mercados e continuarão a expandir.

Entre todos os mercados emergentes, a China é um alvo primário, com sua classe média que se prevê que chegue a 700 milhões de pessoas em 2020, de acordo com a Euromonitor, uma empresa internacional de pesquisa de mercado de varejo.

O chefe da região Ásia-Pacífico da Gap, John Ermantinger, falou da estratégia de sua empresa na China em um artigo de 2010 da *Women's Wear Daily*. Das vendas da Gap de mais de US$ 14 bilhões, cerca de 10% vêm de seu negócio internacional. Entretanto, eles esperam que a China se torne a pedra angular de sua estratégia global. Ermantinger claramente vê a Gap se antecipando a seus concorrentes. Ele declarou: "Há um monte de marcas na China, mas, em nosso espaço, não há um representante americano ainda, então a Gap está buscando ser tal fornecedor autêntico de moda casual"[2].

No mesmo artigo da *Women's Wear Daily*, foi citado que a Nike, ao longo dos últimos trinta anos, ganhou a maior participação de mercado de calçados atléticos na China, tendo atingido quase 500 milhões de dólares em vendas em 2010. A Guess Jeans antecipa um aumento de cinco vezes nas lojas, de 40 para 200 milhões de dólares entre 2010 e 2015. A Iconix imagina que o número de lojas Candie's crescerá de 50 para 500 milhões de dólares no mesmo período. E a VF Corporation projeta um aumento de 40% na distribuição de suas marcas Lee e Wrangler em suas quase 400 lojas ao longo dos próximos 5 anos.

Outra vantagem menos reconhecida em operar globalmente é a capacidade de descobrir novas estratégias de sucesso que podem então ser reutilizadas em seus mercados de origem. Por exemplo, a Best Buy comprou a cadeia Car Warehouse no Reino Unido para que pudesse levar seu conceito e habilidades de volta aos Estados Unidos, assim como a outros países onde eles podem competir.

---

1 Sandra M. Jones, "U.S. Retailers Venture Overseas for Growth", *Chicago Tribune*, 6 de julho de 2010, http://www.chicagotribune.com/business/ct-biz-0706-global-retail-20100706,0,3805667.story.

2 David Moin, "Gap Launching China Strategy", *Women's Wear Daily*, 24 de junho de 2010.

Aquelas marcas que possuem reconhecimento do consumidor global e que controlam suas cadeias de valor – como Starbucks, McDonald's, Ralph Lauren, Calvin Klein, The North Face, – já fizeram incursões globais e estão acelerando suas expansões. Mesmo varejistas tradicionais que possuem forte reconhecimento de marca, como Macy's, Neiman-Marcus e outros, estão começando a armar estratégias internacionais.

Em uma nota final, independentemente do grau com o qual qualquer negócio de consumo esteja planejando, ou na verdade implantando, expansão global, o sentido de urgência de fazê-lo nunca foi tão alto. Aqueles países experimentando as taxas mais altas de crescimento sustentável fornecem um campo aberto para aqueles que buscam antecipação de participação de mercado dominante. O tempo de oportunidade antes do congestionamento do mercado é desconhecido. Então, todo negócio de consumo deveria ter uma matriz de mercados globais priorizados por atratividade de mercado (isto é, tamanho, crescimento, intensidade competitiva etc.) para seus produtos e serviços, o *mix* potencial de opções de distribuição para as quais o mercado (inclusive todas as plataformas digitais mais atuais) e o investimento necessário para suportar opções diferentes. Aqueles que obtiverem sucesso ao executar essas prioridades globais serão aqueles que prosperarão.

CAPÍTULO 7

A IMPORTÂNCIA DO CONTROLE DA CADEIA DE VALOR

OS VENCEDORES FINAIS

Dada nossa tese que nem a distribuição preferencial, nem a neuroconexão com consumidores seria possível sem um negócio com controle total de sua cadeia de valor, sentimos que é necessário discutir o conceito com mais profundidade, e desenvolver uma maneira de medir a importância relativa para obter sucesso, especialmente porque nós também sabemos que os primeiros dois princípios são quase impossíveis de serem medidos quantitativamente, devido à sua subjetividade e às numerosas variáveis. O controle da cadeia de valor, por outro lado, é objetivo e mensurável – e prova ser decisivo para muitas empresas.

É importante fazer uma distinção entre como nós definimos cadeia de suprimentos e o que é a cadeia de valor. A cadeia de suprimentos é tipicamente definida como a parte final do negócio: o conjunto de temas ao redor do fluxo de bens ou materiais, a rede de transporte, logística, centros de distribuição e o manuseio dos bens dentro de centros de distribuição. Entretanto, nós definimos a cadeia de valor mais amplamente, abrangendo temas tais como quem cria o valor, onde é criado e onde e como é divulgado, inclusive seu ponto final de venda (todas as atividades do negócio do início ao fim).

A cadeia de valor é o que nós chamamos um ciclo infinito, vicioso e completamente integrado, iniciando-se com o consumidor, parando no ponto de consumo e, então, iniciando novamente (ver Figura 5). Há três passos contínuos e simultâneos no processo:

- **Definir**: identificar e definir o que os consumidores esperam, ou mesmo desejam, além das expectativas da marca. Isso é contínuo, utilizando todas as metodologias de pesquisa, inclusive rastreamento de vendas, interação e testes na loja. Essencialmente, os vencedores reais virtualmente vivem com seus consumidores 24 horas por dia, 7 dias por semana. Esse processo continuamente afirma o valor fundamental da marca, sugere melhorias e guia a criação de novos valores e a inovação. Um ponto claro de diferenciação competitiva para a marca é articulado. Se bem executado, esse processo levará a uma metáfora profunda para o que realmente significa a verdadeira essência da marca e o que o consumidor está buscando.
- **Desenvolver**: desenvolver o valor se inicia com o uso do conhecimento obtido por pesquisa para planejar ou melhorar conceitualmente o valor novo (marcas), e então o desenvolvimento de valor verdadeiro, inclusive a experiência neurológica. Também nesse ciclo, o segmento altamente integrado e movido por demanda "*back end*" da cadeia (como descrito posteriormente neste capítulo) forneceu estratégias de produtividade continuamente inovadoras, enquanto o *marketing* integrado, ou "*front end*" da cadeia, inovará continuamente ou fortalecerá as estratégias de *marketing*.
- **Entregar**: o ciclo final no laço infinito é a distribuição preferencial, precisa e perpétua do valor, junto com sua experiência neurológica. É também crítico que o criador de valor (marca) possua controle máximo desse ciclo final, controle de sua apresentação e experiência no ponto de venda, o que também inclui tamanho de linha, *mix*, frequência, fluxo de bens e a quantidade possível das operações (vendas e serviço).

A importância do controle da cadeia de valor

```
Origem do valor  ──▶  Definir  ⟲  Entregar  ◀──  Consumo de valor
• Criar sonhos                                    • Distribuição preferencial,
• Definir a relevância da marca                     precisa e perpétua
                                                  • Conexão neurológica

                         Desenvolver

◀── Estratégias de produtividade inovadoras "back end"  |  Estratégias de marketing inovadoras "front end" ──▶
         • Desenvolvimento de produto                           • Experimental
```

Figura 5: Ciclo virtuoso de controle da cadeia de valor.

Como mencionamos anteriormente, o controle total da cadeia de valor não significa necessariamente ser dono de toda função na cadeia. Na verdade, em nosso mundo comercialmente globalizado, um seria fortemente pressionado a encontrar muitas cadeias de valor integradas verticalmente e com donos verticais. Em vestuário, a espanhola Inditex chega perto de ser dona da maior parte de sua produção, e poucos fabricantes de vestuário chineses detêm a distribuição varejista na China (para mais sobre suas intenções futuras de adquirir marcas e distribuição nos Estados Unidos, ver capítulo 8). Mas, na maioria, a globalização motivou as operações de produção da maioria das indústrias em direção à fabricação de baixo custo em países emergentes.

Entretanto, enquanto algumas funções na cadeia de valor, tais como produção ou distribuição, *muito provavelmente* serão compartilhadas, a entidade que origina, tem a posse ou cria a marca (seja varejista, atacadista ou provedor de serviços) deve ter controle dominante, ou pelo menos estar em busca desse controle incessantemente. Mais importante, deve controlar aquelas partes da cadeia com as quais se conectam diretamente ou "tocam" o consumidor. Afinal, a inovação contínua emana do rastreamento e da resposta aos desejos dos consumidores em constante alteração; então, a marca dominante deve controlar a criação e o desenvolvimento. Também deve controlar o *marketing*, o que garante a integridade contínua da marca e das expectativas de seus consumidores. Deve controlar a distribuição para ganhar acesso direcionado aos consumidores geografica e estrategicamente em todas as plataformas de distribuição relevantes. E, finalmente, o controle do ponto de venda é talvez o mais essencial de tudo, visto que permite que a marca crie a experiência de conexão emocional que descobrimos ser tão crítica. Apple, Ralph Lauren, Starbucks e Disney são exemplos de marcas que podem compartilhar o controle em funções variadas de suas cadeias de valor, mas que exercitam controle dominante de todas as funções que se conectam com o consumidor: criação, inovação, *marketing*, distribuição e ponto de venda. O seguinte é nossa análise dos elementos-chave de controle de cadeia de valor e sua correlação entre grau de controle e sucesso relativo entre modelos de varejo distintos.

Elementos principais do controle da cadeia de valor

Conforme estudamos os modelos de varejo variados, assim como atacadistas de marcas e serviços, similaridades surgiram em como eles definiram "controle" e como seus processos foram conduzidos por três elementos principais. Nossa primeira descoberta foi que, enquanto algumas partes do controle de suas cadeias foram discutidas, outros nunca utilizaram a palavra "controle". E nenhuma, na verdade, articulou uma estratégia proativa de controlar totalmente suas cadeias de valor para obter distribuição preferencial e prover a experiência ótima no ponto de venda. Todas aquelas marcas e varejistas considerados vencedores, entretanto, estavam agressivamente buscando e implantando essas estratégias.

As declarações da Ralph Lauren de controlar o destino foram (e ainda são) manifestadas quando compram de volta seus vários licenciados (para controle), continuamente aumentando seu negócio de varejo (agora responsável por cerca de 50% da receita total) e insistindo que os clientes varejistas cedam o controle da apresentação e das operações em seus espaços designados de loja. Como mencionado na Introdução quanto à expansão do varejo e ao controle da marca, Eric Wiseman, CEO da VF Corporation (que inclui The North Face, Vans, Nautica e outros), declarou no relatório anual: "Queremos continuar a apresentar a marca de forma que possamos controlá-la"[1]. A VF Corporation também continua a aumentar seu negócio de varejo. O CEO da Home Shopping Network, Mindy Grossman, prega o uso de "controle", ao longo de suas numerosas apresentações em público, de "conhecer o que nossos consumidores querem, onde, quando e como eles querem, e para tal temos que criar e controlar a distribuição e a experiência"[2]. E o CEO da JCPenney, Myron "Mike" Ullman, pode não ter articulado especificamente sobre o controle da cadeia de valor da JCPenney, mas está mais certamente caminhando para tal, enquanto agressivamente busca desenvolver suas marcas próprias (e "controladas") estáveis de grande sucesso (estimadas como sendo mais de 40% da receita total), como estão Macy's, Kohl's e outros.

Conforme buscamos as expressões variadas dos CEOs quanto à importância do controle, conseguimos discernir vários objetivos comuns que eles estavam tentando atingir pela implantação de maior controle de suas cadeias de valor. Novamente, e de forma não surpreendente, descobrimos que seu objetivo final está em sincronia com nossa tese, mas com sua própria escolha de palavras.

O controle fornece maior flexibilidade e permite respostas rápidas e adaptação a mudanças no mercado, tais como mudanças nos desejos do consumidor, na estrutura de mercado e estratégias competitivas e posicionamento. Taticamente, o controle permite resposta rápida a mudanças em volumes de vendas necessários, acúmulo e fluxo de estoques, para nomear alguns.

Como articulado em nossa tese, o objetivo-chave do controle da cadeia de valor é criar e controlar a distribuição preferencial de uma experiência neurologicamente conectiva até o consumo, inclusive o importantíssimo ponto de venda.

Outro objetivo comumente expressado era controlar os componentes-chave da cadeia de valor que cria o maior valor e, portanto, estão mais vulneráveis aos competidores. Em outras palavras, eles precisam controlar para alavancar aquelas partes que fomentam o ganho de participação, receitas e lucratividade. Isso corresponde à nossa tese de controlar aqueles elementos na cadeia de valor que diretamente se conectam ou servem ao

---

[1] Conversa com o autor, *Women's Wear Daily Summit Meeting*, 2006.

[2] Conversa com o autor.

consumidor. Essas são o início da cadeia para ganhar conhecimento sobre o consumidor (seu comportamento, intenções e desejos, e com o que eles estão sonhando); a criação de tal sonho e sua experiência; e o ponto de venda final para apresentação ótima do sonho e da experiência.

Por fim, a empresa necessita do alinhamento de toda a organização, assim como fornecedores externos, para atingir esses objetivos. Isso pode parecer óbvio, mas foi interessante que a maioria dos líderes com os quais nós falamos referiu-se ao desafio de balancear os requisitos da concorrência. Em muitos casos, as alterações não necessariamente otimizaram a eficácia da cadeia de valor. Por exemplo, a Zappos não gerenciava custos para verificar a experiência do cliente.

Da mesma forma, a Amazon percebeu que, para atender à experiência definida do cliente de entrega rápida e confiável, precisaria construir capacidade em excesso. A razão para isso é motivada por matemática simples (na verdade, complexa), que, como a demanda se torna mais variável junto com a variedade crescente de produtos, e como o uso da capacidade aumenta, os tempos de entrega aumentam de forma não linear. Em outras palavras, sem construir capacidade em excesso, a Amazon falharia em sua promessa de entregas no prazo. Se a Amazon não tivesse percebido isso – junto com os dois objetivos citados acima e o entendimento da necessidade do controle da cadeia de valor para atingi-los –, então o investimento em capacidade extra não se justificaria.

Tendo identificado esses objetivos, nosso próximo desafio foi identificar um conjunto coerente de princípios que forneceria às empresas a capacidade de atingi-los com sucesso.

Ao gerenciar a cadeia de suprimentos globalizada, há toda uma série de elementos-chave que são críticos e fundamentais para a eficácia da organização. Esses elementos incluem gerenciar a complexidade de prazos de entrega e custos voláteis, sejam de transporte ou preços de *commodities*, por exemplo. Dependendo do local de fornecimento dos bens, o tamanho do pedido e seu transporte, pode haver um impacto enorme em custos e na complexidade de gestão da cadeia. Por exemplo, como os preços de energia subiram, também subiram os de transporte (em cerca de 50% entre 2002 e 2008). Durante esse mesmo período, houve um aumento comensurável de cerca de 60% em estoque por navio embarcado[1]. Portanto, o custo de transporte diminuiu o tempo médio de resposta, tendo em vista que, cada vez mais, somente navios completamente carregados eram utilizados.

A gestão eficaz da cadeia de suprimentos possui muitos outros elementos que são obviamente críticos: estratégias de gestão de riscos; sustentabilidade, ou como ser "mais verde"; como apoiar diferentes modelos de negócio (isto é, os requisitos de cadeia de suprimentos *on-line* são bem diferentes daqueles para lojas de varejo regulares); ou simplesmente como gerenciar custos. Entretanto, nenhum desses elementos sugere um método ou definição abrangente de como medir o controle da cadeia de valor ao longo de todo o espectro de diferentes modelos de negócio.

Então nossa pesquisa nos levou a três características comuns que nós acreditamos que definem o controle da cadeia de valor para todos os segmentos, seja a fonte primária de valor produtos de baixo ou alto custo.

Independentemente do grau de controle – da Zara, de um lado, com integração vertical quase total, à marca atacadista de jeans Wrangler, vendendo primariamente pelo Walmart, no outro extremo –, determinamos que todas as empresas bem-sucedidas focaram nos seguintes três elementos principais, os quais, quando implantados, realmente lhes deram controle maior sobre suas cadeias de valor. Isso exigiu uma estratégia total, porque esses três elementos, se implantados separadamente, podem resultar em vantagens táticas ou de curto prazo, mas nunca resultariam em controle total. A execução deve ocorrer simultaneamente. Os elementos são:

1. Colaboração crescente (alavancando ativos humanos, intelectuais e físicos ao longo de toda a cadeia de valor)

Consumidores

Os vencedores estão obcecados em entender com o que seus consumidores finais estão sonhando, continuamente rastreando e pesquisando respostas de consumidores para identificar que táticas novas e diferentes

---

[1] MIT Sloan Management Review, inverno de 2010, p. 19.

são necessárias. Muito da melhor colaboração com consumidores vem da interação no ponto de venda, onde a experiência está acontecendo e os consumidores podem verdadeiramente cocriar novas ideias junto com a marca. Por exemplo, nas lojas lululemon há um quadro-negro nos provadores para consumidores escreverem qualquer *feedback* que eles possam ter após provar as roupas. Então, os gerentes das lojas organizam regularmente uma conferência telefônica com suas equipes de *design* e produção para compartilhar e discutir qualquer ação que deveriam tomar como base nessas opiniões dos consumidores. A Apple também é um grande exemplo, porque o *design* da loja, os papéis dos funcionários e os próprios produtos são todos criados para permitir que os consumidores desenvolvam sua própria experiência em suas lojas e, é claro, além das lojas. Não é incomum ver pessoas passando o tempo no Genius Bar para discutir temas de serviços, outros realizando um tutorial sobre como usar os produtos para completar um projeto pelo serviço One to One, crianças jogando em um computador especial parar elas e, finalmente, todos os outros testando e experimentando os produtos mais novos na vitrine e todos fáceis de usar. Cada visita oferece uma experiência única e de engajamento de aprendizagem. Cada compra, seja um iPod, iPhone, iPad ou outro, é então customizada para cada consumidor para refletir seus gostos e desejos individuais através da *app store* ou do iTunes. Esse é um dos melhores exemplos de uma cocriação de experiências com a Apple como a plataforma.

Outro exemplo é o *show* de televisão altamente popular *American Idol*. Seu formato faz do público uma parte central do *show* – todos podem votar em seu favorito. O público determina o resultado, e comunidades buscam competidores na cidade natal conforme as semanas passam, construindo entusiasmo e uma narrativa atraente. O *show* deve seu sucesso mais à colaboração do que a qualquer outra coisa.

Vendedores e clientes

Quando surgiu a externalização da criação, *marketing*, distribuição e, finalmente, a venda da marca, as empresas mais bem-sucedidas tinham colaborações intensas e, em alguns casos, exclusivas. A Whole

Foods emprega um forrageiro em tempo completo para continuamente identificar e levar ao mercado novos produtos que estão sendo desenvolvidos por pequenos produtores, que são normalmente mais receptivos a novas tendências de consumidores no setor de produtos alimentícios. A Whole Foods fornece até mesmo financiamento aos produtores que necessitam de capital para crescer[1]. Essa exploração é também uma fonte contínua de produtos privados ou exclusivos. H&M, Forever 21 e Uniqlo, por exemplo, que tem *"fast fashion"* (ciclos reduzidos e de linha rápida) como sua vantagem competitiva primária e uma grande parte da "experiência", tornam prioridade garantir que seus fabricantes entendam isso e direcionem todos os seus esforços ao suporte dessa vantagem. A VF Corporation, com seu portfólio diversificado de marcas, possui uma estratégia chamada "Terceira Via", um híbrido de controle completo da cadeia de suprimentos e relações com fornecedores (esse processo é explicado em maior detalhe quando nós olharmos com mais atenção para a VF Corporation, no capítulo 10). Todos os vendedores de *marketing*, propaganda, embalagem e comunicações são parceiros colaborativos, que se comunicam diariamente com suas contrapartes dentro das empresas de marcas. Isso garante que todos estejam na mesma página ao criar, desenvolver e manter o DNA da marca e sua apresentação ao consumidor. Similarmente, as relações colaborativas próximas entre lojas de departamentos e seus vendedores "exclusivos" e de marcas proprietárias são essenciais para controlar o fluxo regular de bens, apresentação, ambiente e experiência.

Parceiros internos

As cadeias de valor da Onda I e da Onda II foram organizadas ao redor de silos funcionais tradicionais. A produção gerenciava e operava seu negócio de acordo com metas estabelecidas, com o não entendimento nem diálogo com os outros silos – *marketing*, distribuição, vendas, e assim por diante –, todos os quais também operados de

---

[1] Liana B. Baker, "On the Hunt for the Next Bay Area Delicacy", *Wall Street Journal*, 3 de junho de 2010.

acordo com seus próprios objetivos. Não houve integração ou controle colaborativo, e toda a cadeia foi conduzida por um modelo direcionado que "empurrava" os bens primeiro para os armazéns, então para as lojas, com a esperança de que suas previsões estavam corretas. Na Onda III, os negócios que ainda operam com esse modelo estão acelerando continuamente em direção à extinção. Uma frase antiga dita por um desses dinossauros ainda vivos é: "Empilhe-o lá no alto e espere que ele voe".

Os vencedores da Onda III transformaram suas organizações em matrizes de integração colaborativa ao longo de todas as funções da organização. Planejamento estratégico, pesquisa, projeto, desenvolvimento de produto, operações, previsões, produção, logística, distribuição, *marketing* e geralmente finanças, RH e outras funções administrativas operadas com uma visão holística: um entendimento claro do consumidor da marca e a contribuição de sua função em conduzir a promessa final da marca. Essas cadeias estão firmemente controladas, porque todos os participantes estão operando sob os mesmos objetivos e estratégias, direcionados da marca ao consumidor.

Uma nota final sobre colaboração interna é que em nenhum lugar ao longo da cadeia de valor ela é mais crítica do que na integração e gestão de multiplataformas de distribuição, agora necessárias à obtenção de distribuição preferencial. Os vencedores transformarão essa matriz complexa em uma sinergia poderosa, permitindo ao consumidor a capacidade de cruzar de um para outro facilmente por motivos diferentes: pesquisa, compra, devolução e atendimento ao cliente, sejam estacionários ou em movimento.

2. Redução nos tempos de decisão (acelerando e otimizando boas decisões quanto à execução, conforme a proposição de valor alvo)

O segundo elemento que sentimos que definia o controle sobre a cadeia de valor foi a capacidade de reduzir os tempos de decisão ao longo da cadeia. Essa é outra característica de uma organização altamente colaborativa. Reduzir tempos de decisão tornou possíveis os modelos "velocidade de chegada ao mercado", que requerem ciclos mais curtos de desenvolvimento de produto e a agilidade de responder rapidamente a mudanças no mercado. E enquanto a Mango e os exemplos de *fast fashion* vêm novamente à mente, o conceito é mais amplo que meramente enviar produto novo e fresco ao mercado mais frequentemente. Descreve uma cultura que está consistentemente melhorando sua capacidade de resposta e ciclos de *feedback* organizacional para tomar melhores decisões. A partir de uma perspectiva evolucionária, venceram na seleção natural organismos que são capazes de detectar e responder a estímulos mais rapidamente. Essa resposta mais rápida está diretamente correlacionada ao grau de controle que um negócio possui sob sua cadeia de valor.

Enquanto esse elemento é orgânico nos modelos de negócio *fast fashion*, suas contrapartes no setor de varejo de marcas de especialidades (Aeropostale, Chico's, Victoria's Secret e outros) também possuem cadeias de valor altamente controladas, graças à conexão direta com consumidores. Seus ciclos de *feedback* estão rápidos também, fornecendo ciclos de decisão mais receptivos e velozes. E as lojas de departamentos estão descobrindo que, quanto maior o controle que exercem sobre suas marcas próprias e exclusivas, mais podem reduzir tempos de ciclo, aumentar a flexibilidade e a capacidade de resposta a mudanças do consumidor, girar mais e mais frequentemente novas linhas e localizar mais facilmente suas linhas por loja. Isso também aumenta a diferenciação e permite maior flexibilidade de precificação. Mais importante, seu impacto na produtividade, o sangue de todo o varejo, é enorme.

3. Criar a cadeia de valor eficiente e sensível à demanda (ao minimizar estoque e garantir o fluxo contínuo de bens)

Esse elemento final não seria possível sem a sinergia criada pelos dois primeiros: integração colaborativa e tomada rápida de decisão. As melhores empresas que analisamos tinham processos centrais que poderiam ser definidos como sem interrupções, simultâneos, rápidos, flexíveis, receptivos e de custo baixo. Os elementos-chave que identificamos incluíram cadeias de suprimentos múltiplas para produtos diferentes, uma redundância embutida para gerenciar variabilidade significativa de demanda e investimentos sustentáveis em qualquer coisa que aumentasse a velocidade e a capacidade de resposta. O negócio bem-sucedido foi movido pela demanda do consumidor – o que consumidores estão comprando na realidade, comparado ao que as empresas escolhem empurrar para cumprir com as previsões. O negócio todo é organizado, gerido e operado ao redor de um objetivo focado na importância da marca ao consumidor.

Nesse processo controlado e sensível à demanda, o produto literalmente nunca dorme. E, em um benefício auxiliar fantástico, isso elimina a velha nêmesis de excesso de estoque, que era o resultado inevitável do antigo modelo de previsão. Em vez disso, fornece mais e menores lotes (sensíveis às demandas dos consumidores por novidades mais frequentemente), acelera o fluxo de bens, de forma que eles não estão armazenados (nem no depósito, nem no balanço) e permite reposição rápida. Também reduz as remarcações, aumenta a produtividade e, mais importante, mantém o consumidor feliz ao voltar para ver o que há de novo.

Há grandes exemplos de organizações desenvolvendo esses processos. Na verdade, nos últimos dez anos, de acordo com o banco de dados *Product Sourcing Benchmarking*, da Kurt Salmon Associates, de 2010, os líderes na indústria de vestuário reduziram os tempos de desenvolvimento de produtos em mais de 40%. No mundo digital, avanços de processo são ainda mais visíveis. A Amazon alterou toda uma indústria ao redefinir o processo de distribuição de livros pelo seu Kindle. Isso também fundamentalmente alterou as expectativas dos consumidores tanto quanto à velocidade de acesso e ao preço. O Kindle foi simplesmente um novo benefício de todo o empreendimento da Amazon, que foi o modelo de varejo original e inovador de compras *on-line* e otimização de envio de baixo custo.

A Amazon também aumentou seus tempos de resposta e eficiência ao construir seus centros de distribuição próximos a pontos de embarque da UPS. Isso na realidade utilizou todos os três princípios descritos neste capítulo e lhe conferiu enorme vantagem competitiva sobre todos os outros *sites* de comércio eletrônico.

Medindo os vencedores finais

Tendo definidos os elementos-chave do controle da cadeia de valor, gostaríamos de ir um passo além. A fim de fundamentar nossa tese, decidimos desenvolver padrões métricos para medir a correlação entre o controle da cadeia de valor e o sucesso.

Selecionamos aleatoriamente varejistas dos seguintes segmentos: vestuário, autopeças, eletrônicos, lojas de departamentos, reforma e melhoria do lar, alimentação, varejistas, farmácias e lojas de artigos esportivos.

Em 2007, pedimos a consultores e executivos da indústria que classificassem as empresas com as quais eles se familiarizaram mais em cada um dos três critérios que definimos[1]. Então combinamos as classificações de todas as nossas fontes (acreditando no saber partilhado) e criamos uma classificação geral para cada varejista.

Por fim, correlacionamos essas classificações com as alterações na capitalização de mercado (valor da empresa) das empresas analisadas. Também atribuímos cada varejista a um de quatro grupos (classificados de bom a ruim), dependendo de sua classificação geral.

O projeto inteiro estava cheio de desafios metodológicos. A primeira armadilha que queríamos evitar era o viés de seleção. Há uma tendência natural de as pessoas automaticamente atribuírem notas altas a empresas bem-sucedidas em qualquer atributo medido, porque elas concluirão que o sucesso atual deve certamente ser motivado pelo atributo que está sendo medido. Afinal, quem consegue esquecer que, até seu colapso, a Enron foi regularmente premiada por ser uma das empresas melhor administradas. Aparentemente, esse elogio era atribuído porque eles eram muito lucrativos. Então, a lógica era circular: porque eles eram lucrativos, todos acreditavam que a Enron

---

[1] KSA Study, 2007.

deveria ser bem administrada. Eles não eram. Para evitar esse viés, decidimos não incluir em nossa amostra aquelas empresas que eram mais notórias e percebidas de forma geral como sendo extraordinariamente bem-sucedidas. Então, por exemplo, a Apple e o Walmart não foram incluídos.

Nosso segundo desafio foi evitar ter uma ou duas empresas com pesos desproporcionais em nossos resultados. Na verdade, buscamos grupos comparáveis de empresas em termos de valor de mercado, que tinham classificações significativamente diferentes de seu nível de controle. Então, em cada grupo, os pontos de partida de valor de mercado medidos para os três quartis superiores foram relativamente próximos, sem uma empresa dominante. Em outras palavras, não houve uma empresa em um quartil cuja trajetória determinaria o resultado geral.

Por fim, de forma a limpar ainda mais os dados, pedimos aos nossos *experts* que classificassem os três princípios individuais; entretanto, para fazê-lo somente se eles estivessem familiarizados com tal área específica. Ao combinar todos os resultados, sentimos que a probabilidade de viés tinha sido substancialmente diminuída.

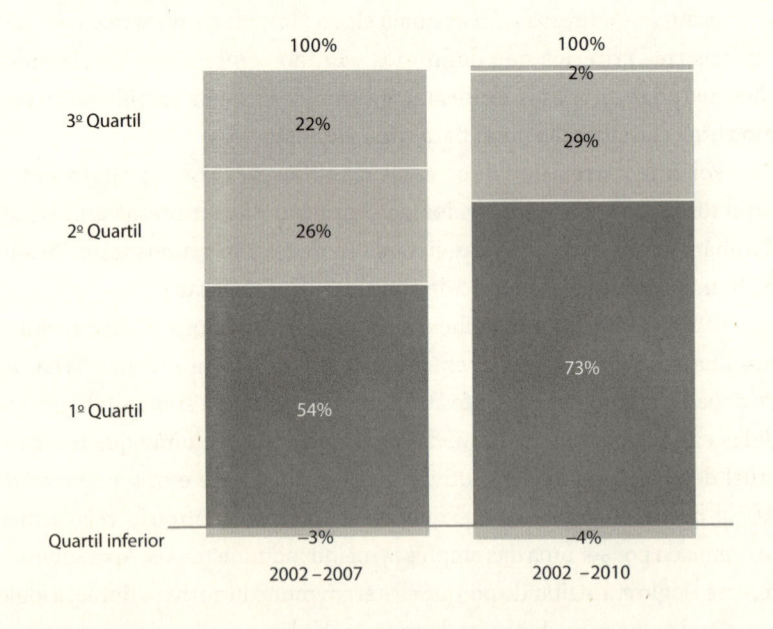

	100%	100%
3º Quartil	22%	2%
		29%
2º Quartil	26%	
1º Quartil	54%	73%
Quartil inferior	−3%	−4%
	2002–2007	2002–2010

Figura 6: Porcentagem da mudança total na capitalização de mercado. O 1º quartil de lojas engloba uma mudança de 73% na capitalização de mercado de 2002 a 2010.

Nossa pesquisa descobriu que as empresas que exerciam controle máximo ou total sobre todas as suas cadeias de valor geraram retornos econômicos significativamente mais altos que aquelas que não o fizeram. Em nossa análise, a correlação entre mudanças na capitalização de mercado e a pontuação do varejista foi estatisticamente significativa, e explicou cerca de 40% da mudança em valor de mercado.

Entre 2002 e 2010, em nossas empresas amostradas, o primeiro quartil foi responsável por 73% do valor econômico total gerado pela amostra. Isso foi particularmente impressionante, visto que eles representavam somente um pouco mais de um terço do valor de mercado real da amostra no início de 2002.

Além disso, durante a recessão, por volta de 2007, 25% do quartil inferior declarou falência. Em nenhum outro grupo ocorreu quebra de nenhuma empresa. Os dados sugerem que prosperar ou mesmo sobreviver demanda deter o controle da cadeia de valor. Da mesma forma, prevemos que mais de 50% dos varejistas em nossa amostra quebrarão no fim, porque eles não estão se movimentando com rapidez suficiente em direção a esse objetivo. A metade inferior de nossa amostra é cheia de candidatos prováveis.

É interessante notar que, em nosso primeiro quartil, há um *mix* de empresas que nós acreditamos serem excelentes em distribuição preferencial e realização de conexões neurológicas com seus consumidores. Entretanto, acreditamos que há outras que estão nos estágios iniciais de evolução para uma execução mais forte nessas dimensões. Para algumas (mais notavelmente a Aeropostale), um foco na excelência operacional permitiu que elas ultrapassassem seus concorrentes durante esse período, abrindo a porta para uma conexão substancialmente melhor com o consumidor.

Além disso, como esse estudo foi conduzido em 2007, em 2010 foi possível observar como as empresas se desempenharam ao longo da Grande Recessão. Não é surpreendente que aqueles varejistas na metade inferior da amostra descobrissem que ainda eram incapazes de gerar qualquer valor econômico, enquanto aqueles no grupo superior permaneceram como os maiores criadores de valor econômico (apesar de terem sido diminuídos). Obviamente, todas as empresas perderam valor durante a crise. Entretanto, mesmo que as prioridades dos consumidores tenham se alterado durante a recessão (por exemplo, para longe do luxo), ainda descobrimos que os varejistas com pontuações altas no controle da cadeia de valor tiveram desempenhos melhores que os outros, independentemente do setor.

O que também não surpreende, mas entristece, foi a descoberta de que as empresas que tinham desaparecido em 2010 (por exemplo, Circuit City, CSK Auto etc.) tinham sido classificadas no quartil inferior em 2007. Isso não ocorreu em nenhum outro quartil. Enquanto os motivos para a queda de cada empresa são múltiplos e variados, há uma possibilidade forte de que, se eles tivessem implantado uma ideia de valor mais forte e mais controlada, poderiam ter sobrevivido.

Em resumo, enquanto o controle da cadeia de valor não necessariamente garante o sucesso perpétuo (por exemplo, Gap, Starbucks e outros), a incapacidade de atingi-lo garantirá o fracasso.

CAPÍTULO 8

O QUE TUDO ISSO SIGNIFICA

CONTROLE, COLABORAÇÃO, COLAPSO E OS CHINESES

As mudanças radicais que descrevemos no setor de varejo são apenas o começo. Suas implicações reverberarão por todos os setores de consumo por muito tempo no futuro, e os novos modelos evoluirão juntamente com a tecnologia e a preferência do consumidor.

Na verdade, como as empresas que nós pesquisamos e suas contrapartes continuam a alterar seus modelos de negócio conforme nossos três princípios operacionais, a transformação agregada reinventará todas as estruturas da indústria. Neste capítulo, nós discutimos o que acreditamos serem essas futuras mudanças.

O colapso do modelo de negócio tradicional de varejo e atacado

Você já conhece nosso mantra da Onda III – o consumidor é a figura central e literalmente detém todas as cartas no setor do comércio. Nós descrevemos como isso evoluiu a partir de uma época quando varejistas e marcas *eram* centrais e não distribuídas amplamente, e por isso os consumidores tinham que buscá-las. Naquele tempo, também era mais eficiente e eficaz que produtos e serviços estivessem juntos em um único lugar (a loja) e proporcionassem ao consumidor a seleção mais ampla possível de mercadorias. Esse modelo de agregação também se expandiu para estruturas de shopping centers. Durante esse período, visto que a loja de varejo era o fator atrativo para os consumidores e sabia melhor que os atacadistas o que seus consumidores queriam, foi mais eficiente e eficaz para o varejista editar, comprar e apresentar os bens dos atacadistas.

Aquele cenário não existe mais, e a relação compartilhada entre varejo e atacado é tanto ineficiente quanto ineficaz por vários motivos.

Por um lado, torna o controle da cadeia de valor muito mais desafiador, tanto para varejistas quanto para atacadistas. Isso, por sua vez, desafia enormemente a capacidade de qualquer um executar a distribuição preferencial ou obter conectividade neurológica. Não é impossível, mas é muito mais difícil.

Para aqueles que criam os produtos e marcas, o desafio principal é ser capaz de controlar, influenciar ou criar o ambiente de venda. O ambiente de venda, é claro, é onde a marca deve-se conectar neurologicamente com o consumidor, implantando toda a imagem e o DNA da marca. O modelo tradicional confere aos criadores da marca somente acesso limitado aos consumidores e às súbitas mudanças em seus comportamentos, desejos e aspirações. Portanto, a marca não será totalmente receptiva para fazer os refinamentos e melhorias contínuos e necessários para permanecer conectada ao consumidor. Se o parceiro de canal perde todas as interações da loja ao redor do consumidor, esse *feedback* mais valioso vindo do consumidor não se torna parte do ciclo de desenvolvimento da marca.

As complexidades de implantar uma nova experiência do consumidor pelas redes de distribuição preexistentes, as quais também devem abordar demandas múltiplas de muitas outras marcas e produtos em várias categorias múltiplas, são imensas. As decisões que os atacadistas devem tomar sobre quanto investir em seus "parceiros de canal" (varejistas) quando comparadas aos seus clientes finais também são incômodas. Em quais parceiros de canal eles devem focar? Como eles desenvolvem um relacionamento que permita a eles mais controle sobre sua marca, e como ela é combinada, apresentada e servida na loja? Como eles podem se comunicar e serem receptivos a seus consumidores finais, agora que estão altamente móveis e difíceis de serem alcançados? Tudo isso torna a organização mais lenta, mais pesada e menos ágil, resultando em uma grande desconexão entre a marca e o consumidor.

Para o varejista tradicional, os mesmos desafios existem, conforme ele se foca em estabelecer sua própria conexão neurológica entre clientes e sua marca (por exemplo, a Macy's), assim como preferencialmente ganhar acesso aos consumidores à frente de seus concorrentes. Sobrecarregados com seus modelos tradicionais de negócio, em um mundo onde os consumidores não precisam mais sair de casa, como eles se transformam para se conectarem melhor com os consumidores para ganhar a participação de mercado que eles precisam para sobreviver? O que a sua marca significa e como sua seleção atual de produtos e a experiência na loja refletem isso? O quão rápido eles conseguem responder a concorrentes novos e mais ágeis, como varejistas da internet e cadeias de marcas especializadas, algumas das quais lidam com as mesmas marcas atacadistas que eles?

Partindo de uma perspectiva tática, isso é complicado. Quanto tempo dura o planejamento do processo e quanto custa o investimento em desenvolver um formato novo, destacar uma "experiência" particular ou experimentar novos segmentos de produtos e de consumidores, assim como novas plataformas de distribuição?

O declínio do modelo tradicional de varejo e atacado também pode ser rastreado pelo seu desempenho financeiro ao longo dos últimos vinte anos. Somente pela medição da perda de participação contínua, esse desempenho sugere fortemente que a tendência continuará até o colapso final.

As lojas de departamentos tradicionais perderam 50% de sua participação de mercado entre 1990 e 2010. Também ocorreram várias falências notáveis durante esse período, dentre as quais Alexander's, B. Altman, The Broadway, Ohrbach's, Halle Brothers, McCrory's, Woodward & Lothrop, Mervyns, Gottschalks e muitas outras. Entre 1997 e 2010, as vendas pelo setor tradicional caíram cerca de 5% ao ano, transferindo aqueles US$ 12 bilhões de vendas para lojas de varejo especializadas.

No setor de vestuário foi ainda pior. Como discutimos, desde seu início, nos anos 1960, o modelo de cadeia especializada de vestuário cresceu rápido e ganhou mais participação a cada ano do que todos os outros setores de varejo. Tendo ultrapassado as lojas de departamentos, as quais em 1987, detinham a participação número 1, com mais de 30% –, os especialistas de varejo de vestuário detinham cerca de 35% no início da década de 2000. A participação de lojas de departamento de vestuário caiu para abaixo de 18%, e continua a cair, junto com o número de grandes lojas de departamentos, que caiu de 59%, em 1989, para menos de 10% em 2010[1].

Talvez o exemplo mais convincente seja o que aconteceu no mercado de vestuário *teen*. Do fim da década de 1990 até o início da recessão, houve uma explosão de varejistas de vestuário *teen*, e a taxa de crescimento por dólar gasto foi de inacreditáveis 14% ao ano. O crescimento de varejistas especializadas como American Eagle, Aeropostale, Zumiez e a Abercrombie & Fitch ganharam participação substancial das lojas de departamentos ao longo desse período. O crescimento veio de sua capacidade de efetivamente criar alto engajamento, ambientes únicos para seus consumidores-alvo que as lojas de departamentos não conseguiram acompanhar, devido ao seu modelo de negócio desgastado. A capacidade de varejistas especializados de executar essas estratégias, é claro, surgiu a partir de suas cadeias de valor fortemente controladas.

Outros exemplos da importância do controle da cadeia de valor e a execução de nossos três princípios são fartos. Um dos motivos principais para o fechamento da Circuit City foi sua decisão de cortar custos ao eliminar sua versão dos "camisas azuis" da Best Buy, uma equipe altamente treinada de colaboradores da loja devotados ao serviço de primeira linha e à educação do consumidor. Assim, a Circuit City perdeu completamente o conector neurológico que a Best Buy passou a deter sozinha e até mesmo expandir com seu "Esquadrão Nerd". Também perdeu na distribuição preferencial ao falhar em localizar, o que a Best Buy realizou tão bem com seu formato de pequenas lojas de "bairro". Por fim, a Circuit City falhou em perseguir um programa próprio ou exclusivo de *branding*, como a Best Buy está fazendo com seus sistemas de *home theater* e *blu-ray players* Insignia, *webcams* Dynex e malas de equipamentos Init, entre outros. Sem controle da cadeia de valor, também perdeu a flexibilidade na precificação e foi forçada a vender partes do negócio para o Walmart, a Best Buy e concorrentes na internet.

---

[1] A fonte para as estatísticas acima são da NPD (National Panel Data), uma empresa de pesquisa e rastreamento do consumidor.

Dentro das lojas de departamentos tradicionais, um dos ímpetos estratégicos ao longo do período de 2005 a 2010 foi ter mais controle da cadeia de valor, atentando-se à distribuição exclusiva de marcas de atacado e criando marcas próprias. Aqueles que estão ganhando possuem a capacidade de executar essa estratégia com sucesso. Estima-se que as marcas próprias e exclusivas da Kohl's respondam por mais de 40% das vendas, mais de 50% da JCPenney, mais de 40% da Macy's, e, apesar de o Walmart não gostar de registrar, estima-se que mais de 50% das suas vendas refiram-se a suas marcas próprias e exclusivas. As maiores lojas já acabaram parcialmente com a distinção entre varejista e atacadista.

Como descrito no capítulo 4, os dados do National Panel identificaram que, em 1975, 25% de todo o vestuário vendido foi de marcas próprias ou exclusivas, atingindo 50% em 2005. Ele projetou que esse montante atingiria 60% em 2010.

Esse entendimento também está conduzindo os investimentos de muitas marcas de atacado tradicionais. A Ralph Lauren estabeleceu um compromisso de expandir seu negócio de varejo direto ao consumidor, sendo agora quase 50% de sua receita. A VF Corporation, uma das maiores fabricantes de brim (Wrangler, Lee, 7 For All Mankind) e proprietária da The North Face, Vans, Reef, Nautica e outras, compreende totalmente a obrigação de controlar sua conexão preferencial para e com seus consumidores, comparado com bens sendo escolhidos a dedo e empilhados em uma prateleira em uma loja física. Como mencionado anteriormente, ela também busca agressivamente a expansão do componente de varejo de seu negócio. Com a marca Wrangler, que é o segundo maior vendedor de brim no Walmart (após a Faded Glory, marca própria do Walmart), a VF Corporation embarcou em um teste estratégico, lançando uma loja exclusiva da Wrangler.

Na medida em que tanto varejistas e atacadistas tradicionais, aceleram seus esforços para construir suas próprias marcas e conexões distintas com seus consumidores enquanto vendem no mesmo espaço, os conflitos tendem a aumentar. A "parceria" tradicional no ponto de venda para vender para o mesmo consumidor torna-se mais um esforço dividido, com cada parceiro buscando seus próprios objetivos de marca. E, ao fazê-lo, eles não somente diluem suas respectivas mensagens, eles enfraquecem enormemente a parte mais vital da cadeia: a parte que se conecta com o consumidor final.

Como essa queda de braço vai funcionar?

Um visionário precoce que lidou com esses assuntos com sucesso foi Paul Charron. Ele foi designado CEO da Liz Claiborne em 1995, e presidente um ano depois. Após estabilizar o negócio em declínio, ele continuou com crescimento lucrativo e chegou ao quarto lugar em seu setor. A realidade de gerenciar esse crescimento sem precedentes foi devido à visão de Charron de como a dinâmica das relações de varejo e atacado evoluiria. E, enquanto a Liz Claiborne Inc. crescia até deter um portfólio de marcas tanto de varejo quanto de atacado, a complexidade de lidar com ambos os modelos de negócio deu a ele uma visão mais clara do que nós estamos descrevendo agora como uma "relação em colapso".

Um dos desafios-chave que essas experiências enfatizaram foi como manter a flexibilidade, criatividade e gestão organizacional de um portfólio de marcas; especificamente, como ser excelente tanto como atacadista como varejista. Em um mundo com um número infinito de segmentos de mercado finitos, Charron foi sem dúvida o primeiro a perceber o poder de uma estratégia de portfólio ser capaz de almejar e distribuir preferencialmente para um número infinito de segmentos oportunos. Além disso, a Liz Claiborne, sob o comando de Charron, foi pioneira em alavancar sua enorme plataforma operacional *back-end* em escala e ganhar sinergias de produtividade para prestar serviço ao *front end* altamente complexo e segmentado (*marketing* de marca) do negócio. Também proporcionou a alavancagem da inteligência de um segmento contra oportunidades em segmentos relacionados, mas diferentes. Quanto a esse modelo de avanço, Charron disse: "É um grande conceito. Mas, se você não consegue controlá-lo, ele pode se tornar um pesadelo"[1]. A tarefa para aqueles que seguem o pensamento estratégico de Charron é tornar o modelo operacional excelente. No capítulo 10, nós exploramos como esse líder está arquitetando o modelo na VF.

---

1 Discussão com Robin Lewis, abril de 2010.

O que tudo isso significa

Colapso pela conversão

Mesmo prevendo o colapso do modelo tradicional, acreditamos que os varejistas e atacadistas estrategicamente experientes e iluminados que entendam esse enigma gerenciarão seu colapso em conjunto e converterão o "velho" modelo em um novo. Aqueles que não fizerem isso, desaparecerão.

Acreditamos que o primeiro grupo tomará vários caminhos, inclusive os seguintes:

1. As marcas de atacado buscarão, e os varejistas abandonarão, o controle da marca relativo a produto, serviço, apresentação e, por fim, vendas na loja. Provavelmente, haverá um novo tipo de arranjo financeiro, talvez *leasing* com alguma participação nos lucros ou no faturamento.

   Por exemplo, a Macy's, por si só uma marca de entrada, cederá espaço de controle e propriedade a marcas de atacado tradicionais (Ralph Lauren, por exemplo), e mesmo a outras marcas de varejo, como a Sunglass Hut. A JCPenney está fazendo algo similar com a Mango e a Sephora. Em outros setores de varejo e atacado, o controle no ponto de venda não será tão facilmente separado.

   Por exemplo, como citado anteriormente, a marca Wrangler pode nunca operar uma "loja" Wrangler, no espaço que alugaria dentro do Walmart. Isso porque a marca Wrangler é mais reconhecida que a do Walmart em relação aos seus consumidores principais (o que, onde, quando e com que frequência eles querem, inclusive preferências de produtos de consumo diferentes, comprando em lojas Walmart diferentes), e porque o processo de cadeia de suprimentos superior da Wrangler é tão rápido e sensível que a Walmart atualmente permite que a Wrangler gerencie e controle o tamanho e o *mix* de sua linha, frequência, reposição e apresentação. Nós acreditamos que essa tendência se expandirá.

   Na verdade, a gestão da Wrangler de seu espaço fornece valor adicional não financeiro à parceria ao criar uma sinergia que fortalece a posição de longo prazo da Wrangler com o Walmart.

Claro que essa parceria forte não previne ou impede a Wrangler de testar suas próprias lojas da marca, que podem por fim ser implantadas no centro dos bairros dos consumidores, exercitando o princípio de distribuição preferencial, mesmo com a exclusão de seu parceiro de varejo estratégico.

Outro exemplo é a Procter & Gamble. Como a Wrangler, a alardeada pesquisa de *marketing* da P&G lhe dá conhecimento sem paralelo sobre seus consumidores; suas habilidades de logística e distribuição da cadeia de suprimentos também são superiores. Tudo isso (junto com taxas de bonificação apropriadas) qualifica suas marcas para controle sobre o *mix*, tamanho, frequência, reposição e apresentação dentro das lojas de seus parceiros de varejo.

Embora a P&G possa não ter uma estratégia de lojas independentes num futuro próximo, nós não excluímos essa possibilidade. Ela recentemente abriu uma loja *"pop-up"* em Nova York (por *leasing* por período de tempo limitado), no local (de acordo com seus dados) de maior utilização de cupons de desconto da cidade. As lojas fornecem uma experiência da marca: os clientes podem lavar o cabelo com Pantene, receber um visual novo da Olay e da Cover Girl e comprar em uma área de cozinha e lavanderia onde Tide, Bounce, Dawn e Downy estão à vista.

Nós até nos perguntamos, agora que a P&G é dona das marcas da Gillette, por que ela não poderia abrir barbearias ou alocar espaço em lojas de outros varejistas para uma experiência de barbearia? Afinal, como relatado no Cincinnati Times, já estão sendo lançados conceitos similares:

> A Agile Pursuits Franchising, uma subsidiária da P&G, está tentando abrir a lavanderia Tide Dry Cleaners em duas cidades, e empregaria de 15 a 20 pessoas por local. A Tide Dry Cleaners começou em 2008, com um piloto de três lojas de lavagem a seco em Kansas City.
>
> A Agile Pursuits Franchising da P&G entrou no negócio de lavagem de veículos em 2007 com a marca da P&G Mr. Clean, e agora é a maior franquia de lavagem completa de veículos dos EUA, com 16 lojas em Ohio, Georgia e Texas; outras sete unidades estão em desenvolvimento.

O que tudo isso significa

"Entrar no mercado de franquias e serviços é um modelo que nós achamos muito atraente, como mostrado pelas operações da Mr. Clean Car Wash", disse Jeff Wampler, gerente geral da Tide Dry Cleaners, em um comunicado à imprensa emitido pela Procter & Gamble em 25 de maio de 2010. "Expandir nossos interesses no setor de serviços nos ajuda a atingir mais das vidas dos consumidores com um serviço excepcional, que nós sabemos ser o que os consumidores estão buscando e necessitam.[1]"

2. Marcas de atacado continuarão a lançar ou expandir seus negócios de varejo direto ao consumidor, nas multiplataformas de distribuição. Essas plataformas incluem comércio eletrônico, TV e associação de marcas (*cobranding*) com categorias de produtos de marca diferentes, mas com posicionamento similar do consumidor para sinergia (por exemplo, produtos The North Face em lojas *activewear* da Lucy). Nós acreditamos que o negócio de varejo dessas marcas poderia atingir 80% de suas receitas totais.

É importante lembrar que uma estratégia de distribuição de varejo direto ao consumidor para marcas de atacado tradicionais não significa que elas abandonarão seus negócios de varejo em "parceria". Eles simplesmente controlarão tais relações, como mencionado acima.

3. Marcas de varejo tradicionais (por exemplo, Macy's, JCPenney e outros) continuarão com sua busca agressiva por marcas próprias ou exclusivas. Acreditamos que sua participação nas receitas totais poderia atingir 80%. Adicionalmente à diferenciação, ter o controle dessas marcas permite maior capacidade de resposta, flexibilidade, tempo de ciclos reduzidos e uma capacidade de criar mais linhas novas, com maior frequência. Eles podem "localizar" melhor de acordo com gostos do consumidor e controlam a melhor parte das suas margens de lucro, fornecendo maior flexibilidade de precificação.

---

1 Press Release, Procter & Gamble, 25 de maio de 2010, http://www.marketwire.com/press-release/Tide-Dry-Cleaners-Is-Changing-Dry-Cleaning-Business-Good-Seeking-Local-Entrepreneurs-NYSE-PG-1265979.htm.

Os supermercados são um grande exemplo de como isso está começando a ser feito. Considere a O Organics. Controlada pela Safeway, a O Organics (uma marca própria) tem gradualmente substituído o nicho e as marcas marginais que oferecem legumes e vegetais orgânicos. Na verdade, a própria marca da Safeway está sobrepujando os produtos da marca, como a Earthbound e os iogurtes Wallaby. No futuro, as novas marcas próprias ou exclusivas não estarão posicionadas como as mais baratas, e estarão quase tão bem quanto os produtos "de grife". Eles serão *tão* bons quanto (ou melhores), e precificados de acordo.

4. Como mencionamos anteriormente, os varejistas tradicionais também buscarão maior produtividade por *leasing* de espaço físico (ou outros arranjos financeiros) para outras marcas de varejo cujo posicionamento do consumidor seja compatível e cuja presença criaria uma sinergia. Os benefícios lógicos e estratégicos estão descritos abaixo.

5. As marcas de varejo tradicionais adotarão ou expandirão uma estratégia de lançamento de lojas de bairro menores, preferencialmente obtendo acesso a mais consumidores, e permitindo-os desfrutar de uma melhor conexão com o consumidor ao localizar suas ofertas (por exemplo, Best Buy, Walmart, Bloomingdale's, JCPenney e outros).

6. Eles também alavancarão o poder de suas marcas próprias ou exclusivas em expansão, abrindo cadeias menores de varejo especializadas, novamente aumentando o controle sobre suas cadeias de valor para criar grandes "experiências".

7. Esses varejistas continuarão a explorar novas plataformas de distribuição de oportunidade, tais como lojas temporárias (JCPenney, Target e outros), *marketing* em casa e *marketing* de eventos, utilizando conceitos inovadores, tais como *marketing* móvel e outras estratégias de distribuição preferencial.

8. Seríamos negligentes em não reconhecer a maior "loja de departamentos" *on-line* do mundo, a Amazon, e que acreditamos que ela finalmente evoluirá de acordo com nossa tese. Primeiro de tudo, realmente acreditamos que seu enorme sucesso até hoje é atribuível aos nossos três critérios estratégicos seguintes: a "experiência" Amazon, distribuição preferencial e, certamente, o controle de sua cadeia de valor.

Entretanto, como os concorrentes de varejo tradicionais cada vez mais têm aprimorado sua experiência *on-line* e a distribuição, e como o rápido crescimento de novos concorrentes de comércio eletrônico continua, a área de atuação da Amazon ficará cheia. Portanto, nós acreditamos que ela também se expandirá seguindo nossas três estratégias operacionais.

Atualmente, a experiência Amazon (e o que mantém os clientes voltando) é o acesso rápido e fácil, conveniência, preços baixos (e frete grátis) e entrega rápida ("Amazon Prime"). Até hoje, a vantagem da distribuição preferencial da Amazon foi confinada à plataforma *on-line*.

Conforme a concorrência chega e a Amazon busca novos caminhos para o crescimento, portanto, esperamos que ela leve a distribuição preferencial a outro nível, abrindo "*showrooms*" de varejo tradicionais, como discutido no capítulo 6.

Varejistas se tornarão "minishoppings" fechados para aumento da produtividade

A produtividade do espaço de varejo (vendas por metro quadrado) é sem dúvida uma das métricas mais importantes para varejistas rapidamente avaliarem a força e a taxa de crescimento de seu negócio. Como o crescimento orgânico na indústria tem caído, levando os varejistas a aumentarem a participação de mercado, uma estratégia é focalizar no aumento de produtividade em espaço ocioso.

Infelizmente, sabemos que no mercado atual, com pouco ou nenhum crescimento, as estratégias tradicionais têm-se tornado meramente o preço de entrada no mercado. Simplesmente reabastecer o espaço com baixo desempenho com produto similar, por mais novo ou melhor que seja, provavelmente não resultará em melhora no movimento ou na produtividade.

Então, a nova estratégia envolve a redefinição da gerência sobre sua propriedade como um dono de shopping o faria. A gerência busca alugar espaço a outros varejistas, marcas ou serviços que aumentarão tanto o movimento quanto a produtividade.

Por exemplo, enquanto as lojas de departamentos continuarão a reforçar e controlar sua marca-chefe e suas marcas próprias ou exclusivas, elas alugarão espaço e o controle das mesmas (operações e apresentação) a marcas e *designers* externos e nacionais compatíveis em várias indústrias de produtos de consumo (por exemplo, o espaço dedicado a Sephora's e a Mango's nas lojas JCPenney, Peet's Coffee & Tea dentro das lojas Raley's, Sunglass Hut e LVMH na Macy's). Pense na RadioShack alugando espaço à Apple ou à Nintendo. A loja de departamentos Selfridge's em Londres tem alugado a maior parte de seu espaço a marcas há muitos anos, tais como Vivienne Westwood, Y3 e John Rocha, marcas descoladas como Energie, Abercrombie & Fitch e Dolce & Gabbana, assim como mais recentemente a DCL (Dermatologic Cosmetic Laboratories) Skin e o Blink Brow Bar. Esse modelo atua dobrado como parte de uma estratégia de distribuição preferencial da marca, acessando plataformas de distribuição novas e adicionais.

Os benefícios são grandes tanto para o varejista quanto para o negócio associado compatível. O negócio associado obtém crescimento imediato com baixo capital investido em locais múltiplos, assim alcançando novos clientes geograficamente. Também se beneficia do movimento gerado pelo varejista. Da mesma forma, o varejista hospedeiro se beneficia do movimento em direção ao negócio associado. Por fim, os negócios combinados melhoram a experiência de compras e, portanto, reforçam mutuamente suas conexões com os consumidores.

Levado ao seu ponto final lógico ao longo do tempo, o colapso ou conversão do modelo tradicional de varejo departamentalizado consolida fortemente o cenário. Milhares de marcas de atacado atualmente fracas, marginalizadas ou comoditizadas serão eliminadas, e a oportunidade de criar novas marcas de atacado será fortemente reduzida.

Esse modelo de varejo transformado terá espaço somente para aquelas marcas de atacado poderosas com reconhecimento global (Coca--Cola, P&G, Ralph Lauren, LVMH e outras marcas *status*), ou marcas cujo nível de inovação permaneça em categorias de alto crescimento, tais como tecnologia (Apple), esportes de ação (Under Armour) ou bens de consumo (marcas P&G).

Para enfatizar isso, como a Trader Joe's demonstrou, mesmo marcas poderosas e nacionalmente enraizadas, como a manteiga de amendoim

Peter Pan, são vulneráveis a varejistas que possuem a experiência e criam suas próprias marcas.

No fim das contas, o colapso e a convergência do modelo de negócio tradicional de varejo e atacado elimina até mesmo a função das palavras "varejo" e "atacado". Porque, aos olhos do consumidor, todos aqueles varejistas e atacadistas que transformam seus negócios com sucesso simplesmente serão marcas. Portanto, eles serão mais apropriadamente definidos como gestores de marcas.

50% dos varejistas e marcas desaparecerão

Falamos sobre a busca acelerada entre todos os varejistas com marcas próprias ou exclusivas, principalmente para demonstrar que essa estratégia dará a eles maior controle sobre suas cadeias de valor, permitindo que se tornem pequenos minishoppings. E tocamos no assunto que muitas marcas de atacado serão descartadas desses novos modelos, se não falharem completamente.

Também declaramos que somente aqueles varejistas e atacadistas que transformaram seus modelos para aderir aos nossos três princípios operacionais sobreviveriam.

Por esses dois motivos, prevemos que 50% de todas as marcas e varejistas atuais desaparecerão.

Citamos a porcentagem crescente de marcas próprias e exclusivas nos maiores setores de lojas de departamentos e descontos, e nossa projeção é que alcançaria por volta de 80% do varejo (na Europa, 60% do espaço de prateleiras de supermercados já está ocupado por marcas próprias). Mencionamos que a Walmart possui mais de 50% de seus bens como marcas próprias.

No futuro, todos os negócios de varejo estarão relecionados à eliminação de variedades e redução de fornecedores e marcas de atacado, para dar maior controle, produtividade e lucratividade. A Supervalu anunciou, em 2010, que eliminaria 25% de seus produtos atuais, e a Kroger, 30%. O CEO da Supervalu Craig Herkert declarou, em uma conferência com analistas financeiros, em fevereiro de 2010: "A empresa planeja editar a seleção de algumas categorias em até 25%. O foco é na redução de tamanhos de embalagens, em vez de marcas ou linhas de produto inteiras, ainda em categorias que tenham sido 'otimizadas', algumas marcas tenham sido eliminadas completamente"[1]. E, embora Kroger não tenha sido específico, é amplamente conhecido que a cadeia eliminou 30% dos produtos em sua categoria de cereais matinais, e os resultados foram bons – tão bons que somente um item originalmente cortado do *mix* foi reestabelecido. Aparentemente, muitas pessoas não conseguem sair de casa sem sua tigela de Cap'n Crunch de manhã!

A indústria de bens de embalagens de consumo, melhor exemplificada pela P&G, sempre teve uma "colaboração conflitante" entre suas marcas principais e marcas próprias de bens de varejistas. Recentemente, o Walmart removeu as marcas Glad e Hefty de suas prateleiras, mantendo somente uma marca, a Ziploc. Observadores da indústria esperam que decisões similares ocorram em outras categorias, como o *"beemote de Bentonville"* acelera seu esforço em simplificar a quantidade de marcas e foca seu apoio à sua marca própria Great Value. Enquanto a seleção exata de produtos disponíveis no Walmart terá altos e baixos, a tendência é clara. Em contrapartida, a P&G, como mencionado anteriormente, está testando suas lojas exclusivas de marca própria.

Em artesanato, tanto o estreitamento de linhas quanto a construção de marcas próprias estão se acelerando. A líder da indústria Michaels é um bom exemplo, com sua marca própria Artist's Loft e a linha exclusiva de artesanato American Girl. *Experts* dizem que as farmácias também estão começando, lideradas pela Walgreens e pela CVS. Na verdade, a CVS, em sua estratégia de corte da unidade de manutenção de estoque (UME), retirou as pilhas Energizer das prateleiras em uma aposta para simplificar as escolhas dos consumidores. Além delas, a Home Depot e a Lowe's estão começando a fazer o mesmo.

Alguns *experts* acreditam que essa ênfase na otimização da produtividade reduzirá a contagem geral da UME em mais de 15%. Kevin Sterneckert, diretor de pesquisa de varejo da AMR Research, acredita que os varejistas

---

1 Susan Reda, "With SKU Reductions Underway, Which Will Survive?", *Stores*, fevereiro de 2010.

estão "longe de terminar com a otimização e a redução de UME"[1].

Tem havido várias quebras de varejo, conforme prevíamos, ao longo dos últimos anos, entre elas a da Steve & Barry's, Bombay, Sharper Image, Levitz, Fortunoff e outras. Nós esperamos que essas quebras continuem, não por causa da recessão, mas porque um número crescente deles não será capaz de transformar seus modelos e posicioná-los, de forma a prover as experiências elevadas que nós definimos.

Grandes desafios estão surgindo na Kmart e na Sears, e entre as poucas lojas de departamentos regionais que restaram. A Gap está efetuando *downsizing* em sua marca e provavelmente continuará fazendo isso, sem ter ainda visto os resultados de seu esforço em dar a volta por cima. Muitos pequenos varejistas independentes que perderem a transformação também quebrarão. Nós nos apressamos a acrescentar, entretanto, que eles possuem a maior oportunidade de superar grandes varejistas, graças à sua presença na comunidade e seu controle sobre o ambiente.

Por várias razões – a necessidade de controlar a cadeia de suprimentos, aumentar a produtividade e a lucratividade, estreitar, diminuir e acelerar as marcas próprias para diferenciação e posicionamento de nicho –, concluímos que haverá um número enorme de varejistas e marcas que não sobreviverão à Onda III – 50%, em nossa estimativa.

A demanda por integridade de valor real está levando à compressão de custos e novos modelos de precificação

Os consumidores continuam a ganhar maior conhecimento e entendimento de o que é um preço justo para qualquer produto ou serviço em relação ao seu valor intrínseco; eles estão forçando varejistas e marcas a responder de acordo. Por exemplo, consumidores estão querendo cada vez menos pagar muito dinheiro pelo toque de classe de uma bolsa Coach ao preço total, pois descobriram uma na Costco por metade do

---

[1] Ibid.

preço, ou encontraram outra de qualidade e estilo similares na loja de *outlet* da Coach, ou de outra marca de qualidade similar em uma loja de descontos da TJ Maxx ou em um sem número de *sites* na *web*.

Para colocar mais pressão em varejistas e marcas em relação a valor maior e custos menores, há os novos conceitos de negócio criados por essa inteligência crescente do consumidor. Varejistas de *"fast fashion"*, tais como Zara, H&M e Forever 21, podem ver um desfile de modas *on-line*, copiar o estilo por um custo muito menor e tê-lo em suas 2 mil lojas mundialmente em questão de semanas. A explosão virtual de marcas próprias e celebridades em lojas de departamentos fornece maior flexibilidade de precificação por não terem que compartilhar receitas com uma marca de atacado. O mesmo vale para marcas de difusão de *designers*: Vera Wang na Kohl's, Norma Kamali no Walmart, Nicole Miller na JCPenney e muitos outros. O consumidor quer o toque de classe do *designer*, mas a um preço democraticamente justo.

Da mesma forma, a inauguração acelerada de lojas de *outlet* de marcas e varejistas (Saks, Bloomingdale's, Nordstrom's, Barney's e outros) é um reflexo da pressão dos consumidores por integridade de valor e preços menores. O crescimento de clubes de vendas de luxo somente para membros na internet, tais como Gilt Groupe e Rue La La, também estão advogando em prol do consumidor maior-valor-por-menor-custo. Mesmo nos setores de descontos que ganham participação rapidamente, elas estão não apenas levando os preços para baixo –, elas estão focando no fornecimento da mais alta qualidade e valor intrínseco possível em sua esfera.

Por fim, os negócios astutos que "agarram" esse novo consumidor e respondem adequadamente forçarão seus concorrentes a acompanharem-nos ou saírem do negócio. Por exemplo, durante a Grande Recessão, a Abercrombie & Fitch recusou-se a entrar em liquidação com medo de perder ou diminuir a integridade da marca. De 2007 a 2009, as receitas diminuíram quase 30%, grande parte disso para a forte concorrente Aeropostale, que focou em uma estratégia de alto valor e baixo custo.

Essa questão de preço e valor do consumidor não é somente uma reação à recessão. É uma combinação de inteligência crescente do consumidor e da capacidade dos negócios em corresponderem. Portanto, é uma tendência de longo prazo que continuará a conduzir modelos de negócio completamente novos, assim como adaptações de modelos existentes.

Marcas, atacadistas e varejistas dos Estados Unidos serão comprados ou abertos por fabricantes chineses e produtores de baixo custo

É interessante que a história do varejo de 150 anos evoluiu sequencialmente nos Estados Unidos, enquanto as Ondas I, II e III estão ocorrendo quase simultaneamente nos países em desenvolvimento ao redor do mundo, levando-os ao mesmo espaço que os Estados Unidos habitam hoje. Isso sugere que a transformação de países em desenvolvimento de economias de produção a economias conduzidas por *marketing* e consumidores está quase concluída. Mesmo que esses países continuem a ter benefícios de suas capacidades de baixo custo de produção, eles estão simultaneamente acelerando suas economias de *marketing* e consumo, o que representa, de algumas formas, uma oportunidade para marcas dos Estados Unidos. Entretanto, visto que o mundo agora é "plano", com mercados globais acessíveis a todos, os países em desenvolvimento seriam cegos se não reconhecessem as oportunidades de integração vertical no mercado americano. Isso é especialmente verdadeiro para os chineses, cuja cultura possui um entendimento historicamente sofisticado de comércio e motivação para lucros.

No lado do consumo, por exemplo, a renda anual média da China, de acordo com o CIA World Factbook, foi US$ 6.600.00 em 2009 (um aumento notável em relação aos US$ 3.870.00 de 2000)[1]. Em meio a um crescimento tão rápido, as pessoas estão esperando aumentar seu bem-estar material da mesma forma. A Índia está seguindo um caminho similar, mas não sem as barreiras de infraestrutura e políticas significativas que tendem a diminuir seu ritmo.

Enquanto muitos cidadãos da Índia e da China, por exemplo, podem sentir-se como se ainda estivessem na Onda I, a economia guiada pela produção, eles podem erguer os olhos de suas bancadas de trabalho e ver o crescimento maciço e rápido em infraestrutura: redes de transporte vastas e novas de distribuição, comunicações crescentes, e a formação de mercados. Da mesma forma, esse crescimento se aplica também a uma infraestrutura e indústria de varejo, que também está

---

1   CIA World Facebook, https://www.cia.gov/library/publications/the-worldfactbook/geos/ch.html; Globalis, http://globalis.gvu.unu.edu/indicator_detail.cfm?IndicatorID=19&Country=CN.

testemunhando o nascimento de marcas domésticas. Por exemplo, considere a automobilística chinesa Chery, fundada em 1997, e a altamente bem-sucedida Ports 1961 (lançada naquele ano), linha de moda de luxo e lojas de varejo (que também é mercado nos Estados Unidos)[1].

De certa forma, a China está experimentando a sobreposição das Ondas I e II. E há ainda uma Onda III emergente, o mercado conduzido pelo consumo, que consiste na elite rapidamente crescente do país. Para servir a esse grupo, tem havido crescimento explosivo no setor de varejo de luxo (também beneficiando muitas marcas de luxo e de moda europeias e norte-americanas).

No lado industrial e de negócios, o crescimento rápido da China tem reunido um enorme montante de capital, como outros países em desenvolvimento. Considerando a base do enorme capital da China, junto com as rendas crescentes de seu povo, não há dúvida de que continuarão a seguir em direção à Onda III, com um padrão de vida mais alto e uma economia de mercado de consumo. Entretanto, as pessoas lutando por um melhor padrão de vida também empurram os aumentos de salários, impostos, custos de energia, mais construção de infraestrutura etc. Isso mostra o conflito econômico da China: está focada em um padrão de vida sempre crescente para as pessoas, enquanto ao mesmo tempo há o entendimento de que não pode bancar esse padrão de vida se quiser permanecer como a base manufatureira de baixo custo do mundo.

A China também está sentindo pressão global para fazer exatamente isso: manter seu *status* de produtor de baixo custo. Essa pressão está vindo, não somente de mercados consumidores ao redor do mundo, inclusive varejistas como o Walmart e grandes marcas como Levi's e Nike, mas também da própria Ásia. Os negócios da China não estão somente competindo com eles mesmos; eles também se deparam com concorrência crescente de outros fornecedores asiáticos de baixo custo, tais como do Vietnã, Bangladesh e Indonésia. E, exacerbando essa pressão ainda mais, seus negócios estão atualmente com sobrecapacidade, com ameaça de deflação. Então, o que a China deve fazer para evitar sair da frigideira e cair no fogo?

---

[1] Chery Automobile Co., Ltd., foi fundada, em 1997, em Anhui por cinco empresas estatais de investimento, com uma capitalização inicial de RMB 3,2 bilhões. A construção da fábrica começou em 18 de março de 1997, em Wuhu, na Província de Anhui, China. O primeiro carro saiu da linha de produção em 18 de dezembro de 1999. Ports 1961 foi fundado em 1961, pelo falecido Lucas Tanabe.

Próxima parada: **Estados Unidos**

Dada a grande posição de capital da China e sua perspicácia para os negócios, acreditamos que eles abordarão proativamente essa enorme charada. Como os comerciantes originais da história, os chineses entendem mais do que os outros onde estão os grandes lucros na cadeia global de valor – a ponta mais próxima do consumidor (por exemplo, varejo e marcas). E atualmente, é claro, o país com o maior nível de lucratividade e os mercados, marcas e varejistas mais robustos, são os Estados Unidos. Nós sugerimos, então, que a China se mova em direção a uma estratégia global "ganha-ganha" em três passos:

1. Identificar e adquirir marcas ou ativos de varejo nos Estados Unidos, particularmente naquelas indústrias que podem beneficiar-se de integração vertical, tais como vestuário, em que a China já produz cerca de 35% de todos os produtos consumidos nos Estados Unidos. Um exemplo claro dessa estratégia emergente é a Li & Fung, o maior agente de fornecimento mundial de vestuário, com US$ 15 bilhões. Entre as dezesseis marcas que adquiriu até o momento, estão Emma James, Wear Me, JH Collectibles, Tapemeasure, Regatta, Intuitions e bolsas Rosetti. E a China tem se comprometido publicamente a continuar com essa estratégia, fornecendo controle verticalmente integrado e aumentando o acesso ao mercado mais lucrativo dos EUA. Por uma perspectiva de *timing*, a China deve aproveitar a oportunidade, já que muitas marcas e varejistas americanos quebraram ou se enfraqueceram durante a recessão.

    E, apesar de a indústria de vestuário ser uma fonte de dinheiro fácil, acreditamos que a China alavancará sua experiência nesse setor para examinar toda a indústria, com um foco final na ponta de varejo da cadeia. Então, ao invés de continuar a comprar títulos do tesouro dos Estados Unidos, a China estará comprando ativos. Como dito na edição de 6 de abril de 2010 do *Wall Street Journal*, entre 2002 e 2008, o investimento direto da China nos Estados Unidos aumentou mais de três vezes, para US$ 1.3 bilhões, de acordo com o Escritório de Análise

Econômica¹. Inicialmente, entretanto, as empresas chinesas provavelmente manterão a gerência americana no lugar, devido à sua inabilidade com *marketing* e distribuição nesse país.

Isso nos garante que as habilidades importantes criativas, inovadoras e empresariais tão únicas aos Estados Unidos permanecerão essenciais. Aquelas pessoas simplesmente se reportarão a um dono diferente.

2. A integração vertical não apenas fornece à China mais lucros, assim abastecendo sua economia e padrão de vida rapidamente crescentes. Fornece controle total sobre suas cadeias de valor e seus mercados. Por exemplo, a China seria o principal mercado consumidor para seus próprios produtos, e teria o poder de fazer pressão em todos os seus antigos concorrentes de baixo custo, para custos ainda menores. Com a propriedade de marcas globalmente reconhecidas e controle total de suas cadeias de valor, a China poderia ter o mercado deles em casa, assim como ao redor do mundo.
3. Por outro lado, há fortes evidências de que outro pilar da estratégia para a China e outros países em desenvolvimento gira em torno de seus empresários e empreendedores locais.

Como apontado pela *The Economist* em 17 de abril de 2010: "A energia criativa do mundo está mudando para os países em desenvolvimento, que se estão tornando por si mesmos inovadores, em vez de somente imitadores talentosos [...] Ainda mais extraordinário é a capacidade de crescimento do mundo emergente para fazer produtos estabelecidos por custos dramaticamente inferiores: carros sem muitos acessórios de US$ 3 mil e *laptops* de US$ 300 podem não ser tão excitantes quanto um novo iPad, mas prometem mudar as vidas de mais pessoas. O tipo de avanço – chamado de 'inovação frugal' por alguns – não é somente uma questão de explorar mão de obra barata (por auxílios laborais baratos). É uma questão de redesenhar produtos e processos para cortar custos desnecessários"².

---

1 Kathy Chen, "U.S. Cities Seek to Woo Chinese Investment," *Wall Street Journal*, 6 de abril de 2010. http://*on-line*.wsj.com/article/SB10001424052702303410404575151593460208482.html.

2 "New Masters of Management," *Economist*, 17 de abril de 2010.

Além disso, enquanto esses países continuam a crescer, eles estão desenvolvendo suas próprias marcas, particularmente para seus mercados de massas. Marcas americanas grandes e globalmente reconhecidas podem então perder pelo menos algumas de suas células ao longo do tempo. A *The Economist* continua: "Os vencedores nesses mercados não serão marcas grandes (globais), que não serão relevantes para o mercado de massas". Elas serão marcas chinesas ou indianas. Mesmo agora, essa tendência é visível. Para citar a edição de 17 de abril de 2010 da *The Economist* novamente: "A Black & Decker, maior fabricante americana de ferramentas, é quase invisível na Índia e na China, os dois maiores canteiros de obras do mundo".

Muito em breve, então, haverá uma dinâmica dupla e globalmente perturbadora ocorrendo entre os países em desenvolvimento: primeiro, a aquisição de ativos de mercado (marcas e varejistas) dos Estados Unidos (e outros), e com eles o poder de uma cadeia de valor totalmente controlada (verdadeiramente do dono); e, segundo, o desenvolvimento contínuo de seus próprios mercados, inclusive inovação e criação de suas próprias marcas e negócios de varejo. O antigo banqueiro de investimentos Felix Rohatyn foi citado na edição de 13 de abril de 2010 do *Wall Street Journal* em um artigo intitulado "O homem de estado da Lazard, um homem capaz de mudar o jogo": "O controle irá com o capital"[1]. E hoje, é claro, a China controla um montante maciço do capital mundial.

Por fim, visto que a inovação é melhor executada por aqueles que controlam o valor de criação pela distribuição e interação com o consumidor, acreditamos que haverá também novas marcas inovadas nos países em desenvolvimento a serem vendidas nos Estados Unidos.

Um exemplo histórico é a contribuição do Japão à inovação na indústria automobilística, que virou o mercado americano de cabeça para baixo. Eles não somente criaram carros menores e mais eficientes, enquanto os Estados Unidos ficavam com os "bebedores de gasolina" durante a crise do

---

1   Dennis K. Berman, "Lazard's Statesman, a Game-Changer", *Wall Street Journal*, 13 de abril de 2010, http://*on-line*.wsj.com/article/SB100014240527023045069045751803632452743000.html?ru=MKTW&mod=MKTW.

petróleo da OPEP e preços de gasolina estratosféricos na década de 1970, mas também inovaram em normas e processos de controle de qualidade que produziram carros que eram inicialmente muito superiores aos automóveis americanos. Certamente, o mesmo potencial para esses países em desenvolvimento existe em vários negócios de varejo e consumo nos Estados Unidos. Veremos como vamos competir nesse ambiente.

Muitas empresas, como a VF Corporation e a P&G, já enxergam o desafio e construíram uma experiência global clara em todos os elementos da cadeia de valor. Investir em uma cadeia de valor flexível não somente suporta os mercados complexos e altamente segmentados nos Estados Unidos, mas também permite que eles atendam às demandas únicas dos mercados novos e em desenvolvimento.

Outras empresas podem escolher se tornarem "mestres da inovação frugal" para o mundo em desenvolvimento, inovando produtos e serviços acessíveis especificamente para esses países. Por exemplo, a Unilever abriu seu centro de conceito em Xangai para conduzir pesquisas diárias sobre o consumidor chinês. A Proctor & Gamble está fazendo o mesmo. Talvez o atual "garoto-propaganda" seja a Nokia, com telefones baratos para quase todas as faixas de renda da Ásia.

E ainda resta uma área possível de vantagem competitiva que poderia ser exportável: inovação de "experiência", ou nossa superioridade em *marketing* e na criação de *experiential branding* e a experiência de compras. O que temos discutido como sendo algo imperativo para marcas americanas logo se tornará ainda mais crucial no mundo em desenvolvimento. Então, a sobrevivência à Onda III requer uma presença global de uma forma ou de outra.

Apesar de isso parecer um cenário duro para os Estados Unidos, não acreditamos que todas as nossas grandes marcas ou varejistas serão adquiridas por países em desenvolvimento. Na verdade, acreditamos tão fortemente que outra de nossas previsões será mais que compensada em nossas perdas de ativos naquela direção. Como uma nação de empreendedores e com consumidores desejando cada vez mais customização, localização, marcas de nicho e assim por diante, nós prevemos a emergência contínua de um infinito número de mercados finitos, servidos por um número infinito de marcas ou serviços finitos ou de nicho, distribuídos em um número infinito de plataformas de distribuição. E por causa de seu tamanho menor, resultando em cadeias de valor mais apertadas e receptivas, muito do desenvolvimento e da produção dessas marcas e serviços será doméstica.

A transformação dos modelos de negócios em comunicações, propaganda e mídia

Assim como os modelos de negócio no varejo, atacado e serviços estão sendo conduzidos por consumidores em mercados saturados, esta mesma dinâmica está levando a uma transformação igualmente fundamental nas indústrias de comunicações, propaganda e mídia.

Isso importa porque o *marketing* ocupa uma parte crítica da cadeia de valor. Sem sua implantação eficaz, a obtenção da conexão neurológica será impedida, e a distribuição preferencial será melhorada quando for efetivamente levada por comunicações e propaganda.

Então, junto com mudanças comportamentais do consumidor, os avanços tecnológicos continuam a expandir um número infinito de plataformas de distribuição para comunicações, produtos e serviços que podem literalmente seguir e acessar consumidores individuais 24 horas por dia, 7 dias por semana. Infelizmente para marqueteiros, as mesmas inovações tecnológicas permitiram ao consumidor não somente bloquear o que eles não querem que entre seu "espaço", mas também convidar ou dar permissão a precisamente o que eles receberiam.

O que isso significa é que a comunicação de produtos ou serviços não é mais controlada pela empresa. O poder das redes sociais, *blogs* e outras plataformas eletrônicas é que elas mais que contrabalanceiam as mensagens de *marketing* tradicionalmente bem orquestradas dos negócios de produtos de consumo. Por exemplo, o lançamento da Pampers da fralda Dry Max, em 2010, foi substancialmente prejudicado pelas críticas *on-line*; um artigo no *Financial Times* referiu-se à fralda e ao contágio *on-line* dizendo: "A crítica [...] se espalha como uma assadura"[1]. Daí, surgiu uma transformação fundamental nas indústrias de mídia e propaganda para, finalmente, focarem em

---

1 Jonathan Birchall, "Criticism That Spread Like a Rash", *Financial Times*, 26 de maio de 2010.

conteúdo e distribuição, podendo medir qualidade e custo de contato. A VF Corporation descreveu esse futuro: ela vê a definição e a medição de seus milhões de consumidores como "universos de um só".

Adicionalmente ao excesso de lojas, produtos e todo o resto ao longo dos últimos 20 anos, também ocorreu uma inundação de comunicações de todos os tipos, inclusive propaganda, acomodados pela inundação igualmente enorme de plataformas de mídia e comunicações (mais notavelmente, é claro, a internet).

Com cerca de 50 bilhões de *websites* emitindo informações suficientes para preencher dezessete Bibliotecas do Congresso a cada três anos, centenas de canais de TV (comparado a uma pequena porção na Onda II), revistas suficientes para acomodar todo o interesse por nichos e muito, muito mais plataformas de comunicação, todas buscando todo e qualquer consumidor e bombardeando-os com ruído, os consumidores finalmente disseram: "Não mais".

Os interruptores coletivos do mercado foram de "ligado" para "desligado" há vários anos. E o mundo da mídia e propaganda tradicional somente agora, glacialmente, está tentando converter suas abordagens antiquadas em modelos que busquem um convite das vidas dos consumidores.

Como no varejo, à falta de uma reforma total, os consumidores continuarão a desligar quando confrontados com conteúdo de propaganda e sobrecarga de mídia. Lembre-se, é o consumidor que liga as luzes de manhã, e pode desligá-las a qualquer momento, por qualquer motivo. As habilidades de visualizar, ler e ouvir mudaram, e continuam mudando, de TV, revistas, jornais e rádio para a internet. Ela também é onde consumidores podem encontrar mais conteúdo grátis ou quase grátis, e de onde eles podem escolher o que quiserem, em vez de ter propagandas e informações empurradas contra eles. É também interativo em tempo real, para gratificação imediata. Como consequência, todas as medidas de classificações da mídia tradicional, junto com todas suas linhas superiores e inferiores, mergulharam nos anos 2000 e continuam caindo hoje em dia.

A mídia e a propaganda tradicionais, como o varejo tradicional, devem transformar-se para serem receptivos às mesmas mudanças dos consumidores que estão transformando toda a indústria de consumo. Caso contrário, eles também desaparecerão. Muitos já o fizeram.

A P&G entendeu. Em 2 de fevereiro de 2004, em um artigo da *Forbes.com* escrito por Melanie Wells, seu gerente global de *marketing*, James Stengel, disse: "O modelo de *marketing* de massas está morto. Isso [propaganda boca a boca] é o futuro"[1].

Colocar seu dinheiro onde sua boca estava significa: a P&G lançou o Tremor Division, consistindo de 280 mil adolescentes (1% da população entre 13 e 19 anos dos Estados Unidos à época), que por nada mais que alguns cupons e amostras de produtos espalharam a palavra (e as amostras), avaliando bem os produtos na escola, em festas e ao dormir na casa dos amigos, por celular e *e-mail*. E, à época, somente um terço das atividades da Tremor foram atribuídas a produtos P&G. A maioria das informações espalhadas foi para outras marcas nacionais, tais como AOL, Coca-Cola, Kraft Foods e Toyota, pelas quais a P&G cobrou altas tarifas.

Tais marqueteiros jovens do boca a boca estão em grande demanda em toda a indústria de consumo, dada sua destreza com o conjunto das redes sociais e dispositivos interativos ilimitados.

O que vem a seguir?

Então, o que o futuro abrigará para propaganda, *marketing* e mídia? Como vão transformar seus modelos para sobreviverem e servirem ao consumidor do século XXI?

David Kirkpatrick, editor e colunista sênior da revista *Fortune*, referindo-se ao livro *O futuro da concorrência: cocriando valor único com clientes*, não somente reforçou nossa tese de transformação do varejo, mas também forneceu uma nova estrutura para nós teorizarmos sobre o futuro da mídia e propaganda. Ele disse que vamos entrar em uma economia "*bottom-up*", na qual os consumidores migrarão para negócios que permitam a eles participarem no processo de criação do que eles querem. Não há exemplos melhores disso hoje do que YouTube, Hulu e Facebook,

---

[1] Melanie Wells, "Kid Nabbing", *Forbes*, 2 de fevereiro de 2004, http://www.forbes.com/forbes/2004/0202/084.html.

que está projetado para atingir rapidamente a marca de 1,6 bilhão de novos amigos, 1 bilhão dos quais na Ásia[1].

Permissão e cocriação

Os consumidores do futuro estarão "plugados", mas somente àquilo que eles escolherem. Os consumidores construirão seu próprio modelo de vida, essencialmente um arquivo de tudo aquilo que querem ou de que gostam – produtos, serviços, marcas, livros, revistas, entretenimento etc. Eles serão elementos-chave naquilo que será "permitido" entrar em seu espaço. Em contrapartida, haverá uma lista explícita daquilo que eles não permitirão, assim como instruções sobre quando e como eles querem ser encontrados. Todos os negócios de consumo terão acesso àquele arquivo.

Considere esse cenário: um consumidor masculino está barbeando-se de manhã, ouvindo uma voz emanando de seu centro personalizado de comunicações globais, uma transmissão de áudio de informações que ele permitiu enquanto se barbeia toda manhã. Ele dirige uma BMW há dois anos. A voz lembra-o da quilometragem que ele acumulou, e então informa que há dois modelos novos que ele poderia gostar de conhecer. Também foi permitido à Mercedes Benz entrar nesse espaço, e ela também descreve seus modelos mais novos. As mensagens são totalmente informativas, sem a "propaganda" do *marketing*.

Naquela noite, enquanto ele está assistindo a um documentário sobre seu esporte favorito, (corridas de carro), ele clica no botão de pausa para permitir um segmento de três minutos de *"infotainment"*, um programa do nível de Hollywood, dramatizando o desempenho do novo Porsche, que inclui efeitos especiais, música e todo o resto. Toda sua vida de trabalho, social e de lazer é salpicada com essa forma de comunicações customizadas, controladas e permitidas, por todos os meios.

Nesse novo modelo de comunicações, será permitido aos negócios adentrarem a vida do consumidor somente com mensagens que sejam

---

[1] Tim Bradshaw and David Gelles, "Facebook Targets China and Russia", *Financial Times*, 23 de junho de 2010. http://www.ft.com/cms/s/2/35b709ae–7ec4–11df-ac9b–00144feabdc0.html.

reais, informativas, educacionais ou de entretenimento, e somente aquelas customizadas às necessidades, vontades e estilos de vida individuais. E todas serão entregues quando, como, onde e pela duração permitida pelo indivíduo, como especificado em seu arquivo de "vida".

Talvez o maior impacto desse novo modelo de comunicações seja sentido pela indústria de mídia. Nesse cenário, a propaganda não mais subsidiará a mídia. Como tudo no futuro, o conteúdo e a programação da mídia impressa, transmitida ou *on-line,* deve ter seu próprio valor intrínseco para aqueles consumidores que o meio tem como alvo. Os consumidores determinarão seu valor e pagarão um preço justo por aquele valor.

A boa notícia para todos os marqueteiros é que, nesse futuro projetado, eles serão capazes de se comunicarem direta e precisamente com seus consumidores existentes e almejados de forma mais eficaz, e com medidas bem quantificáveis de retorno sobre o investimento. As revoluções são dolorosas e custosas, mas consideravelmente menos do que se os consumidores colocassem você para fora do negócio.

PARTE 3

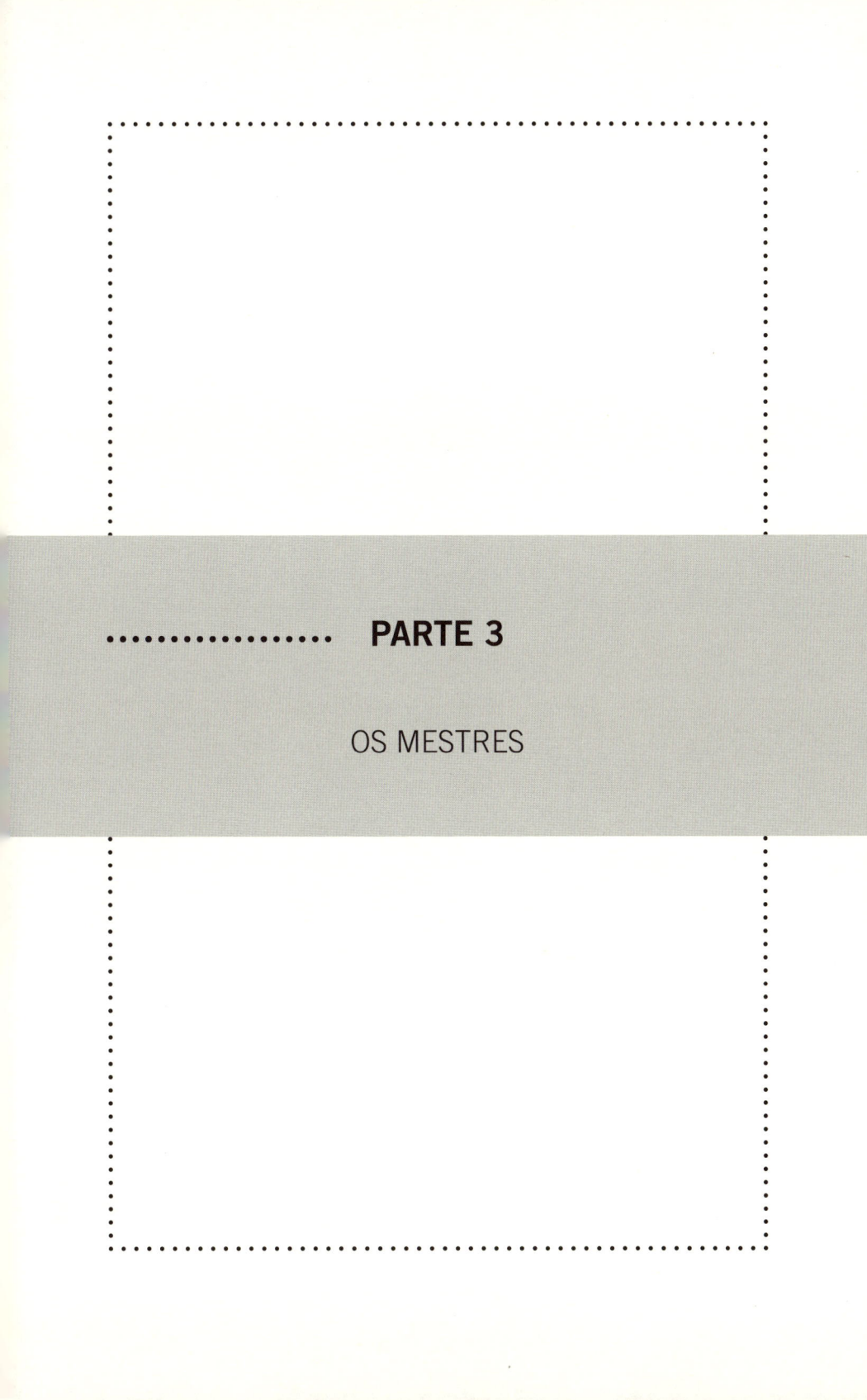

OS MESTRES

Capítulo 9

O MODELO MESTRE

REDES DE VAREJO ESPECIALIZADAS EM VESTUÁRIO

Desde o seu surgimento, na década de 1960, o setor de varejo de grifes de vestuário, que inclui J. Crew, Aeropostale, Gap e muitas outras, cresceu mais rápido que qualquer outro setor varejista. Embora existam muitas variáveis para o sucesso ou fracasso relativos de cada uma dessas marcas e grifes, no conglomerado, a razão para o seu tremendo sucesso ao abocanhar fatias de mercado de seus concorrentes, e particularmente das grandes lojas de departamentos, é a fundamentação estratégica dos seus modelos. O foco dessas empresas é estabelecer uma conexão neurológica com seus consumidores, assegurando-lhes o acesso mais fácil e mais rápido aos seus clientes (distribuição preferencial). Já que o nome da marca que está na porta da loja é o mesmo que está em cada peça dos itens à venda, ela detém total controle sobre a sua cadeia de valores, especialmente aquelas funções que "tocam" os consumidores, tanto ao receber seus *inputs* diretamente (a correalização de seus desejos) e a conexão final nos pontos de venda. É essa cadeia de valores totalmente sob controle que permite o estabelecimento de uma conexão neurológica e um acesso preferencial, cirurgicamente projetado, em primeiro lugar.

Vamos examinar algumas das vantagens inerentes a esse modelo, com base nos nossos três princípios operacionais: conexão neurológica, distribuição preferencial e controle sobre a cadeia de valores.

Conectividade neurológica

Melhor potencial para o estabelecimento da conexão neurológica

Uma vez que toda a apresentação e ambientação são focadas em uma só marca, e a totalidade de sua imagem seja consistente, essas redes de varejo especializadas podem criar a experiência desejada com maior facilidade. O projeto da área de varejo no estilo *"resort"* da Tommy Bahama provê uma atmosfera de ilha paradisíaca, incluindo um bar e um restaurante com música ao vivo e uma área de vestuários temáticos relacionados ao tema. A Chico's criou uma atmosfera intimista, descolada, envolvendo um forte nível de interação entre os clientes e os colaboradores. Um espelho gigantesco permite que os consumidores experimentem novos visuais fora das cabines de provadores, de modo que os vendedores possam opinar sobre o ótimo caimento das roupas, como também sugerir assessórios combinando com outros itens. Diversas outras redes empregam táticas semelhantes de proporcionar experiências relacionadas ao estilo de vida dos consumidores.

Devido a essas experiências neurológicas, os consumidores se dispõem a pagar mais, ficar por mais tempo, escolherão preferencialmente a marca (dessa maneira dando prioridade a você em relação aos seus concorrentes), voltarão com maior frequência à loja e permanecerão fiéis por mais tempo.

Experiência de compras facilitada e mais pessoal

A maioria das lojas das redes de varejo ocupa uma área de 320 a 450 metros quadrados. Esse espaço proporciona um ambiente de compras menor, mais aconchegante, casual e mais pessoal, muito menos frustrante do que os enormes ambientes das lojas de departamentos. Portanto, o modelo das redes especializadas abrange tanto uma experiência de compras tranquila e personalizada como uma compra rápida e sem filas, se for o que o consumidor deseja.

Espaços dedicados para uma apresentação coesa e completa do estilo de vida

Dado que todo o espaço das lojas especializadas é dedicado a um único estilo e marca, essas redes podem demonstrar todo o seu conceito de estilo de vida, incluindo todos os produtos que as representam, em um só lugar. Inversamente, muitas marcas que tentam vender um estilo de vida comercializado em lojas de departamento têm seus vários itens e produtos dispersos pelos diferentes departamentos e pisos das grandes lojas. O modelo de negócio especializado também permite a composição de uma mistura mais ampla de produtos e uma melhor e mais elaborada variedade de produtos.

Maior foco, conhecimento do produto e vendedores eficazes

Esse modelo mais focado simplifica as contratações, treinamentos e retenção de talentos dos vendedores e colaboradores. De fato, a maior parte das redes de lojas especializadas contratam funcionários que compartilhem do mesmo perfil que seus consumidores – chave. A Abercrombie & Fitch, a Charming Shoppers, a Chico's e muitas outras redes selecionam seu pessoal dessa maneira. De fato, a maioria dos colaboradores da Chico's e de algumas outras redes foi selecionada diretamente de suas bases de consumidores. Obviamente, a curva de aprendizado desses colaboradores é menor, pois eles já possuem grande familiaridade com os produtos, serviços e com a totalidade da experiência de compras. Eles podem comunicar-se diretamente e imediatamente com os consumidores e, dado que eles são também consumidores e fãs da marca, é mais fácil para eles compartilharem seu gosto pelos produtos quando estão trabalhando como vendedores. Por todas essas razões, a rotatividade de funcionários é menor nos setores especializados. Como exemplo, a rotatividade experimentada pela Chico's é de cerca de 50% ao ano, enquanto a média no ramo industrial é de 75%.

Pesquisa em tempo real e construindo relacionamentos

Por fim, considerando que os consumidores estão literalmente "entrando" na marca ao pisar dentro de uma loja, não há como outras marcas e produtos roubarem a atenção dessas pessoas. Os consumidores tornam-se cativos. Isso proporciona aos vendedores a oportunidade de realizar uma pesquisa em tempo real para determinar o que está na moda e o que não está e, o mais importante, verificar se os consumidores estão satisfeitos (e, se não estão, o porquê). Em muitos casos, aliás, os vendedores se tornarão amigos de seus clientes mais frequentes, e poderão interagir com eles livremente para apresentar novos produtos, enviar cartões de aniversário desejando-lhes felicidades e assim por diante.

De fato, em alguns casos, como na loja de artigos masculinos de Westport, Connecticut, a Mitchell's, essa é a política da empresa.

Distribuição preferencial

Pegadas menores e mais flexíveis para prover pontos mais acessíveis

Graças ao foco no estilo de vida, em um único tipo de consumidor e em menores "pegadas", as redes de varejo especializadas têm maior potencial para posicionar as suas lojas cada vez mais próximas da residência de seus clientes, proporcionando um nível maior de conveniência. E enquanto muitas dessas redes, tal como a Gap ou a Abercrombie & Fitch, são mais frequentemente encontradas em shopping centers, nessa época em que o fluxo de pessoas está decadente nos grandes shoppings em função das pequenas galerias de bairro, mais convenientes, essas marcas também se mudarão para mais perto de seus consumidores. Muitas delas, como a Charming Shoppers, já estão saindo dos shopping centers e abrindo várias novas lojas.

Experiência neurológica definida como destino preferencial

Eles são *a* marca; portanto, toda a loja e tudo o que há nela são *o destino*, incluindo a experiência neurológica. Essa abordagem é muito mais eficaz do que ter uma única marca ou categoria de produto localizado no imenso labirinto que é uma loja de departamentos. Esse aspecto também permite à marca uma apresentação mais rápida, clara e coesa em todas as plataformas de distribuição que utilizar, seja *on-line* ou *off-line*.

Controle sobre a cadeia de valor

A propriedade de uma rede de fornecimento integrada torna possível a conexão neurológica, a distribuição preferencial e, portanto, um valor global superior

Uma vez que os varejistas especializados utilizam um modelo de contato direto com o consumidor, conseguem obter maior controle, se não total propriedade, sobre toda a sua cadeia de fornecimento, desde a concepção até a chegada ao consumidor. É isso que torna possíveis a conexão neurológica e a distribuição preferencial. Isso também proporciona eficiência máxima, flexibilidade, tempos reduzidos de reciclagem de produtos com a introdução de novas linhas, fornecimento de ofertas localizadas, controle sobre o inventário e excessos, e tudo isso sem o longo tempo, a complexidade e os comprometimentos que envolvem uma multiplicidade de vendedores ou fornecedores.

Foco em um único estilo e perfil de consumidor

O modelo de negócio de varejo especializado tem foco em um determinado estilo de vida, e tipicamente em uma categoria de produtos e um perfil de consumidor. Estrutural e operacionalmente, entretanto, tudo isso é muito menos complexo do que as grandes lojas que oferecem produtos para uma diversidade de perfis de consumo. Como resultado, uma estratégia concentrada e execução focada proporcionam ao consumidor uma experiência de compras mais satisfatória, incluindo um sortimento de produtos mais especializado e inteligentemente elaborado.

Desvantagens táticas inerentes

Enquanto as vantagens estratégicas do varejo especializado são muito mais duradouras e críticas do que qualquer desvantagem tática, não podemos deixar de observar de perto essas desvantagens, pois elas podem causar sérios contratempos nos negócios e erodir a força da marca.

Esse cenário é mais bem exemplificado pela experiência de quase morte da Gap e pela espiral descendente da Ann Taylor durante a década de 2000. Se essas redes "perdem o bonde" na estilização de seus produtos por uma temporada, essa perda reverbera negativamente por toda a rede, da mesma maneira que seus "*hits*" as levam a crescimentos astronômicos. A perda de duas ou mais coleções consecutivas acarretará em perdas enormes na receita, que podem se reverter no fato ainda mais danoso de que é a perda de consumidores em massa. Certamente, no mundo de hoje, esses consumidores desapontados possuem um grande número de escolhas equivalentes ou até superiores para onde direcionar suas compras. Modelos de varejo tradicionais, por outro lado, dissolvem o risco desses erros ao disponibilizar uma grande variedade de marcas. Se uma marca falhar, há várias outras que podem sustentar os negócios.

Exacerbando ainda mais esse desafio para as redes especializadas, está a tendência de se tornarem insulares e perderem o contato com as amplas tendências de moda do mercado, que é onde as ideias, tendências e inovações em tecidos são discutidas entre os fornecedores de diferentes setores.

Em resumo, entretanto, o crescimento das redes especializadas e seu posicionamento no topo confirmam que suas vantagens superam claramente as desvantagens. E, o mais importante, por estarem mais bem posicionadas estrategicamente entre todos os concorrentes, elas podem corrigir erros táticos e ainda recuperarem, como a Gap e a Ann Taylor aparentemente estão fazendo, ao reposicionarem seus produtos em estilo e variedade, de modo a ampliar a experiência de compra.

A abordagem de um novo paradigma para o varejo especializado

Uma nova verdade conhecida mundialmente no setor de varejo especializado é que os dias das megamarcas – uma marca abrangendo todas as categorias de produtos e segmentos de consumo – estão ultrapassados.

De fato, o paradigma está mudando em favor de um modelo de negócios, provido de um número infinito de nichos de consumo finitamente segmentados, sendo servidos por uma infinita variedade de marcas finitamente focadas.

Citamos previamente alguns exemplos dessa mudança de paradigma: A Abercrombie & Fitch desmembrando as cadeias Hollister e Abercrombie, focando em nichos de mercado diferentes; a Chico's adquirindo a White House | Black Market e lançando a Soma Intimates; a Urban Outfitters com as suas ramificações Free People e Anthropologie, todas as três posicionadas de modo a mirar em diferentes setores de consumo, com diferentes perfis e experiências de consumo; e a J. Crew lançando a Crewcuts para crianças e a Madewell para os pais.

Mas por que esse novo paradigma está evoluindo?

Ele é o resultado de três dinâmicas agindo em conjunto:
- Devido às escolhas ilimitadas, os consumidores estão buscando exclusividade. Eles querem produtos que sejam especiais, feitos apenas para eles. Os mercados para as grandes massas estão em declínio.
- A habilidade dos consumidores de obter exclusividade está sendo possível devido a uma mídia infinitamente fragmentada e dispersa, incluindo uma infraestrutura de *marketing* nos mesmos moldes, inclusive com a explosão de novos canais de distribuição.
- A tecnologia está possibilitando ainda mais essa demanda por exclusividade. Maior nível de informação, logística e melhores tecnologias de distribuição estão elevando as capacidades das redes de distribuição de suportar segmentos multimercados e multimarcas e nichos mais exclusivos e menores, incluindo uma mistura de diferentes linhas de produtos de acordo com as preferências geográficas.

O modelo a ser derrotado ou copiado

Baseado na força desse modelo de varejo e na dominação compartilhada do mercado de vestuário que ele alcançou, em princípio desviado do setor de lojas de departamento, alguns podem argumentar que as principais lojas de departamento estão defendendo-se com as mesmas armas usadas contra eles.

Por exemplo, não há dúvidas de que Macy's, Bloomingdales's, JCPenney, Kohl's e a regional Belk estão focadas em elevar suas respectivas experiências de compras (com atendimento mais amigável, mais atencioso, com melhor iluminação, ambientes menos obstruídos para uma busca mais fácil e rápida por toda a loja, maior uso de manequins e vitrines para sugestões de combinações dos seus produtos, letreiros menores, música, vídeos, grafismos coloridos, utensílios para cozinha e outras categorias, restaurantes, celebridades, apresentações de estilistas de moda etc.). Novamente, a experiência neurológica obtida em cada caso será diferente, consistente com a sua imagem de marca e com as expectativas dos consumidores.

Como já sugerido, se essa experiência for forte o suficiente, essas lojas recuperarão seus consumidores um a um, cirurgicamente, de volta aos seus departamentos, antes que eles se dirijam a algum concorrente. Além disso, eles participam de todas as plataformas de distribuição, incluindo a exposição em redes sociais, como Facebook e Twitter.

Como previsto, e conforme alguns já estão fazendo, essas redes criarão lojas menores nas áreas residenciais, tal como a JCPenney e a Bloomingdale's já fizeram, tanto em busca de uma distribuição preferencial mais focada, como em prover uma gama de produtos e experiências mais localizada. Nós também previmos um ataque direto nas redes especializadas pelas lojas de departamentos ao lançarem suas próprias marcas no formato requerido pelo modelo de varejo especialista (por exemplo, as redes especializadas Alfani, Stafford ou Arizona).

Finalmente, como já discutimos antes, a busca por marcas cada vez mais exclusivas poderá trazer às lojas de departamentos um controle ainda maior sobre as suas cadeias de valores.

Acreditamos que esse é o tipo de transformação que as lojas de departamento precisam para sobreviver. Sendo mais otimistas, se o fizerem da maneira correta, elas têm o potencial de recuperar muito do seu apelo e mercado perdidos. Além disso, o modelo que previmos para os vencedores terá uma grande vantagem sobre as redes especializadas, graças ao maior fôlego que podem usufruir por sua vasta gama de produtos e experiências oferecidas.

De fato, seria uma grande ironia se as lojas de departamento promovessem uma "volta para o futuro" e uma vez mais se tornassem os locais de consumo como eram conhecidas no início da Onda I.

CAPÍTULO 10

AS IDEIAS DOS MESTRES

ATACADISTAS, VAREJISTAS OU GESTORES DE MARCAS?

Abaixo, estão algumas seleções que fizemos de varejistas e atacadistas que desenvolveram algumas aplicações diferenciadas de um ou todos os nossos três princípios operacionais estratégicos. Nós sentimos que não somente eles suportariam nossa tese, mas também que eles bem poderiam fornecer ideias aplicáveis a todos os negócios.

VF Corporation

A VF Corporation é a maior empresa de vestuário dos Estados Unidos, com quase US$ 8 bilhões em receitas anuais. Apesar de não conhecida como varejista, é um dos melhores exemplos de um atacadista executando nossas três estratégias imperativas em sequência no histórico de três ondas da indústria de varejo, como descrito neste livro. Fundada na Onda I, a VF foi uma empresa atacadista de vestuário focada em produção com uma marca (vestuário íntimo Vanity Fair), distribuída somente nos Estados Unidos por lojas de departamentos. Hoje, é um atacadista e varejista focado em *marketing* com um portfólio de mais de trinta marcas e submarcas, expandiu a distribuição em todos os canais, inclusive suas próprias lojas de varejo e o mercado global (de 2001 a 2008, as vendas internacionais cresceram de 19% para 30% de sua receita). O conjunto de marcas da VF inclui Wrangler, Lee, Seven For All Mankind, The North Face, Kipling, Vans, Reef, Jansport e Nautica, entre outras.

Resposta do cliente e controle da cadeia de valor

A evolução da VF em direção aos nossos três princípios operacionais tem sido periódica e constante. Na década de 1980, a VF percebeu o impacto que o poder do consumidor e suas demandas em constante alteração teriam em seu negócio. Da mesma forma, começou a mudar sua direção estratégica e modelo de negócio. Lançou uma grande iniciativa em toda a empresa para se tornar um líder em capacidade de resposta do consumidor. Alinhado a esse objetivo, surgiu a necessidade de uma cadeia de valor totalmente integrada e altamente colaborativa – uma que ela poderia controlar completamente.

À época, a VF era proprietária da manufatura das suas duas marcas principais: Lee Jeans e Vanity Fair Intimates. No meio da década de 1980, tinha acrescentado Wrangler, Jantzen e Jansport, garantindo o controle daquela ponta da cadeia de valor. Entretanto, a VF também percebeu que uma mudança de paradigma estava ocorrendo e não podia ser ignorada. A fabricação estava buscando o menor custo possível para permanecer com preço competitivo na acalorada batalha por consumidores. Então, toda a manufatura das indústrias têxtil e de vestuário inevitavelmente começou a ser transferida para o México, América Central e do Sul e especialmente para a Ásia.

Entender a conexão vital entre o objetivo de capacidade de resposta total aos consumidores e a necessidade de toda a cadeia de valor apoiar esse objetivo, a VF percebeu que tinha que gerenciar o que se tornaria uma função totalmente terceirizada na cadeia. O entendimento antecipado da VF dessa combinação inovadora de eventos ajudou-a a manter o foco na adaptação estratégica, interna e externamente. Vamos examinar o processo.

Os consumidores: de marcas de produto único para marcas de estilo de vida

Primeiro, o processo de resposta do consumidor da VF, baseado no que é sem dúvida o processo de rastreamento e pesquisa de consumidor mais sofisticado em sua indústria, identificou a tendência de os consumidores buscarem as chamadas marcas de estilo de vida (por exemplo, Ralph Lauren e Abercrombie & Fitch) em vez de marcas de apenas uma categoria de produtos, como suas marcas próprias de *jeans* Lee e roupa íntima Vanity Fair. Isso iniciou uma estratégia agressiva de aquisições, manifestada no lançamento, em 2004, de seu plano de transformar a VF em uma empresa global de vestuário de estilo de vida com um portfólio de alto crescimento de marcas de estilo de vida, tais como The North Face, Seven For All Mankind e as outras que mencionamos.

Em 2000, as marcas próprias da VF foram responsáveis por 90% da receita. Em 2008, entretanto, tal número caiu para 56%, com marcas de estilo de vida obtendo 44% das vendas totais. A gerência previu que marcas de estilo de vida gerariam 60% da receita de 2007 em diante.

Mackey McDonald, um antigo CEO da VF, que implantou os estágios iniciais da enorme transformação da VF na década de 1990, comentou posteriormente, em 2007, sobre a resposta da VF aos desejos do consumidor em constante mudança. Sua tese foi de que a VF identificou uma tendência de os consumidores comprarem menos itens, mas gastar mais em cada um. Isso indicou que eles queriam demonstrar de forma mais clara as marcas que eles compravam junto com os estilos de vida particulares de cada um.

Controle da cadeia de valor: do controle vertical a colaborações gerenciadas e controladas

A experiência obtida a partir da manufatura vertical original da VF funcionou bem enquanto ela mudava para as colaborações necessárias entre fabricantes e fornecedores ao redor do mundo. Durante os estágios iniciais, a terceirização *offshore* foi para os países de menor custo. Mas, devido ao compromisso da VF com a capacidade de resposta ao consumidor como a força motriz na cadeia de valor, foi rápida a compreensão de que o "menor custo" não foi um diferenciador suficiente.

A empresa avaliou os outros aspectos que considerou importantes, tais como velocidade para o mercado, melhor utilização de materiais, estoques menores, menos trabalho e menor custo para qualidade. Enquanto o menor preço foi, naturalmente, ainda alto nas listas dos consumidores, eles elevaram o nível. Preço menor foi somente o preço de entrada.

Como conceitualizado por um executivo da cadeia de suprimentos da VF, reduzir o montante de "tempo de costura" aplicado ao costurar uma peça não é mais uma vantagem competitiva. Gerenciar toda a cadeia de suprimentos o é, e ele sentiu que é nisso que a VF se especializou, ganhando grande vantagem sobre os concorrentes. Da mesma forma, a VF criou sua estratégia de *sourcing* chamada "Terceira Via", um híbrido de controle completo da cadeia de suprimentos e das relações com os fornecedores. A Terceira Via ajudou a reduzir custos e estoques, enquanto aumentava a produtividade e melhorava a aquisição de integrações. Também deu à VF o controle máximo sobre sua cadeia de suprimentos. Agora, descreveremos como funcionava:

- A VF assinaria um contrato com um fornecedor para uma linha específica de produtos (por exemplo, mochilas) comprometendo-se com uma previsão de volume por um número de anos (em vez de por uma estação). O fornecedor concordaria em não produzir a mesma categoria de produto (por exemplo, mochilas) para concorrentes mais adiante.
- O fornecedor definiria linhas de produção dedicadas aos produtos da VF, investindo na construção, equipamentos, máquinas, mão de obra, supervisão, serviços de logística e infraestrutura administrativa para gerenciar as operações.
- A VF e o fornecedor desenvolveriam os programas de produção em conjunto, para atender às necessidades de cada parceiro. As informações de previsão de pedidos e capacidade de produção seriam compartilhadas entre os parceiros.
- A VF e o fornecedor trabalhariam juntos em melhorias de processo. A VF disponibilizaria (sem custos) seus recursos de engenharia para melhorar os processos de produção. Uma parte das economias realizadas por essas melhorias seria dada à VF.

- O fornecedor seria o dono da fábrica e dos equipamentos, além de ser responsável por gerenciar a força de trabalho. A VF faria certos investimentos em equipamentos especializados e capital quando necessário.
- A VF utilizaria sua capacidade de compras para auxiliar os fornecedores a adquirir tecidos e outras matérias-primas com desconto. A VF concordaria em comprar qualquer tecido ou matéria-prima não utilizados do fornecedor.

Baseado em tudo o que foi descrito acima e mais, a VF possui a cadeia de suprimentos mais avançada, eficiente, tecnologicamente superior e melhor gerida em sua indústria.

Como o antigo CEO Mackey McDonald expressou em várias ocasiões ao longo de seu mandato, a gestão da cadeia de suprimentos da VF tem sido uma "arma competitiva" por muitos anos. E ele ressaltou claramente a importância de manter tal vantagem. Certamente, o CEO atual Eric Wiseman está fazendo exatamente isso. Em uma conversa telefônica, em maio de 2010, ele respondeu ao uso prevalente das indústrias de agentes de *sourcing* terceirizados ao apontar que, se a VF sentisse que agentes de *sourcing* poderiam "fazer melhor um trabalho de gestão e controle de parte de nosso negócio, nós os utilizaríamos. Nós acreditamos que fazemos tudo melhor"[1].

Além disso, a estrutura do portfólio da VF fornece uma sinergia inerente entre ambas as pontas do negócio. A frente do negócio consiste de sua multiplicidade de marcas, todas descentralizadas. Cada uma é autônoma, gerenciada por sua própria equipe, com o objetivo de manter a integridade da marca, cultura empresarial e seu foco e conectividade com seus consumidores principais. Enquanto isso, a outra ponta é centralizada (com os *experts* corporativos utilizando eficiência e produtividade de escala), e é capaz de apoiar a necessidade fundamental da frente do negócio de ser receptiva ao consumidor.

---

1 Teleconferência com o autor.

Distribuição preferencial e conexão neurológica: o papel de cada marca

Como mencionamos antes, as marcas de estilo de vida da VF atualmente respondem por 44% do total das vendas. Entretanto, elas são o segmento de maior crescimento do negócio, e o objetivo definido pela VF é continuar a adquirir marcas de estilo de vida. Mais importante, buscar somente aquelas marcas que também possuem um componente de varejo, visto que esperam que o negócio de varejo "direto ao consumidor" cresça em todas as marcas mais rapidamente que seu negócio de atacado.

Mencionado várias vezes ao longo do livro, o CEO Eric Wiseman declarou que "[o varejo] crescerá muito mais rapidamente que nossa taxa de crescimento geral em marcas de estilo de vida como Vans, The North Face e Nautica, e nós queremos continuar a apresentar a marca de forma que nós possamos controlá-la"[1]. Em 2007, ele projetou que, "em 2012, as receitas internacionais corresponderão a um terço das receitas totais, enquanto que nosso negócio direto ao consumidor responderá por 22% das receitas totais, e nós temos o objetivo de atingir US$ 11 bilhões em receita total"[2].

Atualmente, com cerca de 700 lojas de marca única, a VF planeja abrir de 75 a 100 lojas a cada ano, para atingir 1.300 lojas globalmente em 2012. Muitas dessas lojas estão planejadas para a Ásia. Enquanto esse objetivo sugere uma intenção de aumentar o controle de sua distribuição, o modelo de negócio descentralizado da VF requer que a tomada de decisões estratégicas em todos os pontos de chegada ao consumidor na cadeia de valor seja feita no nível da marca. Por exemplo, toda pesquisa de consumidor, posicionamento de marca, *marketing*, propaganda, imagem da marca, distribuição e criação da experiência da marca da The North Face são responsabilidades somente da equipe de gestão da The North Face. Isso se aplica ao longo de todo o portfólio de marcas da VF. Entretanto, consistente com a estratégia de crescimento da VF, o assunto comum a todas as suas marcas é o uso de todas as plataformas de distribuição relevantes (*on-line* ou não), em busca de uma estratégia de preferencialmente atingir seus consumidores antes da concorrência.

---

1 Conversa com o autor, *Women's Wear Daily Summit Meeting*, 2006.
2 "Our Strategy", VF Corporation website, http://www.vfc.com/about/ourstrategy.

E já que a maioria das marcas de estilo de vida, como a The North Face, controla seu componente de varejo, elas também controlam a experiência da marca e a conexão neurológica com o consumidor. Na verdade, mesmo quando essas marcas, junto com as marcas de atacado da VF, tais como os *jeans* Wrangler e Lee, são distribuídas em varejistas como Walmart, Kohl's, JCPenney, Macy's e outros, eles insistem em uma colaboração forte para garantir *merchandising* apropriado, apresentação e integridade estratégica de suas marcas. Os *experts* da indústria explicaram a força da VF em suas parcerias de varejo como o salto da profundidade do conhecimento de seu consumidor, associado ao seu controle de cadeia de suprimentos superior e capacidade de resposta rápida. Para reiterar um dos exemplos mais ilustrativos, a VF é capaz de distribuir dois *mixes* de linhas diferentes de *jeans* Wrangler a duas lojas Walmart diferentes que podem estar na mesma cidade.

Com relação à sua evolução estratégica em direção ao controle da distribuição, o *website* da VF indica: "Com mais de 700 lojas de varejo, nós entendemos a importância de criar um ambiente único que nos permita uma comunicação direta da vibração de nossas marcas com os consumidores. Aumentar nossa base de lojas de varejo de marcas será uma parte importante de nossa estratégia. Também estamos expandindo nossas capacidades de comércio eletrônico pelos *websites* das marcas, para fornecer aos consumidores maior acesso aos nossos produtos"[1].

The North Face

Com seu mantra e *slogan* "Nunca pare de explorar", a The North Face é uma marca de exercício ao ar livre de primeira linha, prometendo autenticidade e benefícios de desempenho sem paralelo em seus produtos de vestuário e equipamentos para escalada, ciclismo, corrida, esqui, *snowboarding*, *trekking* e, viagem e treino. Seus consumidores principais são homens, mulheres e crianças que buscam essas atividades ao ar livre,

---

[1] "Growth Drivers", VF Corporation website, http://www.vfc.com/about/our-strategy/growth-drivers.

assim como cidadãos urbanos sofisticados. Desde sua concordata, em 2000, a The North Face conseguiu reformar com sucesso suas operações estratégicas, com resultados impressionantes. A The North Face cresceu três vezes entre 2003 e 2010 para US$ 2.4 bilhões, e entrega consistentemente margens de lucro de 14%. Tornou-se a joia da coroa da Coalizão de Vestuário Esportivo e ao Ar Livre da VF Corporation.

A reviravolta na The North Face foi construída com a sinergia de todos os nossos três princípios operacionais estratégicos. Como todas as grandes marcas esportivas, a The North Face está continuamente acrescentando atletas genuínos de cada uma de suas atividades ao ar livre à sua "equipe" (atualmente com sessenta membros), de forma a fornecerem *feedback* e se consultarem com empresas de *design* externas com experiência em biomecânica e desempenho. Essencialmente, esses atletas são advogados do consumidor, e continuamente constroem a autenticidade e o desempenho da marca. Mais importantes são as inovações que surgem das equipes: verdadeira quanto ao seu posicionamento de desempenho, a The North Face foca nas inovações de tecnologia, como "Hyvent", revestimentos de poliuretano respiráveis à prova d'água e o tecido que repele umidade "Vaporwick". E, recentemente, seu tênis de corrida Single-Track ganhou um prêmio Best Debut da *Runner's World* por suas inovações em tecnologia, *design* e desempenho superiores. A The North Face também patrocina mais de quarenta atletas e cerca de dez expedições anualmente para manter a exposição da marca aos seus clientes-chave. Também alavanca vídeos abundantes e disponíveis dos atletas utilizando produtos The North Face para engajar os clientes.

Entretanto, independentemente da The North Face também implantar tal estratégia, ela não é única. Outras marcas esportivas grandes buscam programas similares. Nós acreditamos que a verdadeira chave para uma volta por cima bem-sucedida foi sua capacidade de alavancar a cadeia de valor superior de sua "mãe", a VF Corporation (que adquiriu a marca em 2000). Por exemplo, quando a VF assumiu, ela fundiu a The North Face à sua rede de fábricas na Ásia e ao escritório de suprimentos em Hong Kong. A The North Face passou do embarque de metade dos pedidos no prazo à época para mais de 90%. E essa sinergia corporativa não somente melhorou sua eficácia operacional mais básica, mas também facilitou a expansão da experiência na loja (conectividade neurológica) e distribuição preferencial.

Conforme aumentou sua base de lojas (atualmente mais de 50), a The North Face também começou a melhorar a experiência. Quiosques digitais foram colocados nas lojas para entreter e mostrar os produtos em ação. Além disso, os vídeos foram capazes de mostrar muito mais produtos do que os que poderiam ser armazenados na loja, mas que poderiam ser comprados *on-line*. Um benefício auxiliar do quiosque digital é sua capacidade de treinar vendedores de forma eficiente.

O ambiente da loja e a apresentação foram também projetados para conectar com o sentido dos clientes, de ser envolvido pelas "experiências reais" de seu esporte preferido, e além dos vídeos há grandes gráficos. Conforme a empresa abria lojas, em alguns casos ela o fez muito próximo a seus parceiros de atacado (tais como lojas de departamentos que vendem a linha). E, ao contrário das crenças antigas de alguns *experts* de que eles canibalizariam o negócio de cada um ou enfrentariam conflitos de precificação, nada ocorreu. Na verdade, as vendas cresceram nos dois locais.

Em Londres, a The North Face abriu uma loja na mesma vizinhança da loja de seu maior distribuidor. A excitação gerada na loja da The North Face levou a mais produtos serem levados para a loja do outro lado da rua, e a maiores vendas para ambos. Isso exemplifica o poder tanto da experiência na loja quanto da distribuição preferencial. Outra aplicação única da estratégia de distribuição preferencial e do fornecimento de um produto especial, notavelmente customizado, é o uso inteligente pela The North Face de eletrônica móvel como uma ferramenta de *marketing*. Por exemplo, um cliente leal à The North Face que esteja a 3 km de uma de suas lojas pode receber uma mensagem de texto, informando-o de uma nova mochila que acabou de chegar, com uma oferta especial só para ele.

Todos esses exemplos são um resultado do uso pela The North Face da cadeia de valor altamente controlada e bem executada de sua "mãe". O desafio-chave da The North Face é ser capaz de trabalhar com a equipe corporativa da VF mantendo seu próprio processo de produção, que é puxado pela demanda, com base nas compras reais dos consumidores (em oposição à "produção empurrada", projetando as compras previstas pela empresa), e permanecer flexível e receptiva às demandas em constante evolução do consumidor e à experiência que eles esperam. Com negócios múltiplos para apoiar, a cadeia de valor da VF também precisará continuar a evoluir sua flexibilidade para apoiar esses requisitos individuais do negócio.

Best Buy

Inicialmente, a Best Buy aparentaria ser a loja de departamentos clássica do setor de eletrônicos. Tudo é vendido por categoria e agrupado por marca, de forma quase idêntica ao modelo de loja de departamentos tradicional. Na verdade, com fortes "marcas-chave" (por exemplo, Sony, Nintendo e Canon), parece que a Best Buy estaria sujeita às mesmas fraquezas operacionais e ameaças competitivas que as lojas de departamentos tradicionais. Apenas um exemplo seriam os concorrentes *on-line* vendendo as mesmas marcas que a Best Buy por um preço menor. Entretanto, a Best Buy está implantando todos os nossos três princípios estratégicos, portanto, claramente diferenciando suas lojas de todos os concorrentes.

Por exemplo, organizou todo seu modelo e suas estratégias para engajar por experiência e exceder as expectativas de cada um de seus clientes, ao ponto de customizar por eles. A Best Buy quer ser um destino prioritário, aonde os clientes saibam não apenas que estão indo encontrar coisas que são especiais para eles, mas onde ocorrerá uma experiência relaxante, educacional e divertida. Na verdade, uma reforma recente de US$ 50 milhões de 110 lojas foi projetada ao redor de cinco grupos de consumidores principais que a Best Buy identificou:

1. Para "Jill", a mãe suburbana ocupada, criou um *layout* de loja fácil e transversal, e incluiu brinquedos tecnológicos para as crianças. Também acrescentou assistentes pessoais de compras para educar esses clientes, na maioria tecnofóbicos. Por fim, mais espaço na loja é alocado para eletrodomésticos.
2. O "Buzz" é um viciado em tecnologia, para quem as lojas estão carregadas de monitores interativos para experimentar novos equipamentos e mídia.
3. O "Barry", um *yuppie* rico e sem tempo buscando produtos mais baratos e mais serviços, encontrará sua loja Best Buy organizada para ele, com coisas como conjuntos de *home theater* baratos.
4. O "Ray", que tem uma família e orçamento apertado, encontrará produtos a preços mais moderados, planos de financiamento e programas de fidelidade.

5. Clientes de pequenas empresas são auxiliados por equipes especialmente treinadas, equipamentos de escritório e mesmo técnicos de serviços móveis chamados de "Esquadrões Nerds"[1].

A Best Buy utilizou dados variados, inclusive demográficos, de estilo de vida e mercado, para identificar os fatores críticos que motivam as vendas em cada local de loja. Treinamento customizado de associados de vendas e dos Esquadrões Nerds foi realizado para fornecer serviços diferentes requeridos por cada grupo. E *layouts*, apresentação e, é claro, *mixes* das lojas foram localizados também. Como resultado desse esforço, o crescimento das vendas registrado pelas lojas não reformadas, comparado às lojas reformadas, foi superior a 9%. Esse número foi o dobro das lojas que não foram convertidas. Seja buscando aparelhos eletrônicos, comparando computadores ou aparelhos de TV, os clientes sabem que receberão orientação, e até mesmo o suporte do serviço do Esquadrão Nerd após a compra. A Best Buy também fornece um fluxo contínuo de produtos novos e relevantes, com base no conhecimento de seus clientes. Por exemplo, ofertou o produto mais novo da Apple, o iPad, imediatamente após seu lançamento, em 2010.

O Esquadrão Nerd é talvez o maior diferencial e a vantagem competitiva única da Best Buy. Com 24 mil *nerds* no mundo indo trabalhar usando um uniforme de camisas brancas de botões, calças pretas e gravatas *clip-on*, e fazendo chamadas em um "*nerd-cel*" preto-e-branco, a Best Buy os vê como seu "aplicativo matador". E agora Walmart, Target, Sam's Club e Costco estão tentando duplicá-los.

Além do Esquadrão Nerd, a Best Buy também fornece instalação, suporte técnico e garantias aos seus consumidores. Ao fornecer essa experiência de serviço completo aos seus clientes, a Best Buy manda a mensagem de que a compra de um dispositivo eletrônico é mais do que uma transação. É o processo informado levando à aquisição do produto, com o suporte garantido do varejista em seguida.

Por fim, a Best Buy se conecta com o senso de "comunidade" dos consumidores e tudo que seja "ecológico". Possui um programa de reciclagem abrangente. Desde que começou com um programa oferecendo a

---

1 Joshua Freed, "Best Buy Overhauling Stores to Hit Segments", *Associated Press*, 19 de maio de 2004.

reciclagem grátis de dispositivos, mais de 25 milhões de libras de bens foram retornados, chegando a sessenta produtos por dia. A Best Buy é o maior coletor de lixo eletrônico dos Estados Unidos. Começou a focar no meio ambiente por solicitação de seus trabalhadores e clientes. A mensagem dos clientes foi de que eles prefeririam fazer negócio com varejistas que se preocupavam com suas comunidades.

Adicionalmente à obtenção da distribuição preferencial pela localização de cada uma de suas lojas, a Best Buy também está lançando mais de cem lojas de bairro menores, de 350 a 500 metros quadrados. Elas possuem nomes diferentes, formatos diferentes, *layouts*, apresentações, ofertas de produtos e níveis de serviço de acordo com as preferências e necessidades do consumidor em cada bairro. Por exemplo, em um bairro *yuppie*, os produtos e serviços seriam diferentes daqueles demandados em um bairro *boomer*. Em um dos setores de varejo mais desafiadores, o de eletrônicos, a Best Buy está tentando estabelecer uma conexão neurológica próxima com seus consumidores que derrube outras plataformas de distribuição. Também está expandindo a abertura de mil lojas Best Buy Mobile, vendendo celulares e eletrônicos móveis.

Claro que a Best Buy está integrada ao longo de todas as plataformas de distribuição e com grande sofisticação, dada a sua experiência com eletrônicos. Além disso, está preferencialmente, por parcerias com terceiros, criando produtos e serviços inovadores. Por exemplo, para aumentar as vendas de TVs e DVD *players*, com mercados de modelos múltiplos em constante evolução, a Best Buy estabeleceu uma parceria com a Netflix, o provedor de vídeo nacional, e desenvolveu para seus clientes de alto nível seu programa de *download* e aluguel de filmes grátis, Blue Sky Video by Best Buy. Também oferece serviço de *streaming* a clientes que compram DVD *players* da Insignia. Combinando dois produtos que os clientes necessitariam obter de uma forma ou de outra em locais diferentes, a Best Buy é capaz de distribuir preferencialmente suas ofertas.

Por fim, para distribuir preferencialmente em escala global, a Best Buy se voltou ao mercado internacional para ajudar a incrementar suas vendas e penetração de mercado. Nos anos recentes, expandiu suas operações para o México, Reino Unido, Turquia e, mais recentemente, para a China. Enquanto este texto está sendo escrito, está prevista a abertura de quinze lojas na China.

Visto que a Best Buy possui fornecedores múltiplos ao redor do mundo com quem ela deve colaborar, é um desafio ter controle total sobre a operação de sua cadeia de valor. Entretanto, seu CEO, Brian Dunn, declara assertivamente a parte da cadeia que eles realmente controlam: "Enquanto o Walmart terceiriza 'chamadas de residências' de clientes de serviços a uma empresa chamada NEW, baseada na Virgínia, a Best Buy é dona dos Esquadrões *Nerds*. A palavra operativa aqui é ser dono. A terceirização funciona com operações de *back office*, mas nós acreditamos que, quando uma experiência toca um cliente, você deve ser dono dela"[1].

De acordo com tal lógica, a Best Buy também está desenvolvendo produtos de marcas próprias e exclusivas em categorias-chave e investindo na experiência na loja. Nós também acreditamos, como apontamos em nossas previsões do futuro, que um dia a Best Buy poderia tornar-se também um minishopping.

No momento, entretanto, as empresas de tecnologia ainda detêm enorme poder nessa categoria movida por inovação e, portanto, o modelo tradicional de distribuição provavelmente continuará por algum tempo.

Gilt Groupe

Lançado em 2007, antes da crise econômica, o Gilt Groupe oferece vendas instantâneas de mercadorias de *designers* para homens e mulheres todos os dias em seu *website*, essencialmente tornando "vendas de amostras" de *designers* disponíveis na *web*. Alexis Maybank, a fundadora da empresa, aspirou dar às mulheres acesso *on-line* a roupas e acessórios de *designers* com grandes descontos. Em dois anos, o *site* expandiu as ofertas para homens, crianças e decoração, e aumentou em até 1,5 milhão o número de membros nos Estados Unidos e em 250 mil o número de membros no Japão, trazendo US$ 400 milhões em vendas no ano fiscal de 2010, e esperando um crescimento de até 25% nas vendas em 2011[2]. Seu modelo de negócio fornece um dos exemplos essenciais de conectividade neurológica. O sentimento de caça

---

[1] Suzanne Kapner, "How Best Buy Plans to beat Walmart," *Fortune.com*, 1º de dezembro de 2009, http://money.cnn.com/2009/11/30/technology/best_buy_wal_mart.fortune/index.htm.

[2] Conversa entre o autor e Alexis Maybank, maio de 2010.

ao tesouro do Gilt Groupe começa com a participação "somente por convite". Uma vez convidados para esse grupo exclusivo, os membros se sentem como se tivessem acesso a peças de vestuário que outras pessoas não possuem.

Alexis Maybank explica o que aprendeu sobre como os membros compram: "É fantástico de ver! Por causa da raridade e sensibilidade ao tempo por trás de nossas vendas, a concorrência vem comprar, e normalmente escutamos 'eu ganhei um item'. É um sentimento de conquista, especialmente dos homens. Quase parece que eles estão jogando pôquer. Então, é muito interessante para mim. Nós não esperávamos por isso quando começamos"[1].

Os clientes visualizam o *site* diariamente, para não perder algo que possa não estar amanhã; eles compram o que está em destaque, para não perderem para os "concorrentes" (outros membros). Os produtos geralmente estão com 70% de desconto em relação aos preços de varejo, e incluem marcas de moda de luxo, como Derek Lam, Fendi, Calvin Klein, Herve Leger e David Yurman.

Os membros recebem informações sobre vendas futuras via *e-mail*. Isso ajuda a construir a antecipação nos clientes, que correm para o *site* assim que as vendas começam, recebendo o ponto alto em sua experiência de caça ao tesouro rapidamente. Essa experiência é sobre velocidade e *timing* – os compradores recebem dez minutos para reservarem itens em seus carrinhos de compras, durante os quais eles devem decidir se querem fechar a compra. Se esperarem demais para escolher e comprar, "talvez outra pessoa tenha chegado antes de você", como disse Alexis Maybank[2]. De forma simples, seus membros estão correndo um contra o outro para chegar ao *site* primeiro.

Com a mentalidade "compre agora, vista agora", o Gilt Groupe compra itens diretamente das coleções atuais dos *designers*, levando-os aos compradores muito antes das tendências de moda aparecerem.

Adicionalmente, o Gilt Groupe começou a criar um senso de comunidade por seus membros, enviando eventos somente para convidados para seus membros. Um exemplo foi uma *avant-première* em Phoenix da comédia romântica *Quando em Roma*.

---

1 Ibid.
2 Ibid.

O que separa o Gilt de outros *sites* de vendas de amostras que copiaram o modelo é sua seleção de marcas ampla e sem igual. Por relações proximamente costuradas com parceiros, é capaz de negociar o estoque mais popular e mais recente que, pode ainda ser vendido em lojas de departamentos.

O *site* começou com roupas, mas, desde então, expandiu sua oferta de produtos para lar, crianças e viagem, atingindo mais segmentos de consumo. Para atrair seu público jovem, o Gilt Groupe lançou a Gilt Fuse, de moda casual. A Gilt MAN foi lançada para criar uma experiência de compra masculina distinta. Em 2009, o Gilt Groupe expandiu seu modelo e lançou um novo *site* com foco em férias de luxo e promoções de viagens, o Jetsetter.com. Também parece experimentar com itens de preço fixo.

Na base da empresa estão fortes relações colaborativas com *designers* e parceiros, mas com o Gilt claramente no controle de sua conexão com os membros. Na verdade, muitos *designers* e marcas já fornecem produtos que são próprios do Gilt.

Home Shopping Network

Nas nossas conversas com a CEO da Home Shopping Network, Mindy Grossman, junto com nossa pesquisa sobre a HSN, nós acreditamos que este modelo de negócio e a maneira como Grossman transformou sua estrutura original fornecem um exemplo poderoso que apoia nossa tese.

Como declarado em seu *website*, a HSN, Inc., é um varejista interativo multicanal de US$ 2.8 bilhões com forte experiência direta ao consumidor em seus dois segmentos operacionais, a HSN e a Cornerstone Brands. A HSN oferece experiências de varejo inovadoras e diferenciadas na TV, *on-line*, em catálogos e em lojas tradicionais. Envia 50 milhões de produtos e lida com 50 milhões de chamadas de clientes todos os anos. A HSN, que criou a indústria de varejo na televisão em 1982, agora atinge 90 milhões de lares (24 horas por dia, 7 dias por semana, 365 dias por ano). A HSN.com está entre as 30 maiores varejistas da internet de uma lista de 500, é um dos dez *sites* de comércio eletrônico de maior tráfego, com mais de 250 mil usuários únicos todos os dias[1]. Adicionalmente às suas plataformas de mídia existentes, a HSN é líder na indústria em inovação tecnológica, inclusive serviços, tais como Shop by Remote, o único serviço desse tipo nos EUA, e Video on Demand. A Cornerstone Brands abrange marcas líderes de estilo de vida de lar e vestuário, marcas como Ballard Design, Frontgate, Garnet Hill, Grandin Road, Improvements, Smith+Noble, The Territory Ahead e TravelSmith. A Cornerstone Brands distribui 324 milhões de catálogos anualmente, opera oito *sites* independentes de comércio eletrônico e gerencia 25 lojas de varejo.

Uma visão macro da transformação da HSN do início poderia ser descrita como uma transformação de um *show* de TV que vendia "coisas" para viciados em TV em uma marca convidando consumidores modernos para a sala de estar de Twiggy em Londres para um chá e uma experiência de compras divertida.

Do mantra e filosofia de Mindy Grossman sobre a marca sobressaindo por uma experiência de compras excitante, interessante e divertida que pode ser acessada a qualquer hora e em qualquer lugar que o consumidor deseje, nós ouvimos nossas palavras: "conexão neurológica".

E, na distribuição preferencial, ninguém é mais forte: Grossman declara: "Os dias de tentar trazer um consumidor até você acabaram. Você realmente precisa estar no mundo do consumidor, onde, quando e como ele desejar"[2].

Mais significativamente, a maneira como a HSN combinou sua estratégia de distribuição preferencial com as experiências que a marca promete distribuir preferencialmente cria uma sinergia poderosa. Na verdade, a sinergia dos dois cria uma conexão neurológica forte com o consumidor. Na verdade, as plataformas de distribuição e as neuroexperiências se tornam "uma".

A experiência neurológica e o sentimento que os consumidores têm quando pensam na HSN vêm da antecipação de mercadorias novas e exclusivas e da experiência que a HSN promete a eles todo dia. Essa corrida neurológica é essencialmente um distribuidor preferencial da HSN, porque o consumidor não consegue esperar para chegar à marca antes de seus concorrentes.

---

1 HSN Interactive, http://www.hsni.com/.
2 Brian Stetler, "Up Next: Reruns From HSN", *New York Times*, 14 de junho de 2010, http://query.nytimes.com/gst/fullpage.html?res=9C05E4DD153DF937A25755C0A9669D8B63.

Por definição, a HSN distribui para todas as grandes plataformas: TV, internet, catálogos, lojas tradicionais, mais de quinze mil vídeos vendendo produtos por temas em seu canal no YouTube, e seus membros no Facebook estão crescendo rapidamente. Atualmente, 30% da receita vêm da HSN.com, indicando uma entrada em um mercado mais jovem. Além disso, todas essas plataformas estão altamente integradas para atingir benefícios máximos de compra cruzada.

A empresa também introduziu aplicativos de compras da HSN em dispositivos móveis como o iPhone e o iTouch da Apple. A CEO Grossman disse sobre a iniciativa: "Esse novo aplicativo está se tornando popular entre nossos clientes e, com base no *feedback* deles no fim desse mês, nós introduziremos uma nova característica de pagamento no aplicativo, assim como um novo guia de programação interativa. Alavancar essa plataforma nos faz o primeiro varejista a transmitir ao vivo nas três telas: TV, internet e telefone móvel"[1].

A marca também busca novos modelos de distribuição. Grossman anunciou, em 2009, em uma conferência da indústria, que "nós continuamos a levar as compras a novos níveis, tendo lançado há pouco o primeiro serviço de compras ao vivo em voos. Mais uma vez, estamos dando aos clientes acesso a entretenimento assinado, conteúdo de estilo de vida e comércio onde, quando e como eles escolherem". Ela continuou: "Hoje, somos ainda pioneiros em áreas de inovação transacional, como Shop by Remote, o único serviço de seu tipo nos Estados Unidos. A distribuição por esse serviço interativo de compras da HSN continua a crescer com o novo lançamento a mais de sete milhões de assinantes do Comcast e milhões mais a ser feito no ano que vem".[2] A HSN também está distribuindo a imagem da marca e elevando sua presença na moda ao realizar parcerias de editorial com as revistas *Elle* e *Lucky*.

Fortalecendo posteriormente todos os três princípios operacionais, a HSN não somente compra marcas. Eles realizam "parcerias com visionários, *experts* e autoridades de *design* para construir marcas proprietárias

---

1 "Key Retailer Interview with Mindy Grossman, CEO, HSN, Inc.", World Retail Congress 2010, http://www.worldretailcongress.com/page.cfm/link=316.
2 Linda Moss, "Samsung will launch HSN Shop by Remote App on its Internet@TV – Connect Service", *Homeshoppingista*, 8 de janeiro de 2010, http://homeshoppingista.wordpress.com/category/corporate-information/comcast-corporate-information/.

e trazê-las à vida de formas únicas e convincentes. Exemplos incluem autoridades da moda como Stephanie Greenfield, com sua linha bem-sucedida Curations, e Eva Jeanbart-Lorenzotti, da VIVRE, que teve uma venda de lançamento de sua coleção V by Eva durante a série de moda outono da HSN apresentada pela revista *Elle*", disse a CEO Grossman[1]. E desenvolve muitos outras marcas próprias e exclusivas em culinária doméstica, calçados, *"fast fashion"* e artesanato, junto com parcerias com *designers* como Mark Badgley e James Mischka e celebridades como Serena Williams. A HSN até inova a criação de suas próprias marcas, tais como Firm-A-Face, um produto tecnologicamente avançado de uma de suas maiores marcas de beleza proprietárias, a Serious Skin Care.

Por fim, a experiência real, seja na TV ou *on-line*, é interessante, educacional e divertida. Frequentemente utiliza celebridades como o chef Wolfgang Puck ou a dama da moda Stephanie Greenfield para convidar consumidores para conversas, *shows* de moda e aulas de culinária.

Os palcos e temas do *show* estão constantemente evoluindo e podem mudar em tempo real. Por exemplo, se um *show* de culinária foi planejado para um horário específico, dado a informações atualizadas sobre o que os consumidores estão comprando, a HSN pode alterar o escalação no mesmo dia. Então, outra corrida de dopamina, convencendo os consumidores a efetuarem *login* ao longo do dia, ou perderão algo interessante. A HSN possui total controle de sua cadeia de valor, de criação de seu valor – uma experiência de compras educacional e interessante – até o consumo. O valor da marca também promete uma ampla rede de mercadorias disponíveis em suas plataformas de distribuição abrangentes e preferenciais, marcas próprias ou exclusivas; marcas de *designers* e celebridades; e muito mais. A HSN controla a seleção da mercadoria e colabora com seus fornecedores na apresentação de suas marcas de acordo com o posicionamento da marca.

---

1   Kevin Lindsay, "How to Make On-line Shopping Feel Like 'Real' Shopping," *Apparel*, setembro de 2008, http://www.apparelmag.com/ME2/dirmod.asp?sid=&nm=&type=news&mod=News&mid=9A02E3B96F2A415ABC72CB5F516B4C10&tier=3&nid=04556E590A40483F8B8ADB73F8C1D6A0.

As ideias dos mestres

Amazon

Como indicamos, o sucesso no mundo digital requer a mesma aplicação das novas regras de varejo, como fazem todos os segmentos do varejo. Nós ressaltamos muitos aspectos da estratégia da Amazon ao longo do livro e explicamos como eles se encaixam em nossa estrutura, mas nós sentimos a necessidade de mostrar explicitamente como a Amazon adotou e incorporou nossos princípios. De fato, como ela continua a se expandir, nós acreditamos que é justo especular que, agora, a Amazon é sem dúvida o concorrente número um do Walmart.

A Amazon construiu sua marca e posição únicas com base em sua enorme rede de mercadorias; uma comunidade de usuários altamente receptiva que interage de várias formas, inclusive contribuindo com *feedback*, e promessas excepcionais cumpridas. Essas vantagens competitivas poderosas ajudaram a Amazon a estabelecer uma cultura de conveniência e confiança para com seus clientes.

Com mais categorias de produtos, assim como mais marcas e estilos por categoria que seus concorrentes, a conveniência da Amazon tornou-se a mais lembrada por compradores *on-line*, que pensam em realizar uma compra, o que é preferencial por si só. A estratégia do *site* de compra com um clique e o serviço superior criam uma experiência que é normalmente mais interessante, conveniente e com pouco dispêndio de tempo por consumidores que compram em um shopping sem atendentes, onde a capacidade de encontrar o que eles estão procurando é sempre questionada. A característica de classificação do cliente, mesmo se não utilizada, fomenta a percepção entre os fornecedores e clientes de que se pode confiar na Amazon e que ela é justa. Recentemente, uma pesquisa da Piper's Munster mostrou que 81% dos clientes da Amazon estão satisfeitos com o varejista[1]. Na verdade, 94% dos respondentes disseram que recomendariam a Amazon a um amigo. Tudo isso forjou uma conexão profunda com o consumidor, e fez do *site* o destino número um do comércio eletrônico.

Como esses pontos mostram, a força das vantagens competitivas da Amazon é baseada na interposição de nossos três princípios. Ao controlar

---

1 Conversa com o autor.

a cadeia de valor, ao utilizar estratégias inovadoras de distribuição preferencial, a Amazon claramente estabeleceu uma conexão neurológica profunda com os consumidores.

Por exemplo, a conectividade neurológica foi estabelecida por seu controle firme e gestão superior de retorno, velocidade e custos de remessa. Por causa disso, a Amazon é capaz de garantir entrega rápida com preços muito menores do que os padrões da indústria. Para muitos itens, a entrega é grátis se o pedido total for superior a US$ 25.00. Isso sozinho tem prendido o consumidor. Seu programa Amazon Prime convida os clientes a se tornarem membros por uma taxa padrão de US$ 80.00 ao ano, que, entre outras benesses, promete entrega grátis em dois dias. Isso aumentou o tráfego e a receita no *website*, e também monetizou um grupo principal de clientes regulares e ganhou mais negócios internacionais. Rob Eldridge, vice-presidente da Amazon.com Inc., diz que, "em locais distintos, os membros Prime tendem a visitar o *site* mais frequentemente, comprar conosco mais frequentemente e também explorar mais de diferentes lojas, então você tende a ver mais venda cruzada".[1] E a mensagem de frete grátis se espalha por propaganda boca a boca dos usuários Prime.

Mesmo pelos consumidores que não compram o Prime, o conhecimento de frete barato ou grátis se provou irresistível.

O custo de a Amazon fornecer essas estratégias de entrega inovadoras, inclusive a infraestrutura necessária, foi imenso. A Amazon estima que o custo anual de seus programas de frete, somente em 2009, foi de US$ 850 milhões[2]. A empresa preencheu esse programa investindo em todas as facetas de suas operações principais, inclusive seu maior investimento no desenvolvimento de sua rede interna para apoiar a expansão operacional de suas iniciativas de entrega. Especificamente, ao oferecer frete barato (ou grátis) e altamente confiável, a Amazon construiu seus centros de distribuição próximos a seus clientes e parceiros logísticos de seus concorrentes. Por exemplo, enquanto mais varejistas distribuem em uma rede relativamente pequena de centros de distribuição para centenas

---

1 Mark Veverka, "The World's Best Retailer", *Barron's*, 30 de março de 2009, http://*on-line*.barrons.com/article/SB123819715466061661.html.
2 Amazon Q3 2009 Earnings Call Transcript, http://seekingalpha.com/article/168333-amazon-q3–2009-earnings-call-transcript?part=qanda.

de lojas, a Amazon registra pedidos e determina remessas de armazéns computadorizados múltiplos, em que produtos são então roteados de forma otimizada por instalações próximas da UPS diretamente às casas de milhões de clientes. Essa colocação de centros de distribuição com *hubs* da UPS fornece remessas rápidas e mais baratas, beneficiando tanto a Amazon quanto seus clientes. Onde foi possível, a Amazon alavancou suas capacidades tecnológicas para automatizar processos em armazéns e, então, minimizar custos de mão de obra e embalagem. De muitas formas, essa estratégia está rompendo o paradigma tradicional de tempo e preço por entrega. A seguir, virá a Amazon com entrega rápida e de baixo custo para todos os pedidos! Quando as pessoas falam do motivo para comprar na Amazon, é devido a esse suporte pós-transação, que claramente faz diferença e que é quase impossível de ser reproduzido por seus concorrentes.

A Amazon também demonstrou a distribuição preferencial. Tem surgido com novas formas de levar os produtos à frente de seus clientes antes de seus concorrentes, ao apresentar novos produtos e serviços ou ao adquirir *websites* de nichos.

Com o lançamento do leitor de *e-books* Kindle, a empresa popularizou o dispositivo de leitura digital e essencialmente mudou o jogo da indústria de varejo editorial e de livros. Também aprofundou o papel da Amazon na indústria de eletrônicos, permitindo às pessoas levar suas bibliotecas digitais em um dispositivo e limitando sua seleção na livraria da Amazon.

A última versão, lançada no verão de 2010, recebeu cobertura de Oprah Winfrey, acelerando suas vendas e aumentando o tráfego da Amazon. O Kindle transformou a indústria de *e-books*, e com um aplicativo disponível no iPad e iPhone da Apple e a capacidade de interagir com o mercado de livros-texto de escolas e faculdades, somente terá mais poder nos próximos anos.

Para alcançar um segmento mais profundo de compradores *on-line* – especificamente, de sapatos e bolsas –, a Amazon tomou duas iniciativas significativas. Em 2007, a empresa abriu a Endless.com, um *website* de varejo somente oferecendo bolsas e sapatos, relevante para compradores mais discretos.

Então, entretanto, ela tomou a iniciativa maior de comprar a Zappos. com, em 2009, a maior aquisição da história da Amazon. Espelhando-se nos valores "obcecados pelo cliente" da Amazon, como descrito por seu CEO, Jeffrey Bezos, a Zappos possui uma marca igualmente poderosa entre as pessoas no mercado de sapatos. Em comparação com os 770 mil visitantes da Endless.com, em junho de 2009, uma classificação com Score revelou que a Zappos recebeu 4,5 milhões de visitantes no mesmo mês, uma enorme vantagem e indicativa dos números de novos clientes aos quais a Amazon agora teria acesso.

Em outra frente, como descrito nos capítulos anteriores, acreditamos que a amplitude e a profundidade da base de dados da Amazon eventualmente funcionarão como um forte ativador para abrir lojas de varejo. Imaginamos lojas futurísticas, que reforçam a experiência dos usuários ao comprar *on-line*, e que possuem estoque pequeno ou inexistente – talvez mostrando os itens mais vendidos ao redor do mundo, com terminais para efetuar compras. Talvez os clientes sejam capazes de coletar os itens comprados no *site* da Amazon.

Outro potencial preferencial da Amazon seria expandir para novas áreas que se conectem com seus consumidores quase que diariamente. Por exemplo, com sua capacidade logística, eles já estão experimentando entregas domiciliares de compras de supermercado *on-line*, e por que não?[1] Por fim, a Amazon investiu em controle da cadeia de valor para obter tudo isso.

Por exemplo, vamos examinar o investimento de US$ 2 bilhões em dez anos da Amazon no desenvolvimento de sua iniciativa de computação em nuvem. Uma hospedeira de serviços *web* – incluindo Amazon Simple Databases, Amazon Elastic Compute Cloud e Amazon Simple Storage – está voltada para empresas pequenas e médias que podem beneficiar-se mais das capacidades alavancadas de informações *web* da Amazon. Utilizando sua infraestrutura já desenvolvida, a Amazon é capaz de preencher produtos de terceiros sem implicar custos operacionais significativos. Esse programa evoluiu no negócio Fulfillment by Amazon, que a Amazon utiliza para ajudar a aumentar seu próprio volume de frete e expandir sua presença no setor de varejo *on-line*. Uma das áreas mais importantes em que a Amazon tem sido excelente é o controle de sua cadeia de valor, do *sourcing* de todos os produtos vendidos em seu *site*, ao armazenamento e distribuição de seus produtos, à entrega na hora certa, eficiente e garantida dos produtos e serviços que seus clientes esperam.

---

1 AMZN 2009 10-K filing, p. 27.

Essa cadeia de valor gerenciada e controlada de forma superior, seu enorme complexo de detalhes e tecnologia e operações igualmente complexas para implantar e entregar suas promessa, faz da Amazon um grão-mestre de todo o comércio eletrônico.

Zappos.com

Delivering Happiness, o novo livro de Tony Hsieh, CEO e investidor de *venture capital* na Zappos.com, descreve tanto o mantra de Hsieh e o coração e a alma da missão da Zappos. A venda de sapatos, vestuário, bolsas, acessórios e produtos de beleza e do lar Zappos é simplesmente um coproduto de seu negócio principal, que é fazer o consumidor feliz. Esse comprometimento é refletido em uma declaração de Hsieh sobre o tipo de pessoa que ele emprega: "Nós queremos pessoas que sejam passionais sobre o que é a Zappos: serviço. Não me importo se elas são passionais com sapatos"[1].

Entregar a felicidade aos consumidores por um bom atendimento ao cliente, então, é a base tanto da experiência neurológica viciante da Zappos e sua estratégia de distribuição preferencial. E a Zappos obtém essas coisas ao controlar a parte mais importante da cadeia de valor – aquela que se conecta com o consumidor.

Fundada em 1999, por Nick Swinmurn, a Zappos gerou vendas anuais de US$ 1 bilhão em 2008. E com cerca de dois mil funcionários, seu crescimento meteórico pode ser atribuído a estratégias que aparentariam ser contraintuitivas aos negócios mais bem-sucedidos – mas não mais do que o foco de Hsieh no consumidor, em primeiro lugar, e na lucratividade, em segundo.

O primeiro obstáculo para a maioria dos investidores de capital de risco que consideraram investir na Zappos foi a sabedoria comum de que ninguém compraria sapatos sem os experimentar. Entretanto, Swinmurn descobriu que a maioria dos consumidores compra marcas de sapatos específicas. Além disso, encontrar marca, tamanho, estilo e cor de sapatos corretos em lojas de varejo tradicionais era uma experiência frustrante para os compradores. Sua estratégia alternativa foi fornecer uma seleção

---

1   Amazon Fresh, https://fresh.amazon.com.

ilimitada *on-line* de sapatos. E, como o *marketing* de *sites* de busca estava apenas começando a surgir, ele acreditou que o modelo da Zappos poderia funcionar ao identificar e atrair clientes ao *site* e construir a repetição do negócio por meio de atendimento ao cliente superior.

Hsieh, na época um investidor de capital de risco, acreditava no conceito e investiu vários milhões de dólares ao longo dos anos, finalmente se tornando CEO (Hsieh obteve dinheiro na venda de seu negócio na internet em 1998, o LinkExchange, para a Microsoft por US$ 265 milhões).

Inicialmente, o modelo de negócio dependia das marcas de sapatos, muitas das quais relutaram em realizar uma parceria com uma empresa *on-line* iniciante, temendo o desgaste de sua imagem. Isso, junto com o fato de que eles estavam agindo somente como tomadores de pedidos, enviando tudo para os armazéns das marcas para preenchimento, levou a uma decisão de reposicionamento em 2003. Hsieh descobriu que não era sustentável, por 25% da receita da Zappos ser de encomendas de armazéns não controlados por eles. De forma contrária à crença comum de que não ter estoque é uma vantagem porque mitiga o risco, Hsieh foi citado em um artigo da *BusinessWeek* dizendo: "Nós não conseguíamos distinguir-nos nos olhos de nossos clientes se não fôssemos controlar toda a experiência [...] e nós não podíamos controlar a experiência do cliente quando um quarto do estoque estava fora de nosso controle"[1]. Declarando que "nós tínhamos que desistir do dinheiro fácil, gerenciar o estoque e assumir o risco", Hsieh decidiu reposicionar a marca para representar algo mais do que sapatos. Sua visão foi a de construir o modelo em torno do atendimento ao cliente, deixando a Zappos livre para vender virtualmente qualquer tipo de produto.

O atendimento ao cliente estelar tornou-se o grande "investimento" de Hsieh, como ele o denominou, junto com ser dono do estoque e ser mestre na tecnologia nova emergente de SEM (*search-engine marketing*, ou *marketing* de ferramenta de busca), que é mais barata que o *marketing* tradicional e gera crescimento mais rápido em setores com alta fidelidade da marca – como sapatos. Hoje a Zappos possui cerca de quatrocentas marcas, e mil outras marcas em outras categorias de produtos mencionadas acima, muitas das quais difíceis de encontrar em shopping centers.

---

1 Tony Hsieh, "How I Did It: Tony Hsieh, CEO, Zappos.com", contado a Max Chafkin, Inc., 1º de setembro de 2006, http://www.inc.com/magazine/20060901/hidi-hsieh.html.

A base da experiência de "entrega de felicidade" era a cultura original da Zappos, que precisava vir em primeiro lugar. Sem o mantra de Hsieh espalhado por toda a cultura, sua implantação teria sido impossível. No início, então, Hsieh estabeleceu os agora famosos "fundamentos de dez valores" que definiriam a "cultura da família Zappos", e por fim conduziram ao crescimento do negócio. Eles são:

1. Entregar "Uau!" pelo serviço (algo além das expectativas, que emocionalmente se conecte e não seja relacionada a descontos ou promoções).
2. Assumir e conduzir a mudança (e mais mudança deve vir de baixo para cima, daqueles mais próximos aos clientes).
3. Criar diversão e um pouco de estranheza (o humor e a personalidade de cada indivíduo deveriam melhorar a experiência, tornando-a mais pessoal e divertida).
4. Ser aventureiro, criativo e de mente aberta (ainda que arriscado, buscar e tentar coisas novas e errar para aprender).
5. Buscar crescimento e aprendizado.
6. Construir, pela comunicação, relações abertas e honestas.
7. Construir uma equipe positiva e espírito de família.
8. Fazer mais com menos.
9. Ser passional e determinado.
10. Ser humilde[1].

Aqui estão alguns exemplos de experiências "Uau!" que se tornaram unicamente associadas à marca e grandemente responsáveis por seu sucesso – enquanto vão de encontro a estratégias clássicas do negócio:

- Enquanto muitas empresas recompensam associados de vendas no quão rápido eles "fecham" a venda, particularmente aqueles utilizando vendas "passivas" da internet e de catálogos, a Zappos clama seus associados a gastarem o tempo que for necessário para construir uma relação e criar uma experiência "Uau!". E eles pontuam todas as chamadas com base em quão prestativo seus

---

1 Tony Hsieh, "Tony Hsieh: Redefining Zappos' Business Model", como dito a Diane Brady, *Bloomberg BusinessWeek*, 27 de maio de 2010, http://www.businessweek.com/magazine/content/10_23/b4181088591033.htm.

associados foram. Da mesma forma, seu centro de atendimento ao cliente é aberto 24 horas por dia, 7 dias por semana, e cada novo funcionário passa por quatro semanas de treinamento.
- A Zappos tira fotos de cada estilo de sapato recém-recebido de oito ângulos diferentes para facilidade de seleção pelo cliente.
- Toda entrega é grátis, e a Zappos busca fazer a entrega no dia seguinte.
- Para ofuscar preocupações sobre comprar sapatos que não sirvam, a Zappos possui uma política de frete de devolução grátis, válida por um ano após a compra.
- Se a Zappos estiver em falta de um item, ou não tiver uma marca solicitada, os representantes de vendas são encorajados a indicarem ao cliente outros *sites*, inclusive concorrentes.

Por essas e outras razões, a Zappos representa um dos verdadeiros mestres de todo o varejo, entregando uma experiência neurológica única, que por si só se antecipa aos concorrentes e tem sido o *site* buscado pelos consumidores. E atingiu essa preeminência ao tomar o controle de sua cadeia de valor.

Então, a ascensão meteórica da Zappos é claramente atribuível aos três princípios operacionais de nossa tese, que também levaram à sua aquisição pela Amazon.com em novembro de 2009. Quando isso ocorreu, Tony Hsieh entregou uma carta aberta aos seus funcionários, declarando: "Nós aprendemos que eles [a Amazon] verdadeiramente queriam que nós continuássemos de nossa maneira única. Eu acho que 'única' foi a maneira deles de dizer 'divertida e um pouco estranha'"[1].

Apple

Não poderíamos concluir este capítulo sem tirar os nossos chapéus para talvez o verdadeiro mestre: a Apple. Com tanto que já foi dito sobre essa empresa, não há necessidade de repetir a história de seu crescimento, mas há algo que nós gostaríamos de ressaltar, que é a decisão que a Apple

---

1 "Zappos Family Core Values", http://about.zappos.com/our-uniqueculture/zappos-core-values.

tomou de abrir lojas. Como nós havíamos previsto, nós acreditamos que Amazon, eBay e outros *sites* de puro comércio eletrônico abrirão lojas, e que varejistas um dia criarão shoppings de marcas. E toda empresa varejista ou de consumo bem-sucedida acelerará seus investimentos em criar uma excelente experiência de loja.

A decisão da Apple de abrir lojas foi uma estratégia brilhante, a qual está fornecendo uma experiência neurológica sem igual e ganhando distribuição preferencial (e, é claro, ela controla totalmente sua cadeia de valor). A Microsoft agora está correndo atrás do prejuízo. A questão é se ela vai conseguir fazê-lo no padrão Apple.

A Apple percebeu que poderia controlar, dar forma e determinar a conexão emocional que os clientes possuem com a Apple ao abrir lojas. Ao fazê-lo, todo o canal de distribuição – vendas *on-line*, vendas pela Best Buy etc. – seriam melhorados, e a conexão com o consumidor seria intensificada. Começando com a antecipação de uma experiência de compras divertida, quando eles chegam à loja da Apple, seu primeiro passo é entrar na "caixa", que tem o icônico logotipo da Apple. É o início do que o CEO Steve Jobs chamava de "experiência do usuário Apple". As lojas da Apple possuem um interior futurístico distinto e interativo, com mesas com *displays*. Todas as lojas possuem vidros e painéis em alumínio anodizado.

Uma vez dentro da loja, representantes de vendas amigáveis, entusiasmados e tecnologicamente sofisticados se engajam e deixam os clientes relaxados, enquanto apresentam a eles os produtos e explicam quaisquer das características que o consumidor necessite de ajuda. O interior branco com cores evoca a experiência amigável ao usuário e ainda assim vibrante de ter um produto Mac. A experiência nunca é tediosa.

Apesar de todas as lojas serem relativamente novas, estão constantemente sendo melhoradas. Peter Oppenheimer, o CFO da Apple, ressalta: "Nós estamos vendo fortes resultados de nossas lojas reformadas. [Nós reformamos] setenta e duas lojas para levar a eles nosso *design* mais atualizado. E aqueles *designs* estão fornecendo a melhor experiência do cliente da indústria, seja na frente, na parte de vendas da loja, ou na parte de trás, com as Genius Bars ou as barras criativas. E os clientes estão tendo uma experiência fantástica"[1].

---

1 Tony Hsieh, "CEO Letter", 22 de julho de 2009, http://blogs.zappos.com/ceoletter.

A Genius Bar apoia o fator amigável ao usuário propagandeado. Servindo como suporte técnico e equipe de manutenção da Apple dentro de toda loja, é tão popular que os clientes devem marcar uma hora ou esperar pelo menos uma hora, às vezes duas. Entretanto, os tão chamados gênios são treinados exclusivamente para solucionar problemas de produtos e ajudar as pessoas com suas questões tecnológicas. Como as lojas de varejo, a simplicidade e o estilo e a fisicalidade dos produtos ofertados são vantagens competitivas da marca Apple.

Nós não queremos diminuir a genialidade do desenvolvimento de produtos no coração da empresa. Isso é óbvio. Quando o iPod e iTunes foram lançados, foi um "fator de mudança de jogo" da indústria de eletrônica de consumo e música digital. A continuidade para lojas físicas, entretanto, não era óbvia, mesmo com tal sucesso do produto. Somente se você acreditar que precisa controlar a experiência do consumidor para obter sucesso extraordinário é que você teria feito isso. Nós acreditamos que os dados estão provando que isso é verdade em toda a indústria de consumo.

E é claro que o controle da cadeia de valor também foi crucial para o sucesso da Apple. Por exemplo, a parceria exclusiva de cinco anos da Apple com a AT&T deu à Apple controle sem precedentes sobre o desenvolvimento e *branding* do iPhone. O controle da cadeia de valor se estende à manutenção de estruturas de licenciamento restritas ao redor de todos os produtos da Apple.

Em todos os três princípios, nós vemos a Apple como o verdadeiro mestre.

Capítulo 11

OS ARTISTAS DA VIRADA

O RETORNO DOS MESTRES?

O "príncipe das vendas", o CEO Millard (Mickey) Drexler não apenas reviveu a marca Gap no início da década de 1980, como também lançou a Old Navy, reposicionou a Banana Republic e deu a cada uma das três marcas posições claras e distintas para três perfis de consumidores também muito bem definidos. De fato, as três marcas tornaram-se negócios cheios de energia, dominantes e de crescimento rápido ao longo da década de 1990. Elas não eram apenas relevantes e enormemente desejadas por cada um dos seus nichos de mercado bem definidos, mas atingiram também um tipo de conexão neurológica com seus consumidores. Esses consumidores não pareciam obter o suficiente dessas marcas, particularmente da Gap. A marca Gap era, aparentemente, a própria definição de "estilosa".

Para alimentar e capitalizar-se frente a essa enorme demanda, a Gap perseguiu de forma agressiva uma estratégia de distribuição preferencial, com a abertura de cerca de três mil lojas nos Estados Unidos e Canadá ao fim da década. Além disso, a marca foi ampliada com o lançamento da Gap Kids, Gap Body, Gap Maternity e Baby Gap, todas disponíveis também para venda *on-line*. A Gap atingiu um patamar de vendas anual de US$ 15 bilhões, tornando-se a maior rede de varejo dos Estados Unidos naquela época.

Então, uma série de eventos aconteceu. Não todos de uma vez, mas próximos o bastante para chacoalhar o navio. Apesar de um fluxo de concorrentes implacáveis ter invadido o espaço da Gap durante a década de 1990, a Gap aparentava não ter condições de abrir novas lojas com rapidez suficiente. Wall Street e seus acionistas estavam clamando por mais velocidade. Era essa mesma pressão que direcionava várias empresas públicas a tomar decisões táticas de curto prazo para resultados trimestrais, enquanto decisões estratégicas necessárias para manter a vantagem competitiva no longo prazo eram postergadas.

Como resultado desse crescimento acelerado, Drexler admitiu, durante uma conferência anual da Goldman Sachs, que ele estava agindo de maneira diferente do seu usual de manter o controle sobre seus consumidores. Muitos níveis de gerenciamento o mantiveram longe demais da linha de frente de contato com os consumidores: produto, apresentação, comunicação, publicidade, serviço, ambiente e imagem. Em resumo, ele perdera o controle sobre sua experiência, incluindo a conexão neurológica.

Além disso, à medida que os concorrentes passaram a imitar a moda casual que era sua assinatura, a Gap redirecionou sua estratégia de publicidade para visuais mais focados na moda, distanciando-se das suas competências centrais. Moda, infelizmente, nem sempre é igual a "estiloso".

Assim, dois problemas de peso estavam começando a surgir, ambos igualmente destrutivos para a poderosa conexão da marca com seus consumidores. Primeiramente, o crescimento rápido mal planejado transformou a distribuição preferencial em distribuição *ubíqua*, ocupando quaisquer espaços de venda que estivessem disponíveis. E ubiquidade é a antítese de "estiloso" para os consumidores da marca – os jovens. E o segundo problema foi a expansão das marcas da Gap para todas as submarcas, assim borrando a imagem que a marca principal representava.

Acompanhando esse crescimento estava uma crescente burocracia, que levou Drexler para longe do que ele fazia de melhor. Ele perdeu o foco no produto, a alma da marca, o ambiente, e, como mencionado, a fundamental experiência da compra. Como resultado, a Gap perdeu a conexão neurológica com seus consumidores.

E enquanto Drexler era apanhado no turbilhão do crescimento da Gap, ele era incapaz de impedir o declínio simultâneo da Banana Republic e da Old Navy. A Old Navy perdeu o apelo "chique e barato" com seus consumidores e a Banana Republic decaiu de traje para o trabalho para roupa social cara.

Quando todos esses eventos surgiram no final da década de 1990, a Gap experimentou dois anos de quedas nas vendas, e Drexler passou a fechar lojas e a cortar custos em sua luta para recuperar a marca e reconectá-la aos consumidores. Ela desistiu em 2002.

Esse mestre está voltando?

Perseguindo alguns parcos raios de esperança como sucessor de Drexler, Paul Pressler, das Lojas Disney, retomou a corrida para o fracasso e, entre junho de 2004 e dezembro de 2006 (oito meses antes de Pressler ser substituído), as vendas comparadas despencaram em todos os meses, menos três (essas lojas abriram por mais de um ano como medidas de crescimento real baseado em demanda de consumo em oposição à abertura de novas lojas que apenas obtém maior movimentação).

Glenn Murphy, anteriormente o CEO de uma rede de farmácias canadense, juntou-se à rede da Gap como CEO em julho de 2007. Em meados de 2008, a Gap ainda agonizava, com as vendas por loja continuando a decair. De fato, o volume de vendas era o mesmo de três anos antes de sua chegada, em torno de US$ 15 bilhões.

E lembrem-se que, mesmo enquanto luta para recuperar suas marcas, uma empresa continua a ter que enfrentar os desafios do dia a dia inerentes ao mercado de varejo.

Embora a Gap detivesse o controle (poder de compra) sobre seus fornecedores (ela monitorava ativamente os serviços de costureiras e outras funções da linha de produção), ela precisa buscar continuamente fornecedores com menor custo para manter-se competitiva. A Gap tem mais de setecentos fornecedores, que são monitorados continuamente por condições de trabalho aceitáveis, que são publicadas no Informe de Responsabilidade Social da Gap.

E, além de tudo, em meio ao tumulto gerado pelas substituições dos CEOs durante cinco anos, a Gap perdeu talentos-chave na área de desenho de moda. Reposicionar uma marca envolve vários elementos, mas o desenho de moda está no topo da lista. Dado que reconquistar o apelo de "estiloso" requer uma resposta rápida aos modismos, é difícil dizer como uma empresa gigantesca pode conseguir enquanto se debate com seus problemas.

O mestre pode retornar?

Há muitas razões para ser otimista na resposta a essa questão. Por exemplo, a capacidade de recriar uma conexão neurológica ainda existe na Gap, de modo a fazer com que os consumidores queiram abraçar a marca novamente pelo modo como ela os faz sentir.

A recente ressuscitação pela Gap da marca Denim com o programa de reciclagem "estiloso" da marca "Denim 1969" funcionou muito bem para o consumidor. Por outro lado, seu novo foco em responsabilidade social e consciência ambiental tem um apelo para sua clientela jovem e progressista. Como informado no artigo de 3 de maio de 2010 da *Epoch Times*, a Gap ganhou o Prêmio de Inovação Social de 2010. Cerca de cem empresas faziam parte desse programa de dois anos de duração, e houve onze vencedores que desenvolveram programas inovadores com foco em responsabilidade social (pense, "de mim para a comunidade"). A Gap ganhou o prêmio pelo seu programa GAP[1] Inc. P.A.C.E. (Personal Advancement, Career Enhancement – *Avanço Pessoal, Ganho na Carreira*) para trabalhadores na área de vestuário feminino. O P.A.C.E. foi criado na Índia em 2007, e ajuda mulheres empregadas do setor têxtil a subir no caminho profissional por educação e treinamento promovido pela empresa. Pelo quarto ano, a Gap recebeu o prêmio de Empresa Mais Ética do Mundo no setor de varejo.

O controle da cadeia de valores permite à Gap trabalhar com novos estilistas e reduz o prazo para novos lançamentos, de modo a poder renovar a linha de produtos "estilosos" com maior frequência e rapidez. A métrica-chave para o crescimento da Gap será a redução dos prazos

---

[1] Heide B. Malhotra, "Gap's Social Responsibility Driving Retail Growth," *The Epoch Times*, 3 de maio de 2010. http://www.theepochtimes.com/n2/content/view/34620/.

para tomadas de decisão, essencialmente com a implementação de uma estratégia de rápida colocação no mercado. Historicamente, esse tem sido um grave problema para a empresa. Sua infraestrutura gigantesca e seus vários níveis de comando tem continuamente gerado frustrações com relação ao ritmo de implementação dos planos.

As oportunidades para a Gap se reestruturar e simplificar seus processos internos, aumentar a velocidade de execução e entregar produtos e experiências mais "estilosos" são imensos. E a empresa parece estar tirando vantagem disso. Os consumidores estão retornando às lojas com mais frequência para desbravar os novos produtos do momento.

Há, entretanto, um desafio substancial na Onda III confrontando a empresa. Conforme os consumidores buscam mais marcas "especiais para mim" em oposição às megamarcas, a Gap ainda é inevitavelmente uma megamarca.

Nós acreditamos que a Gap deva abordar essa constante mudança de consumidores. Ela provavelmente terá sua marca definida como grande demais e superexposta. Mas, se quiser ter sucesso, precisará desenvolver uma estratégia de distribuição preferencial agressiva e precisa e, mais importante, deverá recriar a conexão neurológica com seus consumidores.

Starbucks

Como Howard Schultz criou o estilo Starbucks e caminhou no estilo Wall Street

Quando Howard Schultz, presidente da Starbucks, comprou a empresa em 1987, sua visão era de que ela se tornaria o terceiro endereço, entre a casa e o trabalho dos seus consumidores. Essa visão, por si só, vira de cabeça para baixo a ideia que a maioria dos varejistas tem em mente. A sua declaração inicial sobre a missão da empresa – "Nós não estamos no negócio de café, servindo pessoas; estamos no ramo de pessoas, servindo café" – foi dita há algum tempo, mas é certamente atemporal.

Quantos varejistas pensam dessa maneira a respeito dos seus negócios? E mesmo que haja alguns que o façam, quantos realmente administram seus negócios posicionando as pessoas à frente dos produtos? E o que afinal significa agir dessa maneira?

Significa que o negócio não se trata do que o varejista está vendendo, mas sim sobre o que é feito daquele espaço (loja física, *site* etc.) que atrai o consumidor para as compras. É sobre transformar o espaço numa experiência atraente que faça com que os consumidores busquem por ela. E, uma vez que se tornam clientes da marca, o empresário deverá envolvê-los numa experiência profundamente neurológica. Assim, eles comprarão mais do que nunca. Pergunte à Starbucks se os consumidores não pagariam mais do que um artigo aparentemente vale, apenas pela experiência. Todos conhecem a resposta.

Acreditamos que a Starbucks tenha uma quintessência, e talvez seja o primeiro exemplo de uma marca com conexões neurológicas com seus consumidores. Schultz e sua "família" de colaboradores de fato criaram esse "terceiro endereço". Em primeiro lugar, a Starbucks contratou baristas e outros jovens colaboradores, baseando-se principalmente em suas habilidades sociais. A experiência – desde a sugestão de uma sala de estar convidativa, ao som do café sendo moído e o aroma de sua torrefação na hora, amparadas pela interação informal entre a "família" e seus convidados – atingiu os cinco sentidos humanos e o poderoso sexto sentido: a mente. De fato, as lojas da Starbucks tornaram-se lugares que as pessoas podiam frequentar, ler um jornal, fazer amigos e geralmente se envolver na atmosfera romântica de uma cafeteria no melhor estilo italiano.

A Starbucks ganhou muito e deve muito do seu volume de vendas ao ponto que atingiu na mente de seus consumidores como "Starbuckianos", que ao mero pensamento sobre a marca recebiam uma enorme descarga de dopamina.

O poder da conexão neurológica e da distribuição preferencial

Schultz pode não ter descrito explicitamente essa experiência como uma conexão neurológica com seus consumidores; ele igualmente não divulgou seus planos de ampliar essa experiência pelo mundo com uma estratégia de distribuição preferencial. E ele provavelmente não se deu conta de que a única razão pela qual ele seria capaz de implementar os dois conceitos, e assim atingir as suas metas, era por que ele detinha controle absoluto sobre a sua cadeia de valores (de fato, a Starbucks controlava até mesmo as fazendas produtoras dos grãos).

Contudo, o mantra do novo CEO Jim Donald era: "Eu quero me tornar grande e continuar pequeno ao mesmo tempo. Queremos dirigir a empresa exatamente como fazíamos quando possuíamos apenas uma loja no Pike Place Market, em Seattle".

E a Starbucks tornou-se grande e global.

Em 1992, a Starbucks abriu seu capital, e entre 1995 e 2005 ela expandiu sua rede de menos de mil lojas para mais de dez mil. Nesse período, o aumento do faturamento das suas lojas nunca cresceu menos de 5%, atingindo uma média próxima a 7%. Os preços das ações dispararam 5.000% no período.

A caminhada no estilo Wall Street começa

Em 2005, a Starbucks não se sentia tímida sobre as suas metas em longo prazo, de alcançar entre 25 mil e 30 mil lojas, partindo das 10 mil que possuía na época.

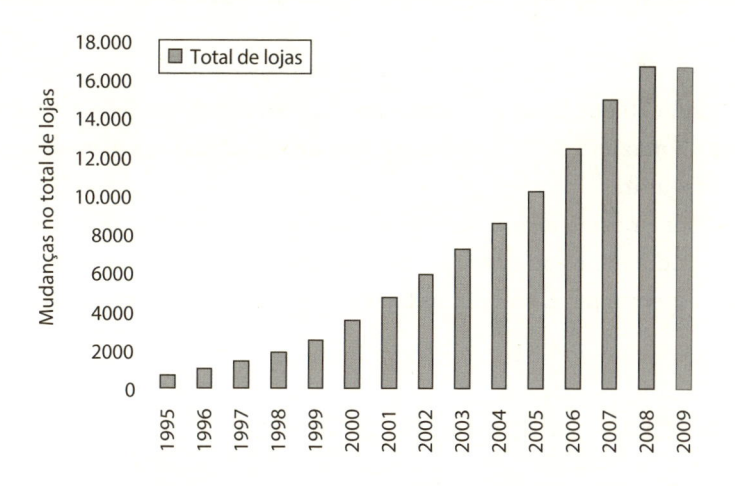

Figura 7: Total de lojas.

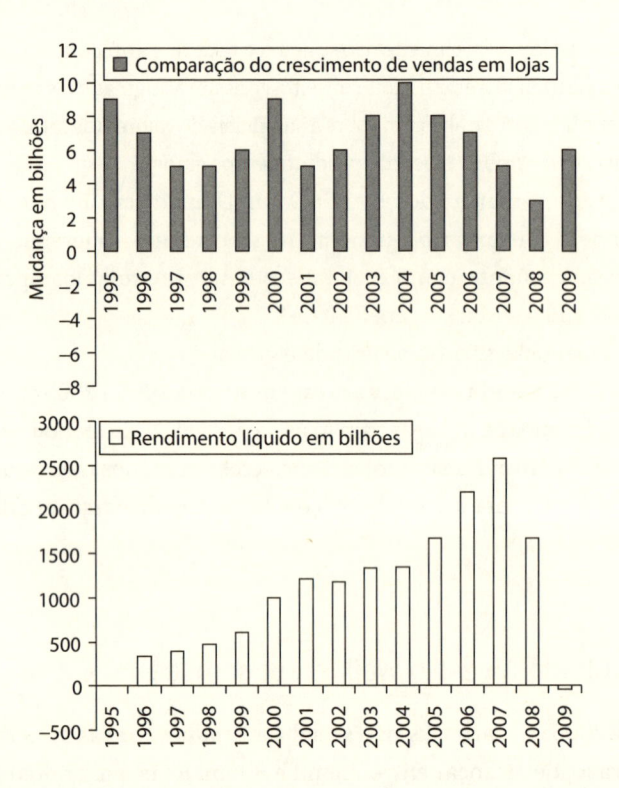

Figura 8: Comparação do crescimento de vendas em lojas e do rendimento líquido.

Entre 2005 e 2009, o número de pontos de venda quase dobrou, atingindo 16.680 lojas. E, naquela época, a Starbucks projetava um crescimento máximo de 20%, e um mínimo de 23 a 25% para os três a cinco anos seguintes.

Pense nessas lojas como trinta mil dedos humanos alcançando os consumidores e os envolvendo na experiência neurológica que eles desejam e esperam ter. E onde essas lojas de experiências seriam localizadas?

Os guerreiros da distribuição preferencial

Tornar a conexão neurológica tão atrativa que os consumidores a buscariam era uma coisa. Mas a equipe de "guerreiros das vendas" da

Starbucks compreendia também o princípio do acesso e distribuição preferencial, de estender seu toque humano até o mais próximo possível dos seus consumidores, tornando o sonho Starbucks mais acessível.

Os planos incluíam instalações em cidades pequenas, e expansão global para a Europa e o Oriente, inclusive China e Índia. De fato, o negócio da Starbucks era a satisfação dos sonhos dos seus consumidores em primeiro lugar, e o café era apenas uma parte desse sonho.

Mas então muitas coisas aconteceram no caminho desse sonho de se espalhar pelo mundo.

Da preempção à ubiquidade

Em 2007, um memorando interno escrito por Howard Schultz que criticava a perda de uma parcela da atmosfera de "romance e teatralidade" que acompanhava a sua trajetória de crescimento acabou vazando para a imprensa. Na ocasião, esse fato levantou uma questão sobre as intensões de Schultz em agir conforme seus sentimentos.

O memorando, enviado para o então CEO Jim Donald, em 14 de fevereiro de 2007, era autodepreciativo por questionar os efeitos de mudanças específicas na experiência Starbucks que ele havia autorizado pessoalmente ao longo do tempo. Em vários momentos durante o crescimento astronômico da marca, medidas para aumentar a eficiência operacional e melhorias de produtividade foram implementadas para apoiar e acelerar o crescimento.

Por exemplo, a instalação de cafeteiras automáticas de *espresso* "resolveu um problema grave em termos de tempo de atendimento no balcão [...] e, ao mesmo tempo, ignoramos o fato de que isso diminuiria muito a atmosfera de romance e teatralidade" (os baristas da Starbucks costumavam preparar os *espressos* manualmente). Além disso, ele disse, "o que se tornou ainda mais danoso [...] as máquinas bloqueavam a vista que o cliente costumava ter para acompanhar o preparo de sua bebida e de uma experiência mais íntima com o barista".

A Starbucks também mudou para o estilo "embalagem lacrada para manter o sabor", e eliminou o processo de selecionar os grãos de um pote e moê-los na hora. Schultz observou: "Nós conseguimos obter café torrado fresco e ensacado, mas a que custo? A perda do aroma – talvez o mais poderoso sinal não verbal que tínhamos em nossas lojas. E, de fato, eu não estou seguro de que as pessoas saibam que nós torramos café nos dias de hoje. Não se pode saber disso apenas entrando em uma de nossas lojas".

O *design* das lojas também foi padronizado e, de acordo com Schultz, essa padronização criou lojas que "não tinham mais a alma do passado [...] Algumas pessoas chegaram a chamar nossas lojas de estéreis, comuns".

Outra estratégia de crescimento de concorrentes que foi adotada foi a adição de outros produtos ao cardápio, como comida (que Schultz dissera anteriormente que nunca venderia), livros e música. Foi montado também um projeto de lojas tipo *drive-thru*. Ironicamente, as refeições rápidas e as facilidades de *drive-thru* posicionaram a Starbucks na esfera competitiva do McDonald's e Dunkin' Donuts, e essas duas estavam tentando imitar o café da Starbucks, senão a experiência total. E, de fato, algumas pesquisas da época mostraram que os clientes eram mais fiéis ao Dunkin' Donuts do que à Starbucks.

A avaliação de Schultz sobre as decisões que ele tomara em função das metas de crescimento estava estabelecida nesse memorando: "Nos últimos dez anos, na ânsia de atingir as metas de crescimento, desenvolvimento e vendas necessários para irmos de menos de mil lojas para 13 mil e além disso, nós tivemos que tomar uma série de decisões que, em retrospectiva, levaram a uma diluição da experiência Starbucks e ao que alguns podem chamar de comoditização da nossa marca. Muitas dessas decisões provavelmente estavam corretas nos momentos em que foram tomadas, e por si só não teriam diminuído o valor da experiência; mas, nesse caso, a soma dos dados é muito maior e, infelizmente, muito mais danosa do que cada fato isoladamente".

Esse mestre está retornando?

Howard Schultz voltou a ser o CEO em 2008 para relançar a marca *master* que ele havia criado de volta ao topo da lista de experiências neurológicas como "terceiro endereço" entre a casa e o trabalho.

Ele está conseguindo?

Em fevereiro de 2008, a Starbucks chamou a atenção do mundo dos negócios quando fechou, de uma só vez, 7.100 lojas por três horas para que os baristas pudessem se reunir para criar uma experiência de consumo da marca Starbucks que essencialmente redirecionasse a marca para as suas raízes.

Em março de 2008, Schultz anunciou um novo sistema de *espresso*, dizendo que não usaria mais grãos pré-moídos. "Nós estamos retornando aos elementos essenciais de nossa história e trazendo de volta o romance e a excitação do café", disse Schultz. "Desde 1971, nós selecionamos, torramos e vendemos os melhores cafés do mundo. Ao evidenciar essa história pela torrefação de Pike Place, e recuperando os sons e aromas de uma cafeteria, estamos indo em direção à meta de servir a xícara de café perfeita." Naquele ano, de acordo com um artigo de 9 de abril da *Retailer Daily*, a Starbucks fechou 900 lojas, eliminou 6.700 empregos e anunciou uma queda de 69% nos lucros do trimestre. Os consumidores foram convidados a participar dos processos de melhoria da Starbucks, contribuindo com sugestões pelo *website* Minha Starbucks.

Em janeiro de 2009, foi anunciada uma queda do lucro líquido de US$ 64.3 milhões, e o faturamento caiu para US$ 2.62 bilhões de uma marca anterior de US$ 2.77 bilhões, enquanto analistas haviam previsto um faturamento de US$ 2.70 bilhões para aquele mês. Na sequência dessas perdas, a Starbucks anunciou o fechamento de mais 616 lojas[1].

Em fevereiro de 2010, alguns *blogs* da indústria relataram que a Starbucks estava oferecendo café de coador. Isso seria algo como copiar o método artesanal da cafeteria Blue Bottle.

Além disso, conforme a marca já enfraquecida e ubíqua era massacrada pela crise financeira, os concorrentes da Starbucks não dormiram no ponto. A Starbucks agora está encarando desafios impostos por redes de *fast-food* e padarias, como McDonald's, Dunkin' Donuts e Panera Bread, que estão vendendo bebidas diferenciadas à base de café a preços reduzidos. A Starbucks também compete com cafeterias locais mais caras que também oferecem a experiência do "terceiro endereço". Em seu *blog*, Sarah Gilbert afirmou que a "Starbucks está sendo esmagada em um terreno desconfortável entre as

---

1 Patricia Sellers, "Starbucks: The Next Generation", *Fortune*, 4 de abril de 2005, http://money.cnn.com/magazines/fortune/fortune_archive/2005/04/04/8255923/index.htm.

empresas na faixa popular de preços baixos (Dunkin' Donuts) e as de qualidade elevada e bandeira ecológica na outra ponta (Juan Valdez)". A única coisa capaz de manter seus lucros e não quebrar de vez é a lealdade dos seus consumidores... e a aveia. Será que ela sobrevive?

Schultz está entre a cruz e a espada, mas ele não perdeu seus clientes da noite para o dia, e tampouco os recuperará tão rapidamente, se os recuperar. A questão principal é, considerando que ele construa uma conexão neurológica ainda mais poderosa, será que esses clientes que ele tanto precisa recuperar serão reconquistados no tempo necessário, considerando que, agora, existem tantas outras escolhas igualmente atraentes por aí? Uma coisa é clara – o centro da estratégia está em criar uma experiência real para atrair os clientes para o interior da loja. Se a Via, a nova marca de café instantâneo da Starbucks, terá uma ressonância sustentável nos supermercados, será porque as pessoas a associarão à experiência que têm com a marca original Starbucks. Se essa experiência se mantiver firme e poderosa, a estratégia de vendas por atacado de Schultz poderá ter sucesso.

Nós acreditamos que Schultz entenda isso. Ele certamente está investindo nisso. E a nossa aposta acompanha a dele. O crescimento das vendas nos mostra que os consumidores estão novamente em busca daquele momento *zen* com uma xícara de café, e a Starbucks foi a mensageira que trouxe essa mensagem originalmente. Será que Schultz poderá resgatá-la?

Veremos.

Capítulo 12

AS LIÇÕES DA SEARS

DO SUCESSO ÀS DIFICULDADES

Duas das questões mais frequentes entre executivos, empregados e investidores do varejo durante as nossas pesquisas foram:

1. Há exemplos de grandes varejistas que responderam às enormes mudanças no mercado e nos consumidores impostas pelas Ondas I e II e que tenham obtido sucesso ao transformar suas estratégias e modelos de negócios de acordo com as novas regras?
2. Se um varejista falha ao tentar transformar seu negócio de acordo com a Onda III, de acordo com a sua tese, quão árdua pode ser a batalha para atingir uma virada de sucesso?

Essas não são questões acadêmicas. Embora nós tenhamos mostrado diversos exemplos ao longo deste livro de varejistas e atacadistas que se estão transformando de acordo com a Onda III, com diferentes graus de sucesso, ainda é necessário ter um padrão com quem você possa se comparar e usar como *benchmark*.

A nossa pesquisa nos levou a uma escolha óbvia para uma análise mais detalhada.

A Sears, Roebuck and Co., fundada em 1886, engloba todas as mudanças bem-sucedidas previstas na Ondas I e II, tornando a sua decadência atual ainda mais interessante para análise dentro dos preceitos da Onda III. A sua busca por uma proposta de valor relevante é uma lição para qualquer empresa que esteja em busca de uma guinada nos negócios.

A Sears foi escolhida por nós para explorar essas questões porque, embora cada empresa tenha suas peculiaridades, a história da Sears apresenta diversos componentes universais.

Conforme já discutimos nos capítulos 1 e 2, a Sears é seguramente a rede de varejo que obteve maior sucesso ao responder às demandas das Ondas I e II. Entre as mudanças mais importantes, há duas em particular que merecem atenção.

Dos catálogos às lojas aos mercados populares da Onda II

No final do século XIX, antes que a internet tivesse sido sequer imaginada, os famosos catálogos da Sears deram à rede as mesmas vantagens que os *websites* e o comércio eletrônico inovadores têm sobre lojas físicas hoje em dia. Essencialmente, a Sears era capaz de distribuir toda a sua gama de produtos dentro de cada sala de estar das casas da classe média americana, que, na época, dispunha de opções limitadas de compras – e, em alguns casos, muito pouco práticas. Conforme já mostramos em capítulos anteriores, esses catálogos continham tudo o que uma família poderia desejar, do berço ao túmulo, a preços acessíveis. E se as famílias não fossem capazes de pagar tudo de uma vez, a Sears os ajudaria com crediários.

Aquelas famílias mal podiam esperar pelo catálogo novo do mês seguinte com os anúncios dos produtos e novidades. Cada vez mais produtos exclusivos eram oferecidos, e alguns deles eram produzidos pela própria Sears. Nesses aspectos, a Sears era sem dúvida uma liderança isolada em integração vertical e controle da cadeia de valores.

Devido ao profundo entrelaçamento de todos esses aspectos, a Sears cresceu tão rápido quanto a classe média americana. Então, quando a população passou a migrar das áreas rurais para pequenos povoados em formação, cidades e finalmente para os subúrbios, e particularmente após a construção da rede de rodovias interestaduais, a Sears ajustou a sua estratégia de distribuição preferencial para assegurar-se que as suas lojas seriam sempre as primeiras a atender os consumidores em suas novas áreas residenciais. E, de fato, a Sears foi o embrião e o ponto fundamental dos primeiros shopping centers do país, e expandiu os seus negócios com o embalo do crescimento dos shopping centers pelos Estados Unidos afora.

Em seguida, a Sears ampliou sua estratégia valendo-se de plataformas de multidistribuição, e demostrou fisicamente a extensão dos seus investimentos no consumidor. A Sears estava se tornando intocável.

De varejista a revendedora popular de marcas de estilo de vida

No início da década de 1960, o supervisor de publicidade da Sears era James Button. Com preparo em pesquisa psicológica pela Universidade de Chicago, ele levou à Sears o conceito de *marketing*. Conhecido como um pequeno enigma, Button tinha uma visão de *marketing* que envolvia todas as atividades de criação de valor, incluindo pesquisa e desenvolvimento, imagem e marca, comunicação e *merchandising*, publicidade e distribuição. Essas funções simplesmente não existiam na maioria dos varejistas da época.

Button aumentou o tamanho da Sears' R & D lab, introduziu um departamento e um processo de pesquisa de mercado e desenvolveu o entendimento da empresa sobre publicidade. Ele acreditava firmemente que a pesquisa contínua sobre o consumidor, o desenvolvimento do produto e o teste (ao contrário de seguir as próprias intuições) eram os únicos caminhos certos para a inovação de sucesso.

E eles tiveram sucesso. Um fluxo constante de marcas e produtos circulava pela maior rede de distribuição do mundo. A quantidade e variedade de marcas e produtos da Sears classificados como "primeiros", "exclusivos" ou "próprios" era inimaginável: o primeiro pneu radial com cabos de aço, ferramentas Craftsman, baterias Die Hard, eletrodomésticos Kenmore, *jeans* ThoughSkin, meias-calças Cling-alon, camisas The Comfort Shirt, as licenças exclusivas da NFL e do Ursinho Pooh, entre muitas outras. Essa exclusividade de marcas se tornou possível devido aos processos e estratégias de *marketing* próprios da Sears. Como proprietária de vários de seus subfornecedores e como compradora prioritária de outros, a sua integração vertical possibilitou a realização de parcerias em pesquisas, inovação, testes e, portanto, a obtenção de um fluxo constante de lançamentos de novos produtos e marcas. Isso proporcionou a criação da proposta de valor da Sears, o que era uma enorme vantagem sobre seus concorrentes.

Uma característica vital desses relacionamentos era uma reverência mútua, lealdade e confiança que ligava os revendedores e fornecedores da Sears. A Sears financiava alguns de seus fornecedores ou comprava a matéria-prima em maior volume para distribuir para diversos fornecedores, de modo a reduzir os custos em benefício mútuo. A Sears também sabia usar as informações de que dispunha sobre os custos dos seus fornecedores, comprometendo-se com pedidos cada vez maiores para poder negociar preços ainda menores.

A genialidade de Button levou aos consumidores algumas das maiores e melhores marcas de produtos jamais vistas, todas exclusivas da Sears. E a sua estratégia fundamental – que passou largamente despercebida, até mesmo pelos gestores e consultores da Sears na época – era desenvolver inovações nos produtos para *todos* os consumidores. O seu reconhecimento franco sobre os desejos das pessoas por melhor qualidade e melhor desempenho, bem como por preços baixos e honestos, tornou a Sears uma rede de lojas "democrática". Era um recurso ao alcance de todos os americanos, não apenas para a classe média. Consumidores de alta e baixa renda, e de todas as idades e gêneros, compravam na Sears. Assim havia, um nicho ímpar – no sentido de que não era de fato um nicho. A abordagem de Button refletia a visão do CEO da Sears na época, Robert Wood, que disse: "O cliente é o patrão e, no momento em que perdermos a sua confiança, tem início a desintegração da empresa".

A Sears não competia de igual para igual com as lojas de departamentos (por que ela detinha marcas exclusivas) ou com as lojas de descontos (que não poderiam manter uma estrutura mais cara, necessária para poder garantir as ofertas da Sears). E o mais importante, os vendedores da Sears eram os equivalentes à época dos "camisas azuis" ou "Esquadrão Nerd" das lojas Best Buy. Eles eram extensivamente treinados e proficientes no livro de regras da Sears, e eram capazes de instruir os consumidores sobre a escolha e o uso de cada uma das marcas e produtos em suas áreas.

Além do mais, todas as lojas da Sears eram descentralizadas quando se tratava de ações de *merchandising*. Dessa maneira, os gerentes das lojas compravam a variedade e quantidade de produtos de acordo com as preferências dos seus consumidores locais. Com essas táticas de localização, havia uma vantagem competitiva real.

Durante a Onda II, a Sears era equivalente ao Walmart de hoje. E ela fluiu ao longo da década de 1970 como um mestre inigualável do varejo, maior do que as cinco outras maiores redes juntas, com 900 megalojas e mais de 2.600 pontos de venda menores, somando cerca de 1% do PIB dos Estados Unidos[1]. Mais da metade das donas de casa americanas possuía um cartão de crédito da Sears, e uma pesquisa da época confirmou que a Sears era a instituição econômica mais confiável do país.

Então, na segunda metade da década de 1970, teve início uma desestruturação. Tragicamente, passados oitenta e quatro anos de crescimento de uma das maiores marcas que o mundo já vira, a Sears levaria apenas uns poucos anos para perder a sua incomparável posição competitiva e enredar-se em uma era de declínio de um quarto de século e que perdura até os dias de hoje. O que aconteceu?

Interpretando mal os sinais

A Sears desenvolveu uma grande pesquisa no início da década de 1970 que os alertou para as seguintes grandes mudanças, que foram exacerbadas pela crescente saturação do mercado e pelo encolhimento da economia:

---

[1] Donald R. Katz, *The Big Store: Inside The Crisis and Revolution at Sears* (New York: Viking Press, 1987).

- A base de consumidores da Sears estava envelhecendo e se transformando em famílias com duas rendas, e as mulheres estavam se tornando as compradoras mais importantes.
- A juventude dos Estados Unidos não estava mais se casando tão cedo quanto seus pais, e estava buscando suas próprias alternativas de compras, como as redes especializadas que cresciam rapidamente.
- A lucratividade da Sears estava mudando do *merchandising*, que havia contribuído com 80 a 90% dos lucros, para serviços, que contribuíam com 75% ao final da década de 1970 (incluindo instalações, ampliação de crédito e a seguradora Allstate).
- Os concorrentes estavam encurtando a distância – a JCPenney nos shopping centers e as lojas da rede Kmart aparecendo em cada canto. O crescimento das redes especializadas estava rapidamente aparecendo nos shopping centers, e o Walmart era uma prévia das novas atrações.

O resultado desse estudo, juntamente com uma diversidade de outras questões internas, estava vindo à tona, incluindo disputas políticas entre as gerências de lojas e de *merchandising*, custos crescentes e uma cultura calcificada, que na época forçou os gestores da Sears a buscar um novo rumo. Eles passaram a acreditar que a chave para o crescimento não estava nas competências fundamentais que haviam sustentado até então o sucesso da empresa. Eles passaram a buscar novos negócios que fossem complementares e sinergéticos (não por coincidência, esse foi o período durante a Onda II, em que as tendências e "motores" que movimentariam o crescimento de sucesso dos modelos de varejo da Onda III começaram a surgir). A Sears tomou um rumo totalmente oposto.

Esse foi o momento crítico da história da Sears. Se a liderança visionária do CEO Arthur Wood e o brilhantismo de James Button tivessem perdurado, a Sears poderia ter executado as mudanças estratégicas necessárias para enfrentar os desafios e manter a sua posição competitiva singular. Isso não aconteceu.

O sucessor de Wood, Edward Telling, foi arrancado da gerência de uma loja (ou "do campo" como diziam, em oposição à "matriz", onde ficavam os departamentos de *marketing* e *merchandising*). O campo se desenvolveu em cinco organizações regionais que operavam como feudos, e suas disputas internas com os departamentos de *marketing* e *merchandising* cresceram proporcionalmente. Telling, o mais poderoso dos cinco líderes regionais e o responsável pela região Nordeste, foi o primeiro CEO a ser selecionado do campo.

Com Telling no comando, não demorou muito para os líderes regionais ganharem poder e assim diminuir a influência de James Button. Então, Button adoeceu e se aposentou no final da década de 1970.

Mesmo com a Sears Tower se tornando o novo quartel general da Sears em Chicago, muitos aspectos internos e externos da empresa estavam começando a ruir. E para tornar as coisas ainda piores, as grandes economias estavam afundando.

Ao mesmo tempo em que os lucros da Sears estavam naufragando em 1979 e 1980, devido à combinação de aumento das taxas de juros por causa da inflação, aumento dos custos operacionais, perda de rumo, aumento da concorrência e desarranjo organizacional, Telling determinou que o varejo era um ramo já amadurecido, e voltou à Sears Tower com sua nova equipe para trabalhar no que ele chamou de "A Grande Empresa Americana": a Sears como um conglomerado diversificado de negócios nos ramos financeiro, imobiliário e seguros. Na mesma época, ele promovera Eduard A. Brennan, outro homem "do campo", para dirigir o ramo de varejo. Ironicamente, Brennan ficou encarregado de salvar o que realmente era "A Grande Empresa Americana" – o ramo varejista da Sears. Nessa encruzilhada crucial na história da Sears, o executivo-chefe estava deixando a cena do desastre para ir atrás dos seus sonhos.

E aquele sonho era de uma grande sinergia entre os serviços financeiros e os negócios de varejo. A Sears já era proprietária da Allstate Insurance, e seguiu adiante no ramo até adquirir a Dean Witter Reynolds, de serviços financeiros, a Coldwell Banker, no ramo imobiliário, e, mais tarde, a Discover Card. Também criou a Sears U.S. Money Market Trust Fund e formou a Sears World Trade Company. A sinergia deveria partir da Sears, usando suas lojas e catálogos, e os escritórios da Allstante como pontos adicionais onde os serviços financeiros poderiam ser inseridos. Eles esperavam atrair os milhares de clientes da Sears para que consumissem os serviços financeiros e vice-versa. Telling anunciou à imprensa a sua estratégia de "meias e ações".

O mais importante dos fatores necessários para essa estratégia funcionar, entretanto, era que o varejo prosperasse para gerar o cruzamento e o novo tráfego de clientes esperado. Mas esse não era o caso. Além de o varejo da Sears estar em declínio naquela ocasião, os consumidores questionavam a competência da Sears em suas habilidades financeiras e de gerenciamento, citando a confusão sobre que lugar a Sears ocupava em suas vidas. O que era a Sears, afinal – varejista, banco, financeira, imobiliária ou a "Loja do Dinheiro"? Do que se tratava?

No fim das contas, no lugar de uma sinergia inspiradora, o que Telling chamava de "A Grande Empresa Americana" tornou-se um dos maiores erros estratégicos que levou a Sears ao seu longo declínio. De fato, a estratégia provavelmente causou uma sinergia de decadência reversa. Juntamente com a árdua tarefa de recuperar as vendas no varejo, a ideia de Telling sobre justapor negócios completamente diferentes apenas aumentou a complexidade e a confusão de cumprir qualquer uma das metas.

Carol Farmer, uma consultora do ramo de varejo da época, declarou: "Se os executivos da Sears não são capazes de gerenciar um negócio que eles conhecem – varejo –, porque nós deveríamos acreditar que serão capazes de se sair bem dirigindo negócios que eles não conhecem?".

E, assim, o sonho de Telling não se realizou. De fato, os negócios e serviços financeiros poderiam até mesmo ter sido entidades independentes de uma *holding*. Eles acabaram contribuindo apenas incrementalmente (com exceção da Allstate, que a Sears já possuía mesmo antes de Telling, e eventualmente a Discover Card). No início da década de 1990, os serviços financeiros, seguros e imobiliários foram vendidos, quando a Sears entrou em outra jornada em busca de uma direção, que durou uma década.

A década de 1980: no topo novamente, para baixo novamente, parte I

O novo líder do varejo da Sears, Edward Brennan, de fato fez algumas manobras ousadas no início da década de 1980, que geraram uma fagulha de esperança para os negócios e contribuíram para sua nomeação como CEO, em 1984, com a aposentadoria de Telling. Algumas de suas iniciativas para criar uma "nova Sears" incluíam: melhorias na apresentação dos produtos e lojas, adição de marcas nacionais, tentar ampliar a linha de vestuário, lançar o conceito de "Loja do Futuro" como padrão para reforma das lojas em um período de cinco anos, desenvolver Centros de Sistematização de Negócios, lojas de tintas e ferramentas e outras lojas especializadas (uma amostra inicial para competir no mercado de especialistas), e o lançamento de uma campanha de publicidade nacional.

Entretanto, todas essas iniciativas mostraram ser apenas táticas oportunistas. A mensagem subliminar da campanha publicitária dizia tudo: "A Sears tem de tudo". Então, enquanto a Sears ganhava um impulso momentâneo pelas iniciativas de Brennan, definitivamente havia perdido a sua posição outrora suprema e ainda carecia de um direcionamento estratégico claro.

A então orgulhosa cultura tornou-se arrogante, e depois burocrática. O equilíbrio construtivo entre as lojas, o *merchandising* e o *marketing* deteriorou-se em disputas internas constantes. Esses conflitos, juntamente com a falha da estratégia de Button de desenvolver marcas exclusivas (abrindo caminho para marcas nacionais) e cortes nos custos, levaram ao desenrolar da totalmente integrada estratégia de desenvolvimento e distribuição (ou de controle exclusivo) de produtos. Esse fato foi ainda exacerbado quando a Sears fechou seus departamentos de Pesquisa e Desenvolvimento e de Pesquisa do Consumidor.

A estratégia da Sears de ter pequenas lojas, que também teve início durante a era Brennan, foi também muito fraca e muito tardia, como também subfinanciada, uma vez que grande parte do capital estava sendo direcionada para o desenvolvimento dos negócios no setor financeiro. Finalmente, surgiu o confronto com a rede Walmart como o novo e grande centro de descontos em cidades pequenas. Cortes nos investimentos nas expansões das lojas contribuíram para condenar muitas das lojas originais presas a pontos comerciais em declínio.

Por dez anos, a Sears manteve-se focada na então denominada sinergia para desenvolver os negócios no setor financeiro, enquanto ignorava as lojas. A "Loja do Futuro" foi um fiasco. Uma estratégia para criar marcas de baixo custo para o dia a dia não deu em nada. Durante as décadas de 1970 e 1980, a área total de varejo dobrou de tamanho nos Estados Unidos, enquanto a Sears concentrou-se em fechar e remodelar suas lojas. Ela envolveu-se sem entusiasmo no desenvolvimento de conceitos de lojas especializadas que, além de tardias, não foram financiadas o suficiente para prosperar.

O retorno sobre o investimento da Sears em 1984 foi de 14%. Em 1992, ele fechou em 9,6%. Virtualmente, todos os ganhos da Sears entre 1985 e 1992 vieram dos negócios no setor financeiro. E, apesar dos inúmeros esforços feitos para cortar custos durante a década de 1980, a taxa de retorno sobre as vendas continuou sendo quase o dobro da do Walmart, e muito superior a dos demais concorrentes.

Por fim, com um volume de vendas de US$ 3 bilhões proveniente do setor financeiro, que à época era considerado como débito reduzido, muitos peritos afirmavam que não sobraria muito capital para investir nas lojas.

A Sears não estava simplesmente numa trajetória de receita e lucros decadentes, mas estava também se debatendo com uma estratégia de posicionamento na terra de ninguém, de "tudo para todos". Portanto, ela estava competindo com as redes de desconto de um lado, as lojas de departamentos do outro, as lojas especializadas pela frente e os então emergentes mercados especialistas em atacado. Nesse processo, a Sears tornou-se apenas uma rede de varejo tradicional, em vez da grande lançadora de marcas e mercados com a mais forte conexão com os consumidores que o país jamais vira.

Estava na hora de um novo líder.

A década de 1990: no topo novamente, para baixo novamente, parte II

Em 1992, Arthur Martinez tornou-se o segundo líder de fora da Sears em sua história (o "General" Robert Wood foi o primeiro). Nessa época, a Sears havia se desfeito de todos os seus negócios no setor financeiro.

Martinez chegou com uma visão estratégica para a Sears e desenvolveu um plano de mudanças fundamentais, focando primeiramente em vestuário feminino, com um *slogan* publicitário que dizia: "O lado mais suave da Sears". Oriundo das lojas de departamento Saks, ele também acabaria levando a Sears para um posicionamento no mercado como loja de departamento. Essa e outras iniciativas estratégicas mostraram algum êxito inicial.

No período entre 1997 e 1998, o faturamento cresceu cerca de 30%, chegando a aproximadamente US$ 36 bilhões, e os lucros saíram do negativo, de quase US$ 3 bilhões, para um ganho próximo a US$ 1 bilhão.

Entretanto, quando as vendas e os lucros voltaram a cair, em 1998, houve alguma especulação sobre a virada espetacular ter-se dado devido ao foco da Sears no desenvolvimento dos seus negócios no setor de cartões de crédito, iniciado em 1993. Em 1997, 60% de todas as transações de vendas eram feitas com cartões de crédito, e especialistas sugeriram que mais de 60% do resultado final teria vindo dos negócios com cartão de crédito.

Apesar do potencial do setor de cartões de crédito como um motor de crescimento para o ramo de varejo, no entanto, Martinez simplesmente não era capaz de mudar a cultura da Sears. De fato, no último livro de Martinez, *O árduo caminho para o lado suave: lições da transformação da Sears*, ele afirmou que, até o final do seu mandato, ele sentia que a Sears estava voltando para o mesmo buraco em que a encontrara quando assumira em 1992: "Apenas faça mais do mesmo, simplesmente trabalhe mais arduamente". Ele também se perguntava a mesma questão de quando chegara: "O que essa empresa se tornará? Do que ela se trata?".

Ao final da década de 1990, a Sears não dispunha mais de uma bússola estratégica como dez anos antes. Estava na hora de outro novo líder.

A década de 2000: naufragando lentamente durante a Onda III

Quando Alan Lacy foi nomeado CEO, em 2001, ele imediatamente tentou agarrar-se ao caminho mais fácil, fazendo o que sabia fazer de melhor como diretor financeiro sob o comando de Martinez. Ele cortou custos e aprimorou os negócios no setor de crédito. Lacy fora o quarto não comerciante na série de CEOs da empresa, e o segundo depois de Martinez oriundo do setor financeiro.

Em menos de um ano, o *Wall Street Journal* informou que Lacy estava considerando abandonar o ramo de vestuário de vez, depois de uma queda de 25% nos lucros líquidos no primeiro trimestre de 2001. Ele admitiu pessoalmente, durante uma reunião com analistas, que a Sears não era capaz de encontrar o seu lugar no mundo da moda, dizendo: "Nós quase não temos personalidade". Como as vendas de vestuário caíram, os críticos miraram cada vez mais nos esforços de Martinez, que então mostravam ter vida curta. Entretanto, Lacy percebeu que o custo de uma mudança radical nas lojas e da substituição de perdas com vendas de roupas (estagnadas em cerca de US$ 8 bilhões) seria alto demais.

Por volta de 2003, a Sears padecia de um período de declínio nas vendas que já durava dezoito meses consecutivos, e o setor de crédito era responsável por mais de dois terços do lucro líquido total. Em resposta, a Sears comprou a Lands' End, dessa maneira entrando ainda mais fundo no ramo de vestuário, no qual não obteve sucesso na década de 1970.

Se Martinez perdera o controle sobre a cultura da empresa, Lacy o estava perdendo em todas as áreas. A Sears ainda não sabia qual era sua identidade. E, acima de tudo, a Sears parecia estar preparada para sua decadência final. Ajustado pela inflação, o valor da Sears caiu cerca de 20% se comparado ao ápice no final da década de 1970, e continua caindo até hoje.

As lições aprendidas até agora

Acreditamos que a transição bem sucedida da Sears da Onda I para a II se deu pelo fato de ter sido sustentada por três pilares-chave:
1. A mudança de um modelo baseado em produção para outro baseado em *marketing* e criação de demanda (com um fluxo contínuo de produtos e marcas novos e exclusivos, e do desenvolvimento de estratégias de *marketing* e propaganda sofisticados).
2. A expansão das plataformas de distribuição (catálogos, lojas), a abertura de lojas e shopping centers âncoras, todos acompanhando as migrações das populações das áreas rurais para os povoados, cidades e subúrbios.
3. A construção da infraestrutura e das relações fundamentais com fornecedores para apoiar esse modelo.

É interessante notar que esses princípios são, de muitas maneiras, as versões preliminares dos princípios que acreditamos levar ao sucesso nos dias de hoje. E o modelo original da Sears implementou essas estratégias de forma muito mais eficiente que seus concorrentes da época, da mesma maneira que o Walmart faz hoje em dia.

Entretanto, quando as grandes mudanças da Onda III no mercado, consumidor e competitividade começaram a acontecer, embalados pela tecnologia e globalização, a Sears cometeu três erros fundamentais:

1. Concluiu que a saturação do mercado significava crescimento, que deveria partir de negócios fora do mercado principal. Isso por si só não deveria ser fatal; entretanto, drenava todos os recursos (capital e de gerenciamento) do varejo, fazendo com que esse fosse incapaz de se adaptar às crescentes necessidades da Onda III de consumo e mercado.
2. Permitiu o aparecimento de uma cultura burocrática, que tornou os processos decisórios mais lentos. Quando os negócios começaram a se complicar, no final da década de 1970, a cultura da Sears passou a se caracterizar por disputas internas e redirecionamentos estratégicos significativos. Essa esclerose cultural é uma doença que enfraquece muitas empresas antigas e grandes em sua busca pela sobrevivência.
3. Parou de investir em novos modelos de distribuição.

Acreditamos que essas foram as lições chave-para todos os varejistas que estão tentando promover uma mudança na Onda III e obter sucesso.

A Sears em sua luta para vencer na Onda III

Em 2004, um financista estratégico visionário chamado Edward "Eddie" Lampert apresentou-se para o resgate. À frente de sua própria instituição de fundos de derivativos, a ESL Investments, e tendo sido anteriormente um administrador de riscos da Goldman Sachs, Lampert estava munido de uma genialidade para encontrar grandes oportunidades em empresas desgastadas que ele considerava estarem desvalorizadas. Ele compra uma grande fatia dessas empresas por uma barganha.

Tendo feito uma dessas negociações frente ao também desgastado

Kmart alguns anos antes de sua chegada à Sears, ele fundiu as duas empresas sob o nome de Sears Holdings (que era propriedade da ESL Investments, e da qual Lampert possuía 41% das ações). Ele e sua equipe totalmente renovada declararam para Wall Street e para o mundo que eles trariam de volta a Kmart e a Sears às suas posições de direito como empresas de sucesso e ícones entre as marcas de varejo.

A fim de manter-se em sua meta, Lampert e sua equipe esmagaram os custos de maneira geral para valorizar o preço das ações e aumentar os ganhos sobre o capital, muito embora as duas redes de varejo estivessem sangrando antes de ele as ter comprado. As vendas comparadas das lojas estavam, e continuam, caindo mês a mês. Entretanto, ao demitir empregados, reduzir os investimentos em propaganda e reduzir a manutenção e melhorias nas lojas, ele conseguiu ampliar os lucros e aumentar o preço das ações. Lampert poderia então colher os lucros e fazer caixa para investir em mais oportunidades de crescimento promissoras com maiores taxas de retorno – mas não necessariamente com foco nos negócios moribundos.

Depois de um período de vários anos de cortes nos custos, mesmo em meio a uma enxurrada de iniciativas táticas, em nossa visão a Sears Holdings ainda não obteve sucesso em desenvolver um sentido que atraísse os consumidores para a Sears (ou Kmart) como seus destinos preferidos. E talvez essa não tenha sido jamais a intensão de Lampert; a imprensa e alguns especialistas na indústria conjecturavam se a experiência financeira do Sr. Lampert estava sendo usada para aumentar os lucros, em oposição à ideia de valorizar as redes de varejo.

Há uma Sears em nosso futuro?

Hoje em dia, há muitos "mestres" focados competindo em cada um dos diversos ramos ofertados pela Sears. E, de fato, a batalha de trinta anos da Sears para reconquistar a sua antiga glória certamente erodiu sua relevância para os consumidores ou, pelo menos, testou severamente a paciência deles.

Para simplificar, a Sears ainda se encontra no centro de uma tempestade perfeita. A questão fundamental é se as três frentes de tempestade enumeradas abaixo darão à Sears tempo suficiente para encontrar seu posicionamento:

1. **Consumidores**: hoje, eles possuem escolhas ilimitadas de compras no mesmo nível ou ainda melhores, e suas atitudes, comportamento e demografia mudaram em favor dos concorrentes da Sears, muitos deles localizados em regiões mais próximas às residências de seus consumidores. Isso levanta a questão referente ao cativeiro em que a Sears se encontra com suas lojas em shopping centers e como ela irá lidar com isso. O desafio para a Sears é criar experiências para os consumidores e construir uma forte conexão emocional que os faça voltar às lojas – mesmo se essas lojas forem um pouco mais distantes de onde cada consumidor normalmente iria.

2. **Concorrentes**: a Sears deve focar nos concorrentes que possuem modelos de negócios mais eficientes e eficazes, que se posicionam com promessas de valor dominantes e que proporcionem experiências de nível elevado, atacando cada um ou vários nos negócios minguantes do conglomerado da Sears (eletrodomésticos e ferramentas, inclusive). Isso envolve a recuperada JCPenney, bem como concorrentes como o Walmart, Kohl's, Target, Home Depot, Lowe's e uma multidão de redes especializadas, todas elas com uma vantagem capital devido aos seus custos operacionais mais baixos e maior flexibilidade na criação de pontos de venda. Dessa forma, elas obtém maior alavancagem dos preços e maior lucratividade, como também maior proximidade com seus consumidores.

Entre 1998 e 2010, a quantidade de concorrentes numa distância de quinze minutos de carro da Sears cresceu de 1.400 para 4.300 lojas, de acordo com uma pesquisa realizada pela Kurt Salmon Associates, usando a Claritas Data 2009[1]. Além do mais, durante esse período, a Sears falhou ao tentar desenvolver uma estratégia de comércio eletrônico preferencial, e ficou defasada na aplicação de outras plataformas de distribuição exponencial (por exemplo, a tecnologia celular).

---

[1] Lewis.

3. **Dinâmica entre economia e indústria:** uma economia enfraquecida, pós-recessão, uma indústria de varejo supersaturada e a queda geral nas tendências dos canais em que a Sears compete, deixaram, conjuntamente, muito pouco espaço de manobra e nenhum tempo extra para derrapagens.

Nós acreditamos que pode haver, sim, uma Sears em nosso futuro. Mas ela terá que revisitar suas raízes e os motores estratégicos que a tornaram o ícone do varejo no mundo. Ela deverá reposicionar o seu modelo, baseando-se em três princípios estratégicos dos quais nunca obtemos o suficiente: uma experiência emocional de compras forte o bastante; modelos de distribuição precisos, cirúrgicos e contínuos; e controle total sobre a cadeia de valores, sem o qual os dois primeiros tornam-se impossíveis. A questão é: a Sears dispõe de tempo e dinheiro suficientes para essas mudanças? Ou o relógio ganhará a corrida?

CONCLUSÃO

MODELOS PARA O FUTURO

O mercado chegou na Onda III depois de uma montanha-russa de transformações estratégicas e estruturais ao longo do século passado. O crescimento sem paralelo da economia dos Estados Unidos durante esse período resultou na saturação do mercado, apesar do crescimento exponencial do consumo devido à ampla disponibilidade, sem precedentes, de bens e serviços. Essencialmente, os consumidores têm hoje à disposição milhares de lojas, *websites*, produtos, marcas e serviços igualmente atraentes – tudo ao alcance dos dedos. Eles têm o poder da acessibilidade total.

Os consumidores têm acesso mais rápido e barato a mais produtos devido à globalização, tecnologia e maior produtividade. Eles utilizam uma multidão de plataformas de distribuição rápidas e responsivas (comércio eletrônico, quiosques, compras em voos, eventos em casa etc.) e trocam informações livre e facilmente pela internet e aparelhos eletrônicos móveis.

O acesso via celular em particular é um agente que vira o jogo do século XXI, tornando inútil o velho ditado para o sucesso no varejo – "localização, localização, localização". Simplesmente identificar o centro da cidade ou o espaço no shopping como de alto tráfego não atende às expectativas. A localização deve ser "móvel", tanto física quanto eletronicamente, para se ter ao menos uma chance. E, no maior desafio de todos, os varejistas, marcas, produtos e serviços não podem mais apenas abordar os seus clientes. Hoje, as empresas devem ser convidadas, ou então permitidas a entrar na vida de seus clientes.

E se um varejista ou marca for admitido no espaço do consumidor, ou se o consumidor escolher ir à uma loja, *website* ou canal de TV em particular, a experiência deve ser extremamente atraente, ou a empresa corre o risco de nunca mais ter o consumidor de volta. De fato, nós postulamos que a experiência deve ser neurologicamente "viciante" para o negócio obter o sucesso ideal. No capítulo 5, nós nos referimos a resultados de trabalhos mostrando uma liberação de dopamina a cada menção de marcas como a Apple, Starbucks ou Abercrombie & Fitch tão forte que impulsiona os consumidores a correr de volta para essas marcas sem sequer considerar outras opções competitivas.

A abundância de escolhas permite aos consumidores exigir mais, o que, por sua vez, induz os competidores a inovarem perpetuamente com novos produtos, serviços e características em torno da experiência da compra. Assim, mesmo tendo "coisas" atraentes, não importando se novas, por si sós, também é inútil. O varejo *deve* também ser uma experiência neurologicamente estimulante.

Tudo isso é dito para sublinhar que, no ambiente atual – o qual nós definimos como a Onda III do varejo –, varejistas, atacadistas, marcas e serviços devem transformar completamente seus negócios e modelos para sobreviverem.

Um bom quadro para essa transformação seria baseado nas cinco principais mudanças nos desejos dos consumidores que ocorreram nos anos recentes. Essas são as dinâmicas que os varejistas e todos os setores voltados para o consumo devem compreender, responder e fornecer. Essas mudanças são:

- **Da necessidade material para a demanda por experiências**: a experiência da atmosfera de casa noturna "*sexy*" da Abercrombie & Fitch supera a compra de um par de *jeans* de uma prateleira de uma loja de departamento.
- **Da submissão à customização**: hoje, marcas onipresentes, como Levi's e a Gap, estão lutando para sobreviver; marcas de nicho estão na moda.
- **Da plutocracia para a democracia**: os consumidores querem acesso ao luxo: Norma Kamali no Walmart; Mossimo, Cynthia Rowley e outros na Target; Vera Wang na Kohl's; Nicole Miller na JCPenney etc.

- **Da demanda pelo novo para a demanda pelo novo e pelo agora**: o que é novo hoje é clonado amanhã: o *"fast fashion"* da Zara, H&M, Forever 21 etc., os quais parecem produzir duas linhas novas por semana.
- **Do eu para a comunidade**: as iniciativas comunitárias e ambientais empregadas pelos negócios não mais são *marketing* ou projetos de RP. Elas são tendências que ganharão consumidores.

Os três princípios operacionais estratégicos imperativos para o sucesso

Para responder e satisfazer essas demandas dos consumidores – e, portanto, sobreviver e crescer – as empresas devem se sobressair em todas as funções da cadeia de valor, incluindo *marketing* e inovação, somente para atingirem paridade competitiva. Contudo, elas devem atingir a *superioridade* nos seguintes princípios operacionais estratégicos:

Conectividade neurológica

Hoje, como os consumidores desejam a lua e as estrelas – porque eles podem –, o varejista ou a marca devem exceder em muito às suas expectativas. Eles devem cocriar (com o cliente) uma experiência que indelevelmente se conecte com suas mentes. Deve ser uma experiência holística, consistindo de uma antecipação da compra, o êxtase da compra e a satisfação do consumo, e deve ser tão atraente emocionalmente que o cliente a queria repetir à simples menção do nome do varejista ou marca. Mesmo quando estabelecida, contudo, ela não é estática, e requer constante reforço, muitas vezes com mudanças sutis. Mas, executada corretamente, a conexão marca-consumidor previne a competição.

Distribuição preferencial

Esta é a necessidade de ter acesso aos consumidores frente à multiplicidade de produtos e serviços igualmente atraentes – aparecendo precisamente onde, quando e como o consumidor quiser. A distribuição preferencial depende da velocidade, agilidade e da habilidade em reforçar a conexão neurológica ou a promessa da marca. Por definição, isso requer uma matriz integrada de todos os meios possíveis de distribuição, incluindo a distribuição em mercados internacionais de rápido crescimento.

Controle da cadeia de valor

Nenhuma empresa voltada para o consumidor pode alcançar os níveis mais altos de conexão neurológica e distribuição preferencial sem um controle total da cadeia de valor, desde a criação até o consumo. Esse controle é especialmente importante nas partes da cadeia que tocam e se conectam com o consumidor: a saber, pesquisa de mercado, em que o conhecimento sobre o consumidor e seus sonhos é determinado; produção e *marketing*, em que a "experiência" do sonho é criada; e finalmente, o ponto de venda, em que a experiência deve ser entregue em sua plenitude. Isso define o modelo de negócio controlado e verticalmente integrado (embora não necessariamente proprietário).

Os varejistas e atacadistas que entendem como essas estratégias satisfazem e ganham consumidores estão transformando seus modelos de negócios neste momento. Algumas das medidas que eles estão tomando incluem:

Integração da cadeia de valor

- Varejistas integrando "retroativamente" (busca acelerada por marcas próprias ou exclusivas).
- Atacadistas integrando "para frente" (abrindo suas próprias cadeias de marcas de varejo).

Realinhamento estrutural

- Segmentação (para competir em um número infinito de nichos finitos de mercado).

- Consolidação (alavancar a cadeia de fornecimento *back end* para obter sinergia entre escala e produtividade).

Formatos de multidistribuição

- Lojas menores como extensões do "bairro".
- *Sites* de comércio eletrônico.
- Redes sociais (incluindo plataformas transacionais).
- Aparelhos celulares (*smartphones*, por exemplo).
- Serviços de compra em voos.
- TV.
- Lojas temporárias.
- Catálogos, quiosques, em casa, porta em porta e outros.
- Plataformas não tradicionais de oportunidade (estádios, museus etc.).

Expansão de mercado

- Marcas de nicho por cadeias de marcas especializadas.
- Proliferação de marcas – ciclos de estilo e linhas acelerados.
- Crescimento global.

Novos nomes para novos modelos

Nossa tese prevê que as definições tradicionais de "varejo" e "atacado" serão irrelevantes no futuro porque somente aqueles que transformam seus modelos de negócios com base em nossos três princípios operacionais estratégicos sobreviverão. Portanto, quem o fizer simplesmente será percebido pelos consumidores como marcas. A distinção de varejo e atacado não será mais significativa para os consumidores. A distinção dos nomes das marcas fornecerá a única forma significativa de definição do valor, seja nas placas de identificação das lojas ou as etiquetas nos produtos nas lojas. Os novos modelos de negócios para varejistas e atacadistas serão aqueles que melhor implementarem os três princípios operacionais definidos anteriormente.

A seguir, são mostrados os destaques estratégicos e operacionais dos modelos tradicionais transformados de varejo e atacado conforme detalhado no capítulo 8 sob o subtítulo "Colapso por meio da conversão".

Essencialmente, os varejistas e atacadistas modificados, agora definidos como marcas, tornarão as cadeias de valor fluidas, com o valor controlado, gerenciado e distribuído por seus criadores por todo o caminho, desde a criação até o consumo.

Nos casos em que seja absolutamente necessário colaborar com uma segunda parte em algum ponto da cadeia de valor, nós prevemos que o criador ainda gerenciará e controlará seu valor dentro da esfera da segunda parte. A Bloomingdale's, por exemplo, no meio da transformação do seu modelo de negócios, faria crescer suas próprias marcas, assim como a demanda por exclusividade de fornecedores de marcas externas – a combinação dessas duas facetas eventualmente respondendo a de 80 a 90% das mercadorias vendidas. Nós acreditamos que eles também alugarão o espaço remanescente (ou farão algum outro arranjo de compartilhamento financeiro) para *designers* como Ralph Lauren ou marcas globalmente fortes, como a The North Face, que gerenciarão e controlarão suas marcas no espaço de "convidado" da Bloomingdale's.

Da mesma forma, nós prevemos que de 80 a 90% das receitas de marcas fortes virão de seus próprios *outlets* varejistas. E marcas atacadistas tradicionais, como a Warnaco's Olga Intimates, podem associar-se a marcas varejistas de vestuário especializadas, como a Talbo's. Ambas visam a consumidores idênticos: a Warnaco poderia beneficiar-se das habilidades varejistas da Talbot's, e a Talbot's poderia ganhar outra categoria de produto e uma marca forte existente – uma situação de "ganha-ganha".

Por fim, varejistas como a JCPenney, Macy's e outros alugarão espaço para outras marcas de varejo fortes, como já é o caso da Sephora's e da Mango na JCPenney e da Sun Glass Hut e da Motherhood Maternity na Macy's. Talvez em curto prazo, outras lojas de departamentos seguirão esse exemplo, convidando a Victoria's Secret, Soma e outros para os seus espaços historicamente "íntimos". Elas ganhariam não somente a sinergia de duas marcas *go-to*; também aumentariam a produtividade do espaço. E, claro, as marcas "locatárias" teriam uma distribuição preferencial imediata (locações de lojas de departamento em todos os lugares), com baixo investimento de capital.

Todas as entidades de novos negócios serão estrategicamente concebidas para proporcionar o máximo acesso aos consumidores, e posicionados para ganhar o máximo acesso para os negócios. Portanto, eles operarão em canais de distribuição variados (*clicks*, *folders* e catálogos), com uma infinidade de diferentes formatos (dos pequenos, convenientes e flexíveis até os grandes – com todos os destinos incluídos), e todas competirão em tantos setores de consumo, produtos e varejo que a marca ou serviço puder buscar com credibilidade. Também, as funções de *back end* – operações, produção, logística e distribuição – estarão fortemente centralizadas para máxima alavancagem e sinergias de produtividade, assim como para dar suporte aos *front ends* enormemente complexos e segmentados de seus negócios.

Incidentalmente, essa redefinição do varejo favorece os atuais modelos de cadeias especializadas de vestuário em relação aos outros, porque a loja é a marca, e a marca é a loja, e a maior parte deles já controla suas cadeias de suprimentos. Portanto, eles estão melhor posicionados entre todos os setores para a distribuição preferencial e a entrega da experiência de conexão neurológica.

Por fim, nós prevemos que o "*e*-varejo", incluindo o comércio por celular e o varejo pela TV, continuarão a crescer. Contudo, também acreditamos que os jogadores que atualmente operam exclusivamente em seus espaços (como Amazon e eBay) eventualmente abrirão lojas físicas para distribuição preferencial, bem como fornecer uma experiência neurológica otimizada.

Os destaques abaixo dos modelos tradicionais transformados "encapsulam" tudo o que foi exposto, e essencialmente representam "as novas regras" para mudar com sucesso e efetivamente implementar nossos três princípios operacionais estratégicos.

Regras para transformar varejistas tradicionais

Alterar a proposta de valor do varejo

> Tornar-se uma experiência neurológica de marca, não uma loja.

Adotar uma nova estrutura

> Reorganizar em torno de estilos de vida.

Acelerar as marcas exclusivas e privadas ou alugar espaço para marcas compatíveis

Resultados

> Sinergia criando crescimento orgânico.

Acesso preferencial dos consumidores com:

- Grandes empórios urbanos "de estilos de vida experienciais".
- Lojas de bairro menores e independentes.
- Cadeias de marcas especializadas (por exemplo, INC e Arizona Stores).
- Novos canais de oportunidade (temporários, em casa etc.).
- Integração de todas as plataformas de distribuição (*clicks*, físicas, catálogos).

Conclusão

Regras para transformar atacadistas tradicionais

Alterar a proposta de valor do atacado

Tornar-se um portfólio das cadeias de varejo especializadas de marcas como estilo de vida, proporcionando experiências de conexão neurológica.

Adotar uma nova estrutura

Reorganizar-se em torno de estratégias de distribuição por meio de todas as plataformas e meios possíveis (*clicks*, *folders*, catálogos e mais), incluindo:
- Fornecimento de marcas exclusivas para os varejistas transformados.
- Seleção de varejistas transformados compatíveis para alugar espaço para gestão e controle totais de marcas individuais.
- Perseguir fusões de *co-branding* com cadeias especializadas de marcas de varejo.

Resultados

Sinergia criando novo crescimento fundamental.

Novas regras para evolução das cadeias especializadas de marcas de varejo

Dado o fato de que esse setor está melhor posicionado estrategicamente para a implementação máxima e com sucesso dos nossos três princípios operacionais estratégicos, algumas de suas marcas de maior sucesso, como listado nos capítulos anteriores, lideraram a evolução para preferencialmente criar submarcas para múltiplos produtos e nichos do mercado de consumo (como a J. Crew, com a submarca CrewCuts, a Madewell para *boomers* e J.

Crew Bridal; a Abercrombie & Fitch em Abercrombie, para *tweens*, e a Hollister, *teens*; e muitas outras). Muito do ímpeto para essa nova direção emanava tanto das demandas dos consumidores por marcas menos conhecidas e especiais, como da lição aprendida da tentativa da Gap de disseminar sua marca por todos os segmentos de consumo, o que exigiu um enorme investimento em expansão agora bastante contestado.

Nova regra para E-and-M-Commerce Marcas "Pure-play"

Este novíssimo setor do varejo e de mais rápido crescimento (como Amazon, Zappos, eBay, Gilt Groupe, redes sociais, assim como as mais antigas QVC e HSN), também devem transformar seus modelos para incorporar nossos três princípios operacionais. Como sugerido ao longo do livro, as marcas mais bem sucedidas, como aquelas mencionadas acima, estão todas lutando para criar grandes experiências em vez de simplesmente fornecerem conveniência. E, como exemplificado antes pela Zappos, o controle das cadeias de valor de suas marcas é fundamental para o fornecimento dessas experiências. A mais nova regra para esse setor será dirigida pela sua necessidade de uma distribuição mais preferencial. Como destacado no capítulo 6, nós acreditamos que isso levará, em última instância, à expansão da distribuição do comércio eletrônico para incluir lojas físicas, dentro das quais será possível fornecer uma melhor experiência neurológica, particularmente para aqueles produtos que precisam de uma experiência com maior "sensação de toque", como vestuário.

De volta para o futuro? Não realmente

Muitos especialistas e colegas nossos de hoje, assim como você, nosso leitor, poderiam argumentar que as lojas de departamento da Onda I ("palácios do consumo"), e até mesmo o catálogo da Sears e, mais tarde, seu domínio nos shoppings, estavam todos operando dentro dos nossos três princípios estratégicos, embora de forma não articulada. E nós concordaríamos, embora de forma limitada.

Conclusão

Eles estavam fornecendo uma experiência de compra agradável, embora não ao nível de dependência neurológica. Sua distribuição era tão boa quanto possível, considerando a infraestrutura econômica e de distribuição dos Estados Unidos à época, assim como a falta de avanços da globalização e tecnológicos. Portanto, o termo distribuição preferencial não existia, porque a realidade não permitia. Finalmente, o controle total de uma cadeia de valor era uma impossibilidade sem os facilitadores da tecnologia e globalização.

A Onda II foi como uma convergência harmônica de partes iguais de crescimento econômico, demanda dos consumidores, construção de infraestrutura, *marketing* e publicidade, inovação, mobilidade e expansão geográfica e as novas tecnologias e globalização.

Então as partes aparentemente equivalentes da convergência, as quais harmoniosamente conduziam uma prosperidade sem precedentes para todos, tornaram-se desiguais. A abundância se tornou excesso, que forneceu aos consumidores possibilidades de escolha ilimitadas, e assim o poder de exigir mais dos fornecedores. Esse desequilíbrio do excesso de capacidade sobre um crescimento populacional e de demanda mais lentos definiu o cenário para a Onda III, e a necessidade de transformar os modelos de negócios com base nos nossos princípios operacionais para simplesmente sobreviver.

No entanto, nem as nossas regras nem as suas transformações seriam possíveis sem os grandes avanços tecnológicos, incluindo a internet e a globalização.

A Onda III encontra os consumidores no centro do universo, com todas as partes focadas em satisfazê-los – ponto. Além disso, como os consumidores podem ir até as lojas, ou entrar nos *sites*, ou fazer solicitações dos catálogos, a palavra "varejo" não faz sentido para eles. E como podem comprar marcas de atacado, eles não sabem e não se importam onde a marca foi feita ou por quem. Portanto, aqueles que sobreviverem e tiverem sucesso, transformando seus modelos para as nossas novas regras, não serão, e nem poderão autodenominar-se, varejistas ou atacadistas. Porque, na mente dos consumidores, que é a única importante na Onda III, todos eles serão simplesmente marcas.

Assim, ao fim do dia (e do nosso livro), os que tiverem sucesso serão gerenciadores de marcas com a única responsabilidade de gerir e controlar a distribuição preferencial de suas marcas neurologicamente viciantes, da sua criação até o seu consumo.

SAIBA MAIS, DÊ SUA OPINIÃO:

www.editorafigurati.com.br

/editorafigurati

@editorafigurati

figurati